“幼儿园教师分层分类分岗专业成长”系列培训教材

编委会

“幼儿园教师分层分类分岗专业成长”系列培训教材
北京高校继续教育学前教育特色专业系列教材

幼儿园教育教学管理指南

YOU’ERYUAN JIAOYU JIAOXUE GUANLI ZHINAN

主　编　夏　婧

副主编　铁艳红　肖　文　刘秀红　张伟利　张诗雅

首都师范大学出版社
CAPITAL NORMAL UNIVERSITY PRESS

图书在版编目(CIP)数据

幼儿园教育教学管理指南 / 夏婧主编. — 北京：首都师范大学出版社，2023.2

“幼儿园教师分层分类分岗专业成长”系列培训教材

ISBN 978-7-5656-7039-8

Ⅰ.①幼… Ⅱ.①夏… Ⅲ.①幼儿园—教学管理—岗位培训—教材 Ⅳ.①G617

中国版本图书馆 CIP 数据核字(2022)第 098078 号

“幼儿园教师分层分类分岗专业成长”系列培训教材

YOU'ERYUAN JIAOYU JIAOXUE GUANLI ZHINAN

幼儿园教育教学管理指南

主　编　夏　婧

副主编　铁艳红　肖　文　刘秀红　张伟利　张诗雅

项目统筹　李佳艺
责任编辑　谭　伟
首都师范大学出版社出版发行
地　址　北京西三环北路 105 号
邮　编　100048
电　话　68418523(总编室)　68982468(发行部)
网　址　http：//cnupn. cnu. edu. cn
印　刷　北京印刷集团有限责任公司
经　销　全国新华书店
版　次　2023 年 2 月第 1 版
印　次　2023 年 2 月第 1 次印刷
开　本　710mm×1000mm　1/16
印　张　15.5
字　数　241 千
定　价　54.00 元

总　　序

百年育人，立于幼学

幼儿时期是人一生的奠基时期。幼儿教育在人的终身学习和发展过程中是最初的一环，也是十分重要的一环。近些年，党和政府十分重视幼儿教育，不仅下大力气扩大幼儿园学位资源，还采取诸多措施提升幼儿教育的质量。而谈到教育质量，就必须认识到，在影响幼儿教育质量的诸多因素中，教师的素质是至关重要的核心。“教育大计，教师为本”，必须把幼儿教师队伍整体素质的提升放在事关幼教事业发展水平的高度来看待。

幼儿教师是一项塑造生命、塑造心灵的职业，在儿童的启蒙时期，教师对他们的影响会持续终生。幼儿教师能不能用爱心、善心对待每个孩子，直接影响到儿童人格的养成、身心的健康。

同时，与其他学段的教师一样，幼儿园教师也是一个专业性的职业。它不再是从前人们印象中的“阿姨”“保姆”。每一位幼儿园教师也必须认识到这一点，只有具备专业性，才是不可替代的，才能赢得家长和社会的认可和尊重。一个专业的老师，需要具备热爱教育、愿意终生投身于教育事业的理想信念，还要具有不断反思、实践，持续学习提高的意识和能力。

近日，党中央、国务院发布了《关于学前教育深化改革规范发展的若干意见》，标志着我国学前教育的改革进入了新的阶段。学前教育事业的发展又迎来了新的春天。在这样的新形势下，首都师范大学学前教育研究中心组织撰写、出版本套丛书，有着非凡的意义。

本套丛书针对不同专业发展层次和不同岗位教师，认真分析了他们的学习需求，采取“分层分类分岗”的原则，为其提供了很有针对性和导向性的学习养料。

衷心希望本套丛书的出版，能为全国幼儿教师的不断学习提供新的助力，也衷心希望我国学前教育事业能够在新的历史阶段不断取得更辉煌的成就！

是以为序。

中国著名教育家
中国教育学会原会长

丛书前言

2018 年中共中央、国务院下发的《关于学前教育深化改革规范发展的若干意见》中以“坚持规范管理”为基本原则，提出“到 2035 年形成完善的学前教育管理体制、办园体制和政策保障体系”。同年，《中共中央国务院关于全面深化新时代教师队伍建设改革的意见》也将“教师管理体制机制科学高效，实现教师队伍治理体系和治理能力现代化”作为 2035 年所要实现的重要目标任务。由此，为幼儿园管理明确了新发展理念，指出了提高管理效能的新要求。

本套丛书基于新时代治理理念，从幼儿园园长工作管理、幼儿园班级管理、幼儿园健康管理、幼儿园教育教学管理、幼儿园后勤管理五个领域出发，提出了幼儿园管理模式优化策略，并构建新时代学前教育发展要求的幼儿园管理模式。

《幼儿园教育指导纲要(试行)》中明确指出：“幼儿园必须把保护幼儿的生命和促进幼儿的健康放在工作的首位。”这一要求确定了健康管理在幼儿园管理工作中的重要地位。幼儿园健康管理是实现保护幼儿生命安全与促进健康发展的重要途径。本套丛书将在幼儿园疾病管理、健康检查与预防接种管理、膳食营养与体质健康管理、健康教育等方面展开论述，以此来更好地规范幼儿园的卫生保健工作，提升幼儿园健康管理工作的质量和水平。

园长是幼儿园管理工作的决策者与领导者，对于实施与改善幼儿园管理工作意义重大。2022 年 1 月 26 日中共中央办公厅印发的《关于建立中小学校党组织领导的校长负责制的意见(试行)》明确指出，校长在学校党组织领导下，依法依规行使职权，按照学校党组织有关决议，全面负责学校的教育教学和行政管理等工作。园长的决策将会影响园所的工作内容与发展方向，因此，有必要对园长工作加以管理与规范。

班级是幼儿园组织活动的基本单位。有效的班级管理有助于营造良好的班级氛围，能给幼儿提供有利于成长的环境，确保班级活动规范有序地组织，发挥资源整合的功能，实现协同育人。

教育教学工作是幼儿园工作的核心。幼儿园教育教学管理是对幼儿园的所有教育教学工作，包括保教制度的制定与实施、家园合作、教研、科研等，进行系统、科学的指导与管理，它的顺利开展对于幼儿、教师、幼儿园本身以及社会都具有重要意义。

后勤工作是幼儿园教育的重要组成部分，后勤人员的言行举止对保证幼儿园的和谐稳定以及对幼儿的身心健康成长产生重要的影响。因此，安全管理、环境管理、卫生保健管理、膳食管理、信息化管理等工作的规范而有序是后勤管理的重要目标要求。

因此，我们希望通过编写本套管理丛书能够达成构建扁平化的幼儿园管理模式、实现管理理念的变革、实现教师自我管理、建立“家园共育”新模式的发展目标，为幼儿园的管理实践提出一种适宜性的发展图式。

王建平

2021 年 12 月 8 日

本书前言

《中国教育现代化 2035》强调应“建立更为完善的学前教育管理体制、办园体制和投入体制”，以推动学前教育高水平高质量普及。学前教育管理是指对各种学前教育资源，包括人、财、物、时间、空间等进行合理配置，使之能有效运转，最终实现教育目标的过程。良好的教育管理对幼儿成长具有重要意义，有利于改善幼儿园教育环境，规范幼儿园办园行为，提高幼儿教师队伍整体水平，等等。幼儿园教育教学管理作为学前教育管理的重要组成部分，其重要性更是不言而喻。

本书立足于提高园所整体教育教学管理能力，从幼儿园教育教学管理基本内容入手，共分为九章。其中，第一章为“幼儿园教育教学管理的基本理念”，主要对幼儿园教育教学管理基本内涵、主要内容以及基本理念进行整体分析，在整本书中起到统领各章的重要作用，为以下各章的基础与总结。第二章到第九章分别就各管理内容进行系统阐述：第二章为“幼儿园保教制度及其落实”，从保教制度概述、建立保教制度的基本原则、保教制度的落实三方面入手，通过鲜活的案例以及点评，详细论述了保教管理者应如何实施保教制度管理；第三章为“幼儿园日常保教工作管理”，借助丰富的内容以及详尽的案例，系统地论述幼儿园日常保教工作管理有关内容；第四章为“幼儿园家园共育管理”，从家园共育的内涵及意义、家园共育的现状及问题、家园共育的目标及内容、家园共育的原则与要求、家园共育的指导策略等方面进行详细阐述，帮助幼儿园提升家园共育的管理水平；第五章为“幼儿园园本课程管理”，主要从园本课程的概念入手，对园本课程的编制、实施、评价等五个方面进行详细的阐述，帮助园所梳理更好地构建园本课程的方法；第六章为“幼儿园园本培训管理”，在明确园本培训的意义与价值的基础上，帮助管理者了解如何选择园本培训的内容以及了解园本培训的组织形式，使其掌握园本培训的设计原则与实施方法，从而探索如何实施园本培训；第七章为“幼儿园教研管理”，分为教研目标、教研制度、教研组织以及教研案例分享四个部分，将指导管理者明确园所教研目标、构建园所教研制度、了解幼儿园教研活动的开展应遵循哪些原则、思考教研活动的组织应凸显的特点及主要形式；第八章为“幼儿园科研管理”，通过对幼儿园科研管理工作的概述、制度建设、过程管理以及成果管理进行说明和介绍，帮助教师整体认识幼儿园的科研管理工作，掌握科研管理的基本模式，提升科研管理水平；第九章为“幼儿园教育评价管理”，旨在帮助管理者理解幼儿园教育评价的价值和意义，掌握幼儿园教育评价的主要内容，理解幼儿园教育评价的基本原则等，使其能在实践上选择适宜的评价工具并应用到幼儿园教育评价之中。

本书的主编为首都师范大学学前教育学院副教授、硕士生导师夏婧，副主编为首都师范大学学前教育学院的张诗雅、北京市第二幼儿园的铁艳红、沈阳市浑南区花语幼儿园的肖文、广东省育才幼儿院一院刘秀红以及北京市朝阳区劲松第一幼儿园张伟利，编者团队包括全国各幼儿园的优秀教师。

整本书作为幼儿园管理系列丛书之一，思路清晰，逻辑严谨，案例丰富，希望能使广大读者从中受益，为提高园所整体教育教学管理能力提供依据。

目　录

第一章　幼儿园教育教学管理的基本理念 ………………………………（1）
第一节　幼儿园教育教学管理的内涵及内容 ………………………………（5）
一、幼儿园教育教学管理的内涵 ………………………………（5）
二、幼儿园教育教学管理的主要内容 ………………………………（8）
第二节　幼儿园教育教学管理的基本理念 ………………………………（10）
一、幼儿园教育教学管理可能存在的问题 ………………………………（10）
二、幼儿园教育教学管理基本理念 ………………………………（14）
三、坚持保教并重 ………………………………（16）
四、重视过程性评价 ………………………………（17）
五、全面提升幼儿园教育教学质量 ………………………………（19）
第二章　幼儿园保教制度及其落实 ………………………………（25）
第一节　保教制度概述 ………………………………（28）
一、保教制度的作用 ………………………………（28）
二、保教制度的类型 ………………………………（33）
第二节　制定保教制度的基本原则 ………………………………（35）
一、政策性原则 ………………………………（35）
二、园本性原则 ………………………………（37）
三、操作性原则 ………………………………（37）
四、教育性原则 ………………………………（41）
第三节　保教制度的落实 ………………………………（42）
一、强化宣传教育 ………………………………（42）
二、突出与时俱进 ………………………………（43）
三、注重一视同仁 ………………………………（45）
四、体现刚柔并济 ………………………………（45）

第三章　幼儿园日常保教工作管理 …………………………………………（49）
第一节　日常保教工作管理应遵循的“三体”原则 ………………………（52）
一、整体性原则 ……………………………………………………（52）
二、主体性原则 ……………………………………………………（55）
三、具体性原则 ……………………………………………………（56）
第二节　日常保教工作计划的制订与落实 …………………………………（60）
一、保教工作计划的制订 …………………………………………（60）
二、保教工作计划的具体内容 ……………………………………（63）
三、保教工作计划的实施 …………………………………………（65）
第三节　日常保教工作管理内容 ……………………………………………（66）
一、班级教育环境 …………………………………………………（66）
二、幼儿常规培养 …………………………………………………（68）
三、活动组织 ………………………………………………………（68）
第四节　日常保教工作管理的支持策略 ……………………………………（71）
一、日常保教工作管理的实践路径 ………………………………（71）
二、日常保教工作管理流程与方法 ………………………………（76）
三、日常保教工作管理策略 ………………………………………（78）
第四章　幼儿园家园共育管理 ………………………………………………（81）
第一节　家园共育概要 ………………………………………………………（84）
一、家园共育的内涵 ………………………………………………（84）
二、家园共育的意义 ………………………………………………（84）
三、当前幼儿园家园共育现状及问题 ……………………………（85）
第二节　家园共育的目标与内容 ……………………………………………（88）
一、家园共育的目标 ………………………………………………（88）
二、家园共育的内容 ………………………………………………（89）
第三节　家园共育的原则与要求 ……………………………………………（93）
一、家园共育的原则 ………………………………………………（93）
二、家园共育的要求 ………………………………………………（94）
第四节　家园共育的指导策略 ………………………………………………（95）
一、转变理念，达成共识 …………………………………………（95）
二、激发兴趣，共同参与 …………………………………………（96）

三、畅通渠道，互联互通 …………………………………………………… (96)
四、家庭社区，资源共享 …………………………………………………… (96)
第五章 幼儿园园本课程管理 ………………………………………………… (99)
第一节 什么是园本课程 ……………………………………………… (102)
一、园本课程的概念 ……………………………………………… (102)
二、园本课程的意义和价值 ………………………………………… (102)
三、园本课程的方向和定位 ………………………………………… (104)
第二节 园本课程的编制 ……………………………………………… (105)
一、园本课程的编制原则 …………………………………………… (105)
二、园本课程的编制流程 …………………………………………… (107)
三、园本课程的编制框架 …………………………………………… (109)
第三节 园本课程的实施 ……………………………………………… (109)
一、园本课程的计划保障 …………………………………………… (109)
二、园本课程的时间、空间保障 …………………………………… (110)
三、园本课程的机制保障 …………………………………………… (110)
第四节 园本课程的评价 ……………………………………………… (112)
一、园本课程评价的原则 …………………………………………… (112)
二、园本课程评价的内容 …………………………………………… (113)
三、园本课程评价的方法 …………………………………………… (114)
第五节 园本课程的完善 ……………………………………………… (115)
一、园本课程的梳理 ……………………………………………… (115)
二、园本课程的诊断 ……………………………………………… (116)
三、园本课程的完善 ……………………………………………… (117)
第六章 幼儿园园本培训管理 ……………………………………………… (121)
第一节 园本培训的意义与原则 ………………………………………… (124)
一、园本培训的意义 ……………………………………………… (124)
二、园本培训的原则 ……………………………………………… (125)
第二节 园本培训的内容 ……………………………………………… (127)
一、园本培训内容的选择依据 ……………………………………… (127)
二、园本培训内容的选择策略 ……………………………………… (128)
三、园本培训内容的分类 …………………………………………… (129)

第三节 园本培训的形式 …………………………………………… (133)
一、园本培训形式的相关研究 ………………………………… (133)
二、园本培训的主要形式 ……………………………………… (134)
三、园本培训形式的运用原则 ………………………………… (135)
第四节 园本培训的设计与实施 ………………………………… (136)
一、如何设计与实施园本培训 ………………………………… (136)
二、案例分享 …………………………………………………… (138)
第七章 幼儿园教研管理 ……………………………………………… (145)
第一节 幼儿园教研目标 ………………………………………… (148)
一、教研观影响教研目标 ……………………………………… (148)
二、教研目标的目标体系 ……………………………………… (149)
三、教研目标的实现路径 ……………………………………… (151)
第二节 幼儿园教研制度 ………………………………………… (153)
一、构建分层级教研组织机构 ………………………………… (153)
二、建立各项教研工作制度 …………………………………… (154)
三、建立教研活动过程管理制度 ……………………………… (155)
第三节 幼儿园教研组织 ………………………………………… (156)
一、教研组织的理论依据 ……………………………………… (156)
二、园本教研组织的原则 ……………………………………… (159)
三、园本教研的设计与实施 …………………………………… (160)
第四节 幼儿园教研案例分享 …………………………………… (164)
一、问题式教研 ………………………………………………… (164)
二、课题式教研 ………………………………………………… (165)
三、专题式教研 ………………………………………………… (166)
四、案例式教研 ………………………………………………… (167)
第八章 幼儿园科研管理 ……………………………………………… (171)
第一节 幼儿园科研管理概述 …………………………………… (174)
一、幼儿园科研管理的意义 …………………………………… (174)
二、幼儿园科研管理的内容 …………………………………… (176)
三、幼儿园科研管理的原则 …………………………………… (181)
第二节 幼儿园科研制度建设 …………………………………… (184)

一、幼儿园科研制度制定的依据 …………………………………… (185)
二、幼儿园科研制度的执行与完善 ………………………………… (186)
第三节 幼儿园科研过程管理 ……………………………………… (187)
一、幼儿园科研计划的制订 ……………………………………… (188)
二、幼儿园科研计划落实与调整 ………………………………… (190)
第四节 幼儿园科研成果管理 ……………………………………… (192)
一、幼儿园科研成果的形式 ……………………………………… (192)
二、幼儿园科研成果的实践应用 ………………………………… (194)
第九章 幼儿园教育评价管理 ……………………………………… (199)
第一节 幼儿园教育评价概述 ……………………………………… (202)
一、幼儿园教育评价的内容 ……………………………………… (202)
二、幼儿园教育评价的意义 ……………………………………… (202)
三、幼儿园教育评价的原则 ……………………………………… (204)
第二节 幼儿园教育评价管理制度建设 …………………………… (208)
一、幼儿园教育评价管理制度制定的依据 ……………………… (208)
二、幼儿园教育评价制度的落实 ………………………………… (210)
第三节 幼儿园教育评价管理的组织 ……………………………… (212)
一、幼儿园教育评价的准备 ……………………………………… (212)
二、幼儿园教育评价的实施 ……………………………………… (214)
三、幼儿园教育评价结果的应用 ………………………………… (225)
参考文献 …………………………………………………………… (227)
后 记 ……………………………………………………………… (229)

第一章　幼儿园教育教学管理的基本理念

【本章要点】

- 明确幼儿园教育教学管理的基本内涵；
- 掌握幼儿园教育教学管理的主要内容；
- 了解当前我国幼儿园教育教学管理中可能存在的问题；
- 掌握幼儿园教育教学管理的基本理念。

【本章关键词】

管理；教育教学管理；管理理念

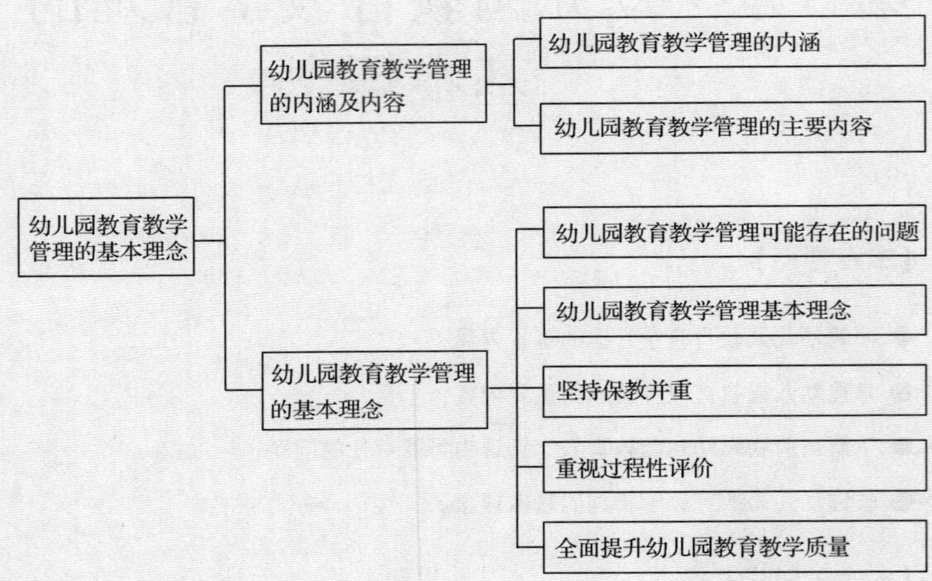

幼儿园教育教学管理的基本理念
幼儿园教育教学管理的内涵及内容
幼儿园教育教学管理的内涵
幼儿园教育教学管理的主要内容
幼儿园教育教学管理的基本理念
幼儿园教育教学管理可能存在的问题
幼儿园教育教学管理基本理念
坚持保教并重
重视过程性评价
全面提升幼儿园教育教学质量

随着人们对学前教育质量重视程度的不断提升，追求“有质量”“以幼儿为本”的幼儿园的呼声不断高涨。如何提高幼儿园教育教学质量，满足幼儿全面发展的需求成为当前幼儿园亟须解决的重要问题。加强幼儿园教育教学管理似乎成了解决这一问题的有效途径。

幼儿园教育教学管理是幼儿园管理的核心，其重要性更是不言而喻。幼儿园教育教学管理主要包括保教制度管理、日常教育教学管理、家园共育管理、园本课程管理、园本培训管理、教研管理、科研管理与教育评价管理八部分。

当前，部分幼儿园仍在管理理念、管理人员队伍建设以及评价体制上存在问题。管理理念作为幼儿园教育教学管理工作的基础与核心，其重要性日益凸显。在本章中，我们将从教育教学管理的基本理念与主要内容着手，分析当前我国幼儿园教育教学管理中可能存在的问题，并提出在新时代，幼儿园教育教学管理应以“以幼儿为本”“关注教师主体地位”“坚持保教并重”“重视过程性评价”“全面提升幼儿园教育教学质量”为其基本理念。

“人生百年，立于幼学”。2018年，在中共中央、国务院关于学前教育深化改革规范发展的若干意见》(以下简称《若干意见》)的开篇就已强调了学前教育的重要性：“学前教育是终身学习的开端，是国民教育体系的重要组成部分，是重要的社会公益事业。”学前教育是基础教育的基础，办好学前教育，实现幼有所育，是全体国民的共同愿景，关系着民族的希望与国家的未来，让每个儿童享有公平且有质量的学前教育是新时代教育的新目标。幼儿园教育作为学前教育的重要组成部分，承担着保育与教育的双重任务，对学前儿童的全面发展意义重大，是儿童一生发展中最重要的教育之一。为提高幼儿园保育与教育质量，为幼儿营造良好的教育教学环境，《幼儿园教育指导纲要(试行)》(以下简称《纲要》)指出，应对幼儿园进行管理，且幼儿园的管理实行“园长负责制”，即在园长的领导下建立“园务委员会”，统一负责幼儿园的管理工作。

教育教学工作是幼儿园的中心工作，因此，教育教学管理则成为幼儿园管理的核心。幼儿园教育教学管理是对幼儿园所有的教育教学工作，包括保教制度的制定与实施、家园合作、教研、科研等，进行系统、科学的指导与管理，它的顺利开展对于幼儿、教师、幼儿园本身以及社会都具有重要意义。首先，对于幼儿而言，加强教育教学管理能为幼儿创设安全稳定的学习环境与同伴交往环境，为幼儿提供多种教育资源，满足其多方面发展需求，促进幼儿的全面发展。其次，对幼儿园教师而言，加强教育教学管理能规范教师自身的教育教学行为，提高其专业能力与专业素养。同时，让教师参与教育教学管理也能激发教师的工作热情，尊重教师的主体地位与话语权，推动教师内发性成长与综合素质的提升。再次，对幼儿园本身而言，教育教学管理工作的规范开展能使幼儿园充分、综合利用各种资源，规范幼儿园的办园行为，提升幼儿园的口碑，推动幼儿园教育教学工作的平稳、有序进行，有利于幼儿园的长远发展。最后，对社会而言，加强幼儿园教育教学管理顺应社会发展需求，能使幼儿园与家庭、社区保持密切、稳定的联系，形成家校社协同育人的良好局面；在规范幼儿园的办园行为的同时，也有利于加强对幼儿园的监督与管理，从而全面提升幼儿园教育教学质量。

然而，由于评价机制不健全、管理人才队伍建设不到位、教育教学管理模式仍未更新等原因，当前幼儿园教育教学管理的工作面临着严峻挑战。基于此，本章从“管理”的概念着手，在分析幼儿园教育教学管理的内涵及内容的基础上，探索当前幼儿园教育教学管理中可能存在的问题，从而提出新时代幼儿园教育教学管理理念，以此来指导并规范幼儿园的教育教学管理工作。

第一节　幼儿园教育教学管理的内涵及内容

一、幼儿园教育教学管理的内涵

(一)管理

管理既包括对各种具体管理活动的高度抽象和概括，是管理普遍本质属性的反映，又包含着各种特殊管理活动，体现了管理的丰富性。

管理活动的独立源于机器大工业生产的兴起。到了近代，泰罗率先运用科学的手段和方法将管理从传统经验中分离出来，使之成为“科学”。在英文中，人们常以 management 或 administration 来表示“管理”。Administration 意指组织管理，特别是政府和其他有关机构包括教育组织在内的公共事务管理或行政管理，它所指向的管理应为组织成员服务、帮助组织成员完成既定的目标等；management 强调具体的管理活动，在日常生活中，人们更倾向于以 management 表示“管理”。有时还会用 leadership 表示管理，萨克斯(Saxe)认为，leadership 应包含在 administration 之中，即在组织领导中会有人充当领导者的身份来组织管理活动，但这并不意味着只限于管理人员才会表现出领导行为，也不表示所有的管理人员都是领导者，即任何人都可能在某一时期或场合扮演领导者，以及领导者角色行为并不局限于某些担任特定职位的人；这也就是说，在管理活动中应给予内部人员领导力，以提高管理的民主性。

(二)教育管理

教育管理活动自古便有之，刚开始其混合在整个社会活动之中，没有其独立形态。教育管理的独立源于教育活动的独立。19 世纪后期，随着教育事业的大规模发展，教育活动以其相对独立的姿态活跃于社会舞台，并促成了研究教育之学的独立和发展，从而为专门的教育管理活动的产生提供了赖以依附的对象性前提；随着社会的进一步发展，教育管理思想从片面的、经验性的、凌乱的逐步走向全面性、科学化与系统化。

自19世纪末西方的教育管理主要有两条路径，一是以教育为始点，沿着传统的经验管理及其研究之路向前发展；二是以管理为始点，沿着科学管理研究之路向前发展。而我国教育管理则是自晚清“废科举、兴学堂”以来，走过了一条模仿德国、日本，到模仿英国、美国，再到学习苏联，最后走向自主创新的曲折道路。与“管理”一样，英语中有两个词汇与“教育管理”相对应，即：educational management 与 educational administration。Educational administration 多指对学校的行政管理；educational management 以经营管理为主，也有人将 educational administration 融入其中，强调教育既要保持自身的规律与特征，又要讲究经营策略，提高管理绩效；既要注重人才培养的社会效益，更要致力于学校管理的经济效益等。

我国的教育管理包括教育行政管理(Educational Administration)与学校管理(School Management)。教育行政管理是国家范畴的管理，管理主体为教育行政部门，客体为各级各类教育机构，主要包括教育立法、教育制度、教育管理体制等。《管理学大辞典》中指出：“在中国，从教育行政管理的机关而言，主要指教育行政机关的活动；从教育行政管理的层次而言，既指中央的教育行政管理，也指地方的教育行政管理；从教育行政管理的范围而言，大到方针政策法规和教育体制的构建，小到具体规章制度及其实施都应包括在教育行政管理之中。”学校管理是每个学校根据发展需要对自身进行的管理，由本校的管理制度、管理理念、管理人员、评价机制等要素构成。学校管理的主体和客体都是学校自身。《教育大辞典》中将学校管理定义为：“是学校对本校的教育、教学、科研、后勤和师生员工等各项工作进行计划、组织、协调和控制的活动。”“学校通过管理，把各项工作及其组成要素结合起来，发挥整体功能，以实现其对学生的培养目标和各项工作目标。”在新时代背景下，教师的主动性得到重视，在教育教学管理方面应发挥教师的重要作用，摆脱集权机制，强调民主多元，合理利用教育资源。

(三)幼儿园教育教学管理

学校工作的中心是教育教学工作，教育教学的质量影响着学校的发展。教育教学管理是教育管理在学校中的主要表现形式，是学校管理的重要组成部分。作为教育管理的一个分支，当前我国教育教学管理也强调应根据学校具体情况进行自主创新。教育教学管理是对学校整个教育系统的管理，包括对学校规章制度、教育理念、教育模式、教学活动、教育环境等内外在因素的统一管理。

幼儿园教育教学管理是幼儿园教育教学活动不断发展的产物。幼儿园教育教学管理包含对教师教育教学工作全过程的管理，能全面考核教师专业能力与综合素质，培养幼儿良好的道德品质与行为习惯等，对教师教学水平的提高、幼儿全面发展具有重要意义。幼儿园教育教学管理制度能将管理的主体与客体、各种教育教学活动以及评价机制相联结并组成一个整体，增强教育教学管理工作的系统性与连续性。良好的教育教学行为正是通过一定的教育教学管理活动，不断规范与完善教师的教育教学理念，改进教师的教育教学行动，最终变成现实的。通过恰当的教育教学管理能为幼儿发展创设稳定的教育教学环境，提升教育教学质量。黎瑞娟认为，幼儿园教育教学管理一般结构应是在园长的统一领导下，在领导班子中明确一名副园长抓教育教学管理工作，并在整个幼儿园中设立教研室以及各年级或各学科领域教研组，以提高幼儿园整体教研水平。园长对待教育教学管理的态度及重视程度，在一定程度上决定了本园的教育教学管理水平；副园长作为教育教学管理工作的主要负责人，其管理水平与管理能力对整个幼儿园教育教学管理的运行具有重要意义；教研室及教研组的设立能将管理理念进一步落到实处，并根据具体情况建构园本课程，是教师进行业务学习以及教学研究的场所。当前幼儿园教育教学管理一般结构如图 1-1 所示。

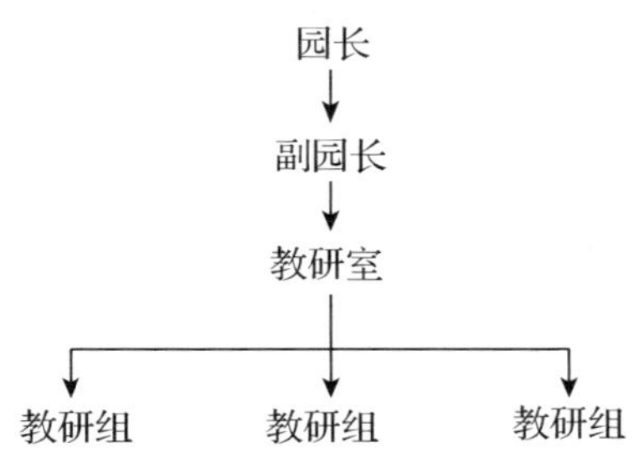

图 1-1 幼儿园教育教学管理一般结构

《幼儿园工作规程》(以下简称《规程》)中强调，“幼儿园应当建立教职工大会制度或者教职工代表大会制度，依法加强民主管理与监督”。近些年，随着对教师创造性及自主权重视程度的不断提高，当前幼儿园教育教学管理旨在建立一种由教师共同参与的管理模式，聆听教师的声音，关注教师的合法权益及主动性的发挥，切实促进教师的内发性成长，提高幼儿园教育教学工作的个性与活力。

除此以外，《幼儿园教师专业标准（试行）》在教师专业能力方面提出，幼儿园教师应有“针对保教工作中的现实需要与问题，进行探索与研究”的能力，这就要求幼儿园教师不仅应有教研能力，同时也要加强幼儿园教师的科研能力，提升其科研素养。幼儿园教育科研的实施能解决幼儿园教育教学问题，改善幼儿园教育教学实践，丰富幼儿园教育教学理论知识。因此，当前的幼儿园教育教学管理结构应将教研与科研区分开来，在设立教研室的基础上，增设科研室，以此来指导幼儿园的科研工作。

二、幼儿园教育教学管理的主要内容

由于幼儿园教育教学工作的特殊性，幼儿园教育教学管理以幼儿的发展需求为出发点，与其他阶段相比，其管理内容更多，范围更广，主要包括保教制度的落实、日常保教工作管理、家园工作管理、园本课程管理、园本培训管理、教研工作管理、科研工作管理以及教育评价管理。

（一）保教制度的落实

保教制度的落实是幼儿园教育教学管理的基础。保教制度包含教科研工作落实中应遵守的制度，针对园所干部教师专业成长、队伍培养的相关制度，家园共育工作相关制度，教师日常教育教学活动中应遵守的相关制度以及对幼儿的发展进行考量评估的相关制度等。幼儿园保教制度的制定与实施能为幼儿园保教工作的开展提供制度保障，在幼儿园教育教学活动中起着基础性作用；规范并落实保教制度能指导幼儿园的各类教育教学活动，规范教师日常的保教活动，提高幼儿园教育教学质量。

（二）日常保教工作管理

幼儿园日常保教工作管理是指对幼儿的一日生活，即从入园开始到离园以后的各项保教工作的管理，是幼儿园教育教学管理的核心。对于幼儿园教师而言，日常保教工作主要包括对幼儿晨检接待、早操、教育活动、进餐、午睡、起床、自由活动、盥洗、喝水、离园等。幼儿园日常保教工作与幼儿的幼儿园生活密切联系，这些活动不仅是生活之必需，也是学习生活经验、增长学习能力、培养自理能力与独立性之必需。加强日常保教工作管理能为幼儿创设适合其发展的幼儿园保教环境，为幼儿成长提供前提保障。

（三）家园工作管理

《纲要》指出："家庭是幼儿园重要的合作伙伴，应本着尊重、平等、合作的原则，争取家长的理解、支持与主动参与，并积极支持、帮助家长提高教育能力。"要想提高幼儿园教育教学管理水平，加强家园工作管理，获得家长的理解与支持是其中重要的一环。家园共育工作是促进幼儿全面发展、实现家园教育衔接、提高园所保教质量的重要内容。家园共育包括会议型家园共育、交流型家园共育、展示型家园共育和学习型家园共育，加强家园工作管理不仅能向家长提供科学的育儿知识，提高家庭养育孩子的能力，为幼儿发展创设良好的家庭教育环境；同时幼儿园也能充分借助家庭力量，丰富教育资源，提高幼儿园教育教学质量。在家园共育过程中应坚持尊重性、适应性、过程性与一致性原则，以尊重幼儿学习与发展规律，理解幼儿学习方式和特点，实现家园同步的教育模式。

（四）园本课程管理

幼儿园园本课程是幼儿园根据本园的条件以及幼儿发展需要而组织与实施的课程。幼儿园课程园本化建设是促使幼儿全面发展、促进教师专业成长的最佳载体，也是幼儿园发展的重要内驱力。幼儿园园本课程的建设包括园本课程的编制、园本课程的实施、园本课程质量的评估以及园本课程的开发完善四个重要方面。加强园本课程管理能够提升园所保教质量、促进教师专业发展、提高园所课程领导力以及打造园所特色；在进行园本课程管理的过程中，应以促进幼儿身心发展为核心标准，立足于本园实际需求，建立科学完善的评价体系。

（五）园本培训管理

幼儿园园本培训是幼儿园根据本园需求，开展富有园本特色的教师培训工作，目的在于提高本园教师整体的教育教学水平以及园所的整体实力，是继续教育的重要组成部分。园本培训管理包括对园本培训的内容、园本培训的形式以及园本课程的设计与实施过程等的管理；在进行园本培训管理时，应发挥园长的"领头羊"作用，促进园本资源的整合与优化，使教师成为园本培训的主人。

（六）教研工作管理

幼儿园教研工作是提高幼儿园教学水平与教学实践活动不可少的重要环

节。《若干意见》指出应“完善学前教育教研体系”，加强幼儿园教研工作管理是完善学前教育教研体系的重要一环。幼儿园教研制度包括园本教研组织制度、教研项目管理制度、教研指导制度、教研交流制度、教研服务制度以及园本教研激励制度；教研活动包括教研计划的制订、教研计划的落实与监督以及教研活动的总结。进行幼儿园教研活动目的在于解决教育教学实践问题，因此，在管理过程中应遵循全员参与、聚焦问题、结果明确等原则。

(七)科研工作管理

幼儿园科研工作虽与教研工作密切联系却又有所区别。科研的研究内容范围更为宽泛，既包含了教师专业成长，又包含了幼儿的发展需求，同时也强调对社会发展的研究，目的在于丰富幼儿园的理论研究成果，提高园所整体学术水平。科研结果常以学术报告、论文、专著等形式体现。

有些幼儿园会将教研工作与科研工作合并起来，或将教研等同于科研，这实际上都是片面的。幼儿园科研工作的开展能为教研工作提供理论基础，而教研工作的进行又能丰富与完善科研成果。因此，应将两者区分开，既要强调加强教研工作管理，也要强调加强科研工作管理，促进幼儿园理论与实践的共同发展。

(八)教育评价管理

《纲要》指出：“教育评价是幼儿园教育教学工作的重要组成部分，是了解教育的适宜性、有效性，调整和改进工作，促进每一个幼儿发展，提高教育质量的必要手段。”幼儿园教育评价管理是指对幼儿园的评价工具、评价方式、评价过程等进行的管理。加强教育评价管理能全面了解幼儿的发展情况与实际需求，教育评价的结果对于改善教育教学实践活动具有指导意义。

第二节　幼儿园教育教学管理的基本理念

一、幼儿园教育教学管理可能存在的问题

由于教育教学实践活动以及文化水平的差异，幼儿园之间的教育教学管理模式各不相同。然而，有些幼儿园却缺乏科学的指导，导致教育教学管理缺乏系统性与科学性，教育教学管理制度仍需要进一步的完善。当前我国部

分幼儿园在实践中主要存在着教育教学管理理念落后、管理人员队伍不到位以及评价机制建设不健全等问题，具体体现在以下几个方面：

首先，教育教学管理理念存在弊端。教育教学理念是幼儿园教育教学管理的思想基础，教育教学理念存在问题会在一定程度上影响幼儿园教育教学管理的实施方向。部分幼儿园由于对国家政策要求的理解不够深入，“以儿童为本”的教育观没有落到实处等原因，使得教育教学管理理念问题凸显。主要表现在三个方面：

一是幼儿园教育教学管理理念完全照搬国家的规定与要求，没有对规定及要求进行深入分析，更没有根据具体情况以及幼儿及教师的实际需求进行调整，使得教育教学管理过于死板，形式主义以及“一刀切”现象仍然存在。

【案例 1-1】

《幼儿园管理条例》中指出，幼儿园应“创设与幼儿的教育和发展相适应的和谐环境，引导幼儿个性的健康发展”。基于此，某幼儿园以“和谐环境”的创设为抓手，频繁要求教师更换班级主题墙以及幼儿园创意墙，并规定每期的主题墙应体现出不同的风格，以凸显环境的多样性；同时加大检查力度，严格要求主题墙的质量。这导致教师压力较大，苦不堪言，教师的教学热情受到了严重的打击。有时，教师为了完成任务，利用幼儿区域活动的实践进行主题墙的创设，忽视了对幼儿的教育。可见，该幼儿园虽重视了物质环境的创设，却忽视了精神环境对幼儿发展的重要性，片面追求规定的达成，对幼儿的成长造成了不良影响。

二是教育教学管理理念没有以幼儿为本，片面追求教育教学质量的提升，或教师教育教学水平的提高，忽视了幼儿的实际需求，使得教育教学工作具有盲目性，缺乏趣味性，不利于幼儿学习能力的提升。

【案例 1-2】

某幼儿园为帮助教师提升教育教学质量，实现资源共享与优势互补，便以“同课异构”为其办园特色，让教师们采取自己独特的教学方式对同一节活动课进行设计与实施，并采取教师互评的方式对活动进行评价，借助各年级教研组对教师的“同课异构”活动进行规范与管理。这在一定程度上彰显了教师的教学风格，提高了教师的教育教学水平。但是由于幼儿园班级数量较少，在“同课异构”的过程中，每个班的幼儿都上了2次甚至2次以上相同的活动课，有些幼儿甚至知道老师接下来的活动安排，使得“同课异构”活动失去了其原本的意义。

三是幼儿园教育教学管理理念中强调“中央集权”，忽视了教师的主体地位，不利于教师主观能动性的发挥。在“中央集权”模式的约束下，教师往往处于被动接受管理的地位，幼儿园教育教学管理标准化程度高，使得幼儿园俨然成了程序化管理的场所。

【案例 1-3】

某幼儿园为方便对幼儿园教学活动进行评价与管理，要求教研组按照幼儿年龄特点制定统一的活动教案，并规定教师应严格按照幼儿园教学活动时间、主题安排表和教案内容进行集体教学活动，以此来规范教师的教学活动。标准化的活动教案限制了教师主观能动性以及创造性的发挥，降低了教师的工作热情，部分教师甚至直接照搬教案内容，不愿根据本班幼儿的实际发展情况进行灵活变通，使得集体教学活动失去了其原有的教育价值。

其次，管理人员队伍建设不到位。管理人员是教育教学管理工作的主体，是教育教学管理理念实施的主要推动者，管理人员队伍建设是进行教育教学管理的前提条件。然而，当前由于部分幼儿园对教育教学管理的重视程度不足，只关注了管理人才的权力因素，忽视了管理人才的多样性以及教师的参与，导致了管理人才队伍建设不到位，以“权”为本、权力至上现象仍然存在。除此以外，受到传统管理理念的影响，管理者的管理知识更新较慢，不利于管理水平的提升。主要体现在以下四个方面：其一，管理人员人数较少，管理人员工作量较大，不利于管理制度的执行以及管理工作的全面落实；其二，管理人员以“权”至上之风盛行，在管理制度制定时，教师的话语权被进一步弱化，甚至没有民主决策权，教育模式有待进一步加强；其三，部分民办幼儿园的管理人员存在功利性取向，追求利润而忽视儿童的成长与教师的合法权益，给教师增加了工作负担。

【案例 1-4】

为吸引更多的生源，某幼儿园以“关注幼儿的兴趣爱好”为其宣传标语，承诺会以幼儿的兴趣爱好为教学活动设计与管理的出发点，发展幼儿的个性。

但在实际执行与管理的过程中，该园却只是针对幼儿的兴趣爱好开设了几个兴趣班；为了不耽误幼儿的放学时间，该兴趣班的上课时间安排在了课外活动时间，大大减少了幼儿进行户外游戏的机会。与此同时，兴趣班的质量也是管理人员关注的焦点，这就使得教师既要安排好幼儿的集体教育活动，又要设计好兴趣班的课程，增加了教师的工作负担。有些教师为了准备兴趣班的材料而又担心幼儿的安全，只能减少幼儿的自由游戏时间，让幼儿在教室里看动画片。

再次，管理人员所关注的教育教学管理内容不全面，只关注一部分较为易于管理的教育教学工作，忽视或不重视较为复杂的教育教学工作。例如，有些幼儿园忽视了科研工作的管理，甚至将教研室与科研室融为一体，使得本园的科研工作止步不前。

最后，幼儿园教育教学管理的评价机制尚不健全，这也是幼儿园教育教学管理中常见的问题之一。评价机制的建设是提高管理水平的有力手段，能规范与制约教师的教育教学行为，提高教师的专业能力。然而，评价机制的不健全则会导致形式主义之风盛行，这类幼儿园只注重表面的园所环境建设以及教师的教学行为，忽视幼儿园内在文化建设以及教师综合素养的提升。此外，当前幼儿园更多采取量化评价模式，即建立在指标明确、易操作、减少人为因素干扰等基础上的一种标准化评价模式。这种评价模式强调对教育教学的行为及结果进行评价，忽视了教师教育教学活动中动态的成长以及情感等难以量化的因素，使得评价片面且死板，缺乏互动性与个性。

基于对幼儿园教育教学管理可能存在的问题的分析可以发现，当前我国幼儿园教育教学管理需要从管理理念、人才队伍建设、评价机制三方面着手，即应更新幼儿园教育教学管理理念，使之适应幼儿发展及教师专业成长需求；加强管理人才队伍建设，提高管理人员综合素质；健全幼儿园教育教学管理评价机制，提高教育教学管理工作质量与工作效率，并以此来全面提升幼儿园教育教学管理水平。苏霍姆林斯基曾说过："学校领导首先是教育思想的领导，其次才是行政领导。"管理理念作为教育思想的有机组成部分，是幼儿园教育教学管理工作的基础，幼儿园教育教学管理工作的科学、有效开展离不开教育教学管理理念的指导，良好的管理理念能推动管理人才及评价机制建设。因此，为提高幼儿园教育教学工作质量，加强幼儿园教育教学管理，首先应明确并树立正确的幼儿园教育教学管理的基本理念。

二、幼儿园教育教学管理基本理念

(一)坚持“以幼儿为本”

《3—6 岁儿童学习与发展指南》(以下简称《指南》)强调，在对幼儿实施科学的保育与教育时，应“关注幼儿学习与发展的整体性”“尊重幼儿发展的个体差异性”“理解幼儿的学习方式和特点”“重视幼儿学习品质的培养”。《纲要》也明确指出：“幼儿园教育应尊重幼儿的人格与权利，尊重幼儿身心发展的规律和学习特点，以游戏为基本活动，保教并重，关注个别差异性，促进每个幼儿富有个性的发展”。可见，幼儿园的教育教学管理工作应“以幼儿为本”，以满足幼儿需求、尊重幼儿的个体差异性、促进幼儿全面发展为管理的出发点，教育工作者在管理活动中应树立并始终坚持科学的儿童观，遵循幼儿身心发展规律，满足幼儿的发展实际需求。

“以幼儿为本”要求幼儿园应满足幼儿的基本需求。作为人类社会的一员，学前儿童不仅具有生理上的需求(如饮食、睡觉等)，同时也具有心理上的需要(包括得到父母、老师的关心，被同伴接受，等等)，这就意味着幼儿园应为幼儿营造健康的成长环境。幼儿的成长环境既包括可以看得见、摸得着的物质环境，同时也包括具有内隐性的精神环境。在进行教育教学管理时，首先要重视物质环境建设，将幼儿的安全放在首位，在进行教育教学管理工作之前，应强化安全管理与卫生管理，保障幼儿园玩教具、设施设备的安全性与多样性，为幼儿提供干净、整洁的幼儿园环境；除此以外，也应重视精神环境建设，注重园所文化的构建，提高教师的专业素养，规范教师的职业道德，为幼儿发展营造安全、舒适的幼儿园环境。

“以幼儿为本”要求幼儿园应突出幼儿在教育教学活动中的主体地位，以游戏为基本活动，激发幼儿参与活动的热情，尊重并鼓励幼儿的想象力与创造力。在教育教学活动中，应对幼儿进行积极、正面的评价，提高幼儿的自信心。同时，教师也应适时为幼儿提供帮助，增加教育教学活动的科学性与规范性。

“以幼儿为本”要求幼儿园应以促进儿童的全面发展为教育教学工作的最终目标。幼儿园在教育教学活动中既要重视幼儿发展的整体性，注重“领域之间、目标之间的相互渗透和整合”，也要关注幼儿发展的阶段性特征，根据幼儿的发展阶段选择最适合他们的教育教学内容与方式；既要培养幼儿良好的社会认知、社会情感以及规则意识的形成，同时也要重视幼儿个性与创造性思维的发展，关注幼儿的个体差异性，培养幼儿优秀的道德品质，从而帮助幼儿更好地融入社会，促进幼儿社会性与个性的整体和谐发展；既要重视幼儿基本生活技能的培养，也要培养幼儿良好生活卫生习惯，增强幼儿的独立性。总体而言，“以幼儿为本”的基本理念要求教育教学管理工作的开展应“面向全体幼儿，尊重幼儿主体，将每个幼儿都当作其学习的真正主体”，使教育教学管理工作能真正促进幼儿的全面发展。

（二）关注教师主体地位

幼儿园教师作为幼儿园教育教学管理中的重要参与者，在幼儿园各项工作管理中始终处于核心地位。幼儿园教师主体地位的凸显及其主体性的发挥，能充分调动教师工作中的积极性与主动性，这最终会直接影响到幼儿园教育教学管理的工作成效。2018 年，《关于全面深化新时代教师队伍建设的改革意见》中提出应“建立现代学校制度，体现以人为本，突出教师主体地位，落实教师知情权、参与权、表达权、监督权”，以此来“保障教师参与学校决策的民主权利”。关注教师主体地位，提高教师参与民主管理的能力，将幼儿园整体发展目标与教师个体发展目标有机结合，对教师专业成长与幼儿园教育质量的提高都具有重要意义。

然而，受到传统管理理念的影响，园长负责制是我国大部分幼儿园的主要管理制度，幼儿园教育教学工作更多是由园长、教研组长等管理者负责管理，而教师往往处于被动管理状态，这就使得教师参与教育教学管理的主动意识不强。教师在教育教学工作中更多是完成管理者布置的任务，而忽视了自身个体主观能动性以及创造性的发挥。但由于评价机制不健全、评价不到位等原因，管理者在对教育教学工作进行评价时，可能会无法全面理解班级幼儿的实际需求以及教师的教学风格，这就会导致评价结果的片面性。教师在根据评价结果调整教学工作时，可能会与自己本来目标相违背，教育教学能力得不到充分发挥，大大打击了教师的工作积极性。

因此，为提高教师的主体地位，首先应转变传统的教育教学管理理念，完善教育教学管理模式，构建民主管理平台。在进行管理时，应给予教师充分话语权、领导力与自主权，让教师能真正参与到管理工作中，从而使教师从被动管理状态转变为主动管理状态，成为管理的主体。在这一过程中，教师参与教育教学管理的主动意识不断增强，能根据自己的工作需要以及工作能力调整管理任务，提高自身的工作积极性与工作满意度。其次，应健全教育教学评价机制，以过程性评价为主，根据教师的教育教学风格及教学水平灵活调整评价标准，使评价结果更能符合幼儿成长及教师专业发展需求。此外，教职工大会或教职工代表大会也是发挥教师主体性的重要场所。《规程》强调："幼儿园应当建立教职工大会制度或教职工代表大会制度，依法加强民主管理与监督。"当前幼儿园的教职工大会制度存在着停留于表面的问题，教师的参与热情不高，究其根本还是由于教师主体性得不到发挥。因此，如何给予教职工大会或教职工代表大会以实权，提高教师参与的积极性，使教师真正成为教育教学管理工作的主体，是当前幼儿园教育教学管理中需要解决的主要问题。

教师自身专业能力的提高是教师主体地位得到重视的前提条件。在关注教师主体地位，发挥教师主动性的同时，学校也应当及时关注到教师专业成长的需求，借助校内外资源对教师进行进修、培训等，在条件允许的情况下，应给予教师个性化指导，以促进教师自身专业能力富有个性地发展。幼儿园管理制度的建设应强调为教师创设创新型环境，给予教师足够的空间与机会，让教师能在教育教学中体现自我的个性与创造性；同时也要进行团队合作，营造和谐的团队合作氛围，培养教师的团队合作精神，使幼儿园教育教学管理真正成为一个统一的整体，构建出共性与个性和谐共生的团队管理制度。在新教师专业能力发展方面，则应关注新教师专业发展需求，以老带新，促进教师整体专业水平的提高。

三、坚持保教并重

坚持"保教并重"是幼儿园教育教学管理的重要理念之一，有些幼儿园在教育教学管理中可能会存在"重教轻保"或"重保轻教"现象，这些都会导致幼儿园教育教学管理工作的片面性。《若干意见》中指出，应"提高幼儿园保教质量""注重保教结合""树立科学保教理念"。坚持保教并重基本理念，是幼儿园教育教学管理工作实施的前提条件，要求教育教学管理不仅要对幼儿园的教育工作进行管理，更重要的是要对幼儿园的保育工作进行管理，做到"保"中有"教"，"教"中有"保"，以此来增加教育教学管理工作的全面性，在保障幼儿安全与健康的基础上，促进幼儿的全面成长。

《指南》指出，幼儿园应致力于“促进幼儿健康发展”，这也是幼儿园教育教学管理的核心理念与出发点。《指南》将“健康”定义为“人在身体、心理和社会适应方面的良好状态”，“发育良好的身体、愉快的情绪、强健的体质、协调的动作、良好的生活习惯和基本生活能力是幼儿身心健康的重要标志，也是其他领域学习与发展的基础”。这就意味着，当教师对幼儿进行保育时，不仅要满足幼儿的生理需求，关注幼儿身体上的发育与强健，同时也要留心幼儿情绪的变化以及良好生活及卫生习惯的养成，这就要求教师应坚持“保中有教”，对幼儿进行健康教育。而健康领域位于五大领域之首，为幼儿创设安全的环境，保障幼儿的身心健康发展，是幼儿园课程建构的前提条件。《纲要》指出：“幼儿园必须把保护幼儿的生命和促进幼儿的健康放在工作的首位”，因此，教师应做到“教中有保”，即：在对幼儿进行教育时，要始终将幼儿的安全置于中心位，在保障儿童身心健康发展的基础上，开展教育教学活动。

坚持保教并重要求教师应提高自身的个人修养，富有责任心与耐心，及时关注与了解幼儿在幼儿园一日生活中的状态，保障幼儿的安全，满足幼儿的基本生活需要。同时，在教育教学活动中应改变重视知识、技能的学习而忽视卫生保健及健康情感培养的现象，强调培养幼儿良好的行为习惯，增强幼儿的身体素质以及独立生活的能力。在日常的教育教学活动中，教师应为幼儿提供充足的户外活动的时间与机会，并鼓励幼儿参与与其发展阶段相适应的体育活动，增加活动的趣味性，以激发幼儿参与体验活动的兴趣，培养幼儿健康的体魄以及坚强的品质。温暖、轻松的心理环境也是幼儿心理安全感形成的重要场所。在幼儿园中，教师应为幼儿营造良好的同伴交往环境，帮助幼儿学会恰当表达与调控自己的情绪，增强幼儿的安全感与信赖感。与此同时，在加强教师队伍建设的同时，也应加强保育人员队伍建设，完善激励与制约机制，规范保育人员的保育行为，增强其职业道德，鼓励保育人员积极学习现代保育知识，参与保育技能培训，以此来不断提高保育人员的保育能力。

四、重视过程性评价

评价机制的建设是教育教学管理的重要组成部分，目的在于规范幼儿园的教育教学行为，在这一过程中，教师的教育教学活动以及幼儿的发展水平是评价的主要内容。当前评价体制中存在着评价内容不健全、评价结果不能反映幼儿需求及教师真实水平等问题，这就要求幼儿园在教育教学管理过程中，应重视过程性评价，在深入了解与分析教育教学活动的基础上提出改进策略。过程性评价是教育教学管理的重要手段，坚持过程性评价能帮助管理者及教师及时了解幼儿的发展状态与发展变化，从而采取针对性手段改善教育教学实践，提高教育教学水平。

过程性评价更为关注观察对象发展过程中的变化。对于幼儿而言，坚持过程性评价能关注幼儿的内在发展变化，提高教育教学活动的连续性与科学性。建构主义所认为的儿童的发展是在与周围事物相互作用中形成的内在与外在整体的发展，幼儿的发展具有过程性与整体性。片面强调评价结果可能会破坏教育教学活动的系统性与连贯性，忽视幼儿的个体差异性以及其内在发展变化。《纲要》也明确了幼儿园的教育评价工作应“自然地伴随着整个教育过程进行”，综合运用多种手段方式以“全面了解幼儿的发展情况，防止片面性”，这就意味着幼儿园在进行教育教学管理工作时应坚持过程性评价，对幼儿的情感、社会性以及实际能力等进行全面评价，并以此作为改善教育教学实践活动的重要依据。

较之传统的以结果为评价对象的评价模式，过程性评价不仅能促进幼儿的全面发展，同时也能关注到幼儿发展中的差异性，便于教师“因材施教”，从而激发幼儿的学习动机，促进幼儿的个性化发展。另外，在教育教学管理中坚持过程性评价能全面了解教师的专业水平，有针对性地为教师提出教育教学新任务，促进教师的专业发展。对于管理者而言，在教育教学过程中坚持过程性评价也能提高管理者的管理水平，通过评价来加强管理人才队伍建设，加强教学管理组织系统建设，提高管理人员综合素质，加强对教师的管理，提高教师综合素质和教学质量，提高教育教学管理的科学化。

为提高评价的科学性与有效性，首先应建立完善的评价体系，坚持评价内容的全面性，对教育教学各项活动都要进行评价，以增加教育教学管理的系统性与完整性；同时也要提高管理人员的过程性评价意识，加强对过程性评价知识的学习，重视在教育教学活动过程中幼儿的发展情况以及教师教育教学水平的变化情况。

重视过程性评价要求评价人员应坚持多元主体评价，评价标准应灵活且客观。在对幼儿进行评价时，既要按照幼儿园评级标准对幼儿发展的结果进行整体性评价，又要关注幼儿的个体差异，发挥教师在评价中的主体性，对幼儿发展的过程进行阶段性评价，从而使评价结果更为全面。在对教师进行评价时，应重视教师自评与教师互评的作用，激发教师的参与感，培养教师的反思能力。与此同时，对待不同的教师应当采取不同的评价标准，以鼓励性评价为主，以此来增强教师的自信心。在制定评价标准时，对于难以量化的情感因素应给予足够的重视，使标准的制定既达到国家要求，又要满足园所实际需求，从而构建利于教师专业成长以及幼儿全方面发展的评价体系。最后，坚持过程性评价与终结性评价相结合。虽说要重视教育教学活动的过程，但也应对总体发展方向以及发展要求进行规定，使教育教学管理的总体水平能真正得到提升。

评价是为教育教学管理服务的，通过评价，管理人员应及时了解到当前教育教学活动中存在的不足之处以及幼儿发展的基本需求。应正确认识并充分、有效利用评价结果，根据评价结果及时调整教育教学理念、改善园所教育教学环境，规范教师教育教学行为，提高教师教育教学水平，逐渐形成融洽和谐的教学氛围，使之能满足幼儿的基本需求，促进幼儿的全面发展。

五、全面提升幼儿园教育教学质量

全面提升幼儿园教育教学质量，促进幼儿的全面发展是幼儿园教育教学管理的最终目标。

首先，应加强管理人员队伍建设，适当扩大管理人员规模与范围，合理安排管理人员工作任务。在建设管理人员队伍时，应提高教师在管理队伍中的比例，提高教师的主动性与话语权，保护教师的合法权益；同时幼儿园管理者也应重视自身管理能力的提升，通过学习不断丰富自身的管理知识，通过实践活动增加自身管理的经验。在实践过程中，幼儿园管理者还应该不断反思自身的管理行为，并在反思的过程中，认识到自身管理能力的不足之处，加强管理理论及知识的学习以及综合素质的提升，将理论转化为实践，从而不断提高管理能力。在进行教育教学管理时，管理人员应增强自身敏感度，全面关注幼儿园教育教学活动，保障幼儿园教育教学管理的全面性与系统性，同时要根据具体的教育教学情境，运用恰当的管理策略对幼儿园进行管理。

其次，应完善并加强教育教学各项工作管理，以此来全面提升幼儿园教育教学质量。包括：优化健全保教制度，加强日常工作管理，统筹家园工作管理，强化园本课程及培训管理，落实教研与科研工作管理以及加强教育评价管理。

第一，优化健全保教制度。保教制度既应符合国家政策要求，加强保教制度的规范性；又应具有自己本园的特色，体现保教制度的独特性。在制定幼儿园保教制度时，制度制定者应全面了解《指南》《纲要》的具体内容，坚持“以幼儿为本”的基本原则，将幼儿的安全与发展置于首位；保教制度的制定应明确与规范教师职业道德，提高教师的专业知识与专业能力，使之能为幼儿做良好的榜样。此外，保教制度应便于教师及管理人员理解与操作实施，使保教制度能落于实践，保障幼儿园教育教学工作的有序进行。

第二，加强日常工作管理。日常工作的管理既要求管理人员应具有责任感，完善日常工作管理细则，监督各项日常工作的执行；也要求教师应能贯彻落实《纲要》具体要求，坚持保教并重基本理念，“合理安排幼儿的一日生活”，并为幼儿“创设良好的教育环境”。首先，在教学活动管理方面，应制订满足幼儿发展需求的教育计划与教育大纲，做到因材施教，尊重幼儿的个性；在教学活动中应要求教师做到鼓励为主，给予幼儿积极的评价，培养幼儿的自尊心与自信心。此外，应“坚持以游戏为基本活动，珍视幼儿游戏活动的独特价值”，寓教于乐，激发幼儿学习的主动性与积极性。其次，在常规管理方面，应要求保教人员注意培养幼儿良好的卫生习惯与生活习惯，提高幼儿的独立性与生活自理能力；在与同伴交往的过程中逐步培养幼儿良好的道德品质，给予其积极的情感体验。再次，在班级环境管理方面，既要加强对物质环境的管理，保证玩具、教具、幼儿园设施设备的安全；也要关注幼儿精神环境的管理，为幼儿发展提供和谐的同伴交往氛围与师幼交往氛围，增强幼儿的心理安全感。最后，在课外活动管理方面，应在保障幼儿安全的基础上解放幼儿的天性；在进行课外活动时，应注重自然环境的独特价值，活动安排应灵活多样，吸引幼儿的兴趣。

第三，统筹家园工作管理。家庭是幼儿园重要的合作伙伴，加强与家庭之间的联系、合理利用家庭资源、实现家庭教育理念与幼儿园教育理念的一致性，都将会对幼儿园教育教学工作产生积极影响。《规程》明确了幼儿园与家庭之间的关系：“幼儿园应当主动与幼儿家庭沟通合作”，了解幼儿基本的家庭教育环境，同时“为家长提供科学育儿宣传指导”，使家长树立科学的育儿观，为幼儿发展营造良好的家庭教育环境。在进行家园工作管理时，也应当发挥家长委员会的重要作用，为幼儿园教育教学管理工作提出意见与建议，使幼儿园的保育与教育工作更为全面。

第四，强化园本课程及园本培训管理。园本课程的建设与园本培训的实施都应立足于幼儿园教育实践，立足于幼儿实际发展需要以及园所文化特点。在进行园本培训管理时，首先应了解教师专业发展的具体要求，并根据需求采取针对性的培训，加强对青年教师的培训，同时也要重视老教师专业水平的提升。在培训时，应强调教师反思能力的培养，在提高教师的理论知识水平的基础上，增强教师的教育教学实践能力。

第五，落实教研与科研工作管理。科研能为教育教学活动提供理论依据，解决"是什么"的问题；而教研则是为教育教学活动中的具体问题提出处理方式，解决"怎么做"的问题。为促进教育教学管理工作的全面开展，幼儿园管理人员既要进一步重视教研工作，完善与落实教研制度，切实解决保教工作中的实际问题；又要加强对科研工作的重视程度，不断进行科学研究，以提高园所整体科研水平。基于此，幼儿园应成立专门的教研与科研室，分别指导与管理幼儿园的教研与科研工作。为提高幼儿园的教研水平，教师首先应具有反思能力，善于发现教育教学过程中所出现的问题，并在自身教育实践经验与学习他人经验的基础上开展教育研究工作，设计出解决问题的具体策略。幼儿园科研工作的顺利进行则需要教师的学术素养的不断提高，善于进行理论研究。与此同时，不管是教研还是科研，其选题都应符合实际，具有实用价值。

第六，加强教育评价管理。教育评价是了解幼儿发展状况的重要依据，评价结果也是幼儿园开展下一步教育教学活动的重要依据。加强教育评价管理，首先应提高教师对教育评价的重视程度，自觉对教育实践活动进行评价。其次，应在教育教学活动中贯彻教育评价制度；《纲要》指出"评价应自然地伴随整个教育过程进行。综合采用观察、谈话、作品分析等多种方法"。在进行教育评价时，也应针对幼儿的个体差异性采取不同的评价标准，同时要注重借助幼儿档案袋或成长档案册对幼儿进行发展性评价，以全面了解幼儿的发展情况。

【拓展阅读】

推荐图书：

史勇萍主编：《幼儿园精粹管理》，北京师范大学出版社，2016 年。

推荐理由：

本书是深圳市莲花北幼儿园学习借鉴 5S 管理理论（即五常法，常组织、常整顿、常清洁、常规范、常自律），结合幼儿园工作实际，以莲花北幼儿园自创的思维六要素（即数量、空间、时间、质量、因果性和必然性）为结构，经过长期实践研究提炼出的幼儿园管理系统。幼儿园精粹管理法，共 22 条标准，通俗易懂、指导性强，依据标准点，总结归纳出的一日活动组织流程、学习环境创设标准、保育工作流程、幼儿食品管理流程、消毒清洁流程、安全工作指引等系列，目标明确、易学易做，可为各类幼儿园提供具有实践指导意义的管理策略。

推荐图书：

管旅华、崔利玲主编：《幼儿园园长专业标准——案例式解读》，华东师范大学出版社，2016 年。

推荐理由：

本书是《幼儿园教师专业标准（试行）案例式解读》和《3—6 岁儿童学习与发展指南案例式解读》的姊妹篇，是为幼儿园园长、老师量身定制的案例式解读读本。本书理论深刻，案例丰富，解读专业，为读者提供了问题发现、问题分析和问题解决的具体场景。

【本章小结】

幼儿园教育教学管理包括保教制度管理、日常工作管理、家园工作管理、园本课程管理、园本培训管理、教研管理、科研管理以及教育评价管理。其管理效果会受到管理观念的影响。值得注意的是，幼儿园教育教学管理理念虽不能轻易改变，但管理的具体实施则应根据社会发展的具体情况、幼儿及教师的实际需求及时调整，且要落到实处，建立健全监督机制，针对不同的教育教学工作采取相应的管理手段，充分发挥教师的积极性与主动性，使幼儿园教育教学管理更加科学且有效。

【讨论与思考】

1. 什么是幼儿园教育教学管理？新时代教育教学管理模式应是怎样的？

2. 当前幼儿园教育教学管理中存在的问题有哪些？为什么会出现这些问题？

3. 新时代幼儿园教育教学管理理念是怎样的？

4. 如何提高幼儿园教育教学管理水平？

第二章　幼儿园保教制度及其落实

【本章要点】

● 明确保教制度的作用与类型；

● 掌握制定保教制度中应遵循的原则；

● 学习制定科学合理的保教制度；

● 明确保教制度实施过程中应注意的问题。

【本章关键词】

保教制度；保教制度的原则；保教制度落实

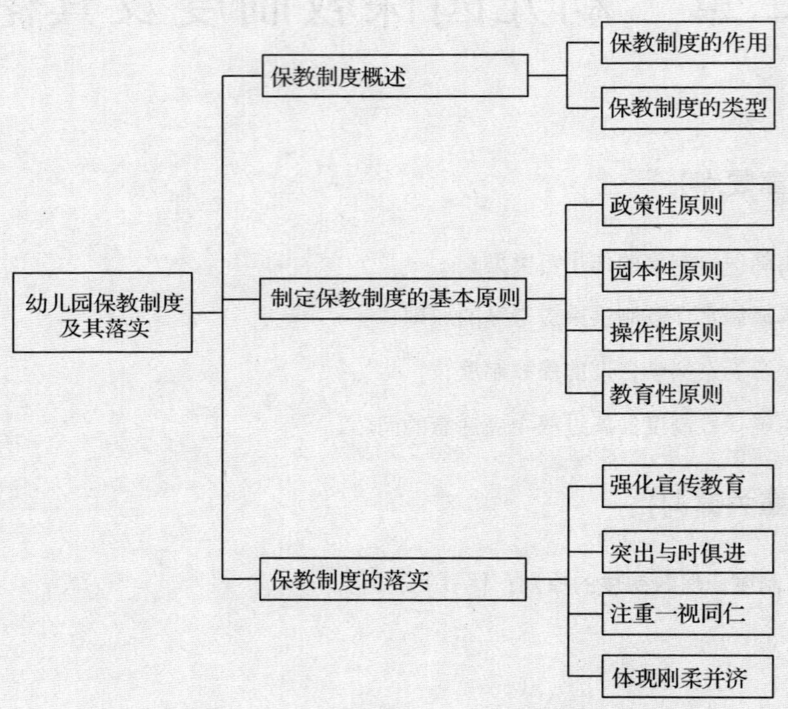
幼儿园保教制度及其落实
保教制度概述
保教制度的作用
保教制度的类型
制定保教制度的基本原则
政策性原则
园本性原则
操作性原则
教育性原则
保教制度的落实
强化宣传教育
突出与时俱进
注重一视同仁
体现刚柔并济

幼儿园的保教管理工作紧紧围绕幼儿一日生活而展开，但这其中最为重要的当属保教制度及其落实。制度是组织的基本活动准则，是任何一个组织正常运转的保证。而幼儿园的制度则是幼儿园的“法”，是为实现幼儿园的管理目标，对园内各项工作和对各类人员的要求加以系统化、条理化，规定出必须遵守的行为准则和工作规程；是幼儿园根据党和国家有关方针、政策、法规，按照幼儿园教育工作的规律和各园的实际情况，采用条文的形式，对全体教职工的工作、学习和生活等行为提出的，具有约束力和一定强制性的准则。因而在幼儿园的常态化工作中，制度就显得尤为重要。保教工作是幼儿园工作的重要组成部分，科学合理、可操可检的保教制度管理就更显得尤为重要。如何构建科学合理的保教管理体系？保教制度管理包含什么？保教管理者又该如何实施保教制度管理呢？本章从保教管理制度概述、建立保教制度的原则、保教制度的落实等三个方面，通过鲜活的案例以及点评，详细论述了保教管理者应如何实施保教制度管理。

第一节　保教制度概述

凡是有人群活动的地方，为了有序地进行共同活动，就必须建立起约束人们相互关系的行为规范或准则，即制度，这是管理职能的具体体现。我们常说，没有规矩就不成方圆，这里的规矩就是规章制度。制定科学合理的规章制度，对完成各项任务，建立正常秩序，提高管理效率，有着十分重要的意义。幼儿园要想确保园所保教质量不断提升，就必须有一套切实可行的保教管理制度，借以拘束、激励保教人员，规范其日常教育教学行为，使得园所的日常保教工作能够正常运转。

一、保教制度的作用

幼儿园保教制度，是为实现幼儿园保教管理目标，对教师完成各项工作应遵守的要求加以系统化、条理化，规定出必须遵守的行为准则和工作规程。是幼儿园根据党和国家有关方针、政策、法规，按照幼儿园教育工作的规律和各园的实际情况，采用条文的形式，对全体教职工的工作、学习和生活等行为提出的，具有约束力和一定强制性的准则，是规范幼儿园教职工保教行为的“法”。比如，为了确保教职工准时到岗，不影响工作，幼儿园制定《教师考勤管理制度》；为了督促教师做好家园共育，幼儿园制定《家长联系制度》；为了确保幼儿在园一日生活的有序性、合理性，幼儿园制定《幼儿作息制度》；为了促进教师工作质量和自身发展水平的提高，幼儿园制定《教师考核制度》……由此可见，每一项保教制度的制定，都具有明确的作用导向。保教制度的具体作用体现在以下几方面：

1. 约束教职工日常教育教学行为，具有一定的强制性，使教师们在实施保教行为的过程中有章可循，有所适从。

《带班教师保教行为规范》是教师在带班过程中的基本行为准则，引导大家知道有哪些保教环节、时间节点该做什么？怎么做？帮助大家养成正确的带班保教行为习惯，同时对个别教师也是一种约束。

【案例 2-1】

表 2-1　某园一日生活常规带班教师保教行为规范

时间段	环节	幼儿	教师	助教	保育员
8:30—9:15	1. 区域游戏活动	1-1 选择自己喜欢的游戏材料在指定地点按照游戏规则进行游戏。	1-1 引导幼儿先做计划再开展活动。	和教师一起完成： 1-1 引导幼儿先做计划再开展活动。	1-1 8:30 保育员浸泡餐桌清洁消毒布，浓度为 250mg/L，作用时间 30 分钟，手洗清洁消毒布。
		1-2 中大班商量先共同制订计划，再合作开展游戏活动。	1-2 观察幼儿游戏情况。适时介入指导。	1-2 观察幼儿的游戏情况，适时介入指导。	1-2 观察幼儿游戏情况，适时介入指导。
		1-3 和老师一起为区域、环境创设制作游戏材料。	1-3 可以和幼儿一起制作区域、环境的材料。 1-4 和幼儿一起为各个区域之间互相制作、提供游戏材料。	1-3 可以和幼儿一起制作区域、环境的材料。 1-4 和幼儿一起为各个区域之间互相制作、提供游戏材料。	1-3 提醒幼儿不做剧烈的活动，避免跑、跳。 1-4 关注个别特殊儿童游戏情况。 1-5 提醒幼儿在游戏活动中的不良卫生行为习惯，如吃手、抠鼻孔、咬玩具等。 1-6 轻声提醒幼儿改正不良坐姿。
	2. 收拾玩具	把自己操作的游戏材料按照标记放回原处，并整理整齐。	2-1 播放轻松的音乐，提示幼儿收放材料。 2-2 选择幼儿交流分享的游戏材料、内容、地点和形式。 2-3 帮助幼儿收拾玩具。 2-4 组织幼儿回到座位或者分享的地点。	2-1 帮助幼儿收拾游戏材料。 2-2 按照教师评价要求摆放桌椅。（中大班和值日生一起完成）。	2-1 帮助幼儿收拾游戏材料，提醒不争抢，不乱扔。 2-2 检查所有区域收放情况，整理区域。（中大班和值日生一起完成）要求玩具摆放整齐，并检查玩具有无破损。

续表

时间段	环节	幼儿	教师	助教	保育员
8:30—9:15	3. 游戏活动分享	介绍自己的游戏成果，分享后将作品摆放到指定地点。	3-1 支持帮助幼儿介绍清楚自己的游戏成果或内容。 3-2 启发幼儿寻找游戏活动中存在的问题、遇到的困难，并积极想办法解决，积累游戏经验。 3-3 提示幼儿将分享的材料放到指定地点，自主活动继续观察操作。	观察发言中的幼儿情况，纠正不良习惯，引导幼儿积极与教师和其他小朋友回答问题，进行互动。	
	4. 如厕盥洗、自主饮水、户外活动准备	4-1 如厕：扶好扶手，踩准坑位，小便自理，大便先取卫生纸，自前向后擦屁股，便后将衣服整理整齐，不露肚皮，中大班儿童大小便后及时冲厕，清理双手。 4-2 洗手：先挽袖子，用“七步法”洗手，甩三下后用毛巾把手擦干，将毛巾整理整齐后挂在对应的挂钩上，再捋直，中大班值日生提醒挽、放袖子。	4-1 提醒、帮助、检查幼儿穿合适的衣服、鞋、帽子、手套等。 4-2 组织幼儿站队，教师站在队头，带领幼儿下楼、外出。 4-3 提醒幼儿靠右行走，扶好扶手，眼睛看脚下，注意安全。	4-1 提醒幼儿喝适量的水。 4-2 提示幼儿抹油。 4-3 协助教师组织幼儿下楼外出，跟在队尾，提示个别幼儿注意安全。	4-1 集体如厕时，教师站在便池一侧，近洗衣机方向，关注全体如厕盥洗幼儿。 4-2 准备不少于两节卫生纸为幼儿擦拭。 4-3 提醒帮助幼儿正确提裤子、掖衣服，检查不露肚皮。 4-4 用布清洁水池面，无积水，并保持水池内的清洁。 4-5 清理便池，及时冲厕，保持干净。 4-6 整理地面，清洁后注意地面不要过湿。 4-7 将窗户完全打开，使空气对流（教室和盥洗室）。 4-8 将幼儿毛巾（花毛巾）拿到楼下指定地点进行暴晒。

（来源：北京市第二幼儿园）

从这一个环节常规的制定中反映出，该幼儿园的一日生活常规制定的具体、详细，可操可检，明确了每一个岗位的保教人员在此环节中应该做什么、又该怎么做、相互之间怎么配合……指出了每个人的保教行为标准要求，不仅规范了教师们的保教行为，也为幼儿一日生活的流畅性提供了保障。相信任何一位新教师来到这个班，看到这个制度，都能一目了然地知道自己该做什么和怎么做。

2. 保证园所正常的保教工作秩序，提高保教管理成效，协调保教工作方方面面，各尽其能。

如，《新职教师培训制度》通过落实新职教师培训制度，严格规定培训的时间、主持人、参与者、培训内容等，明确保教各方面人员（管理者、教师）在培训中的任务与责任，使培训者与受训者均能按要求完成培训任务，提高专业水平。

【案例 2-2】

新职教师培训制度

一、新职教师培训主要由保教主任主持，并聘园长、执行园长、干部、骨干教师、保健医等相关人员对全体新职教师进行上岗期间的培训。

二、培训内容要有计划、有准备、有课件等，形成系统性。

三、主要培训内容，要围绕园里的规章制度、岗位应知应会、教师业务能力、日常工作、教研工作等内容进行。

四、新职教师按时参加培训，出全勤。在培训中认真做好每一次活动记录。

五、教师参加培训后，开展学习研讨、共同交流、分享学习体会等活动。

六、培训后进行新职教师考核。考核采用笔试与实际操作相结合的方法进行，考核不合格的教师不予上岗。

七、培训时间：入职前一周集中进行培训，每学期至少 4 次活动。

八、新职教师积极参加市、区组织的新职教师培训活动，并按要求完成所有考核内容。

（来源：北京市第二幼儿园）

这个培训制度明确了谁应该承担“新职教师培训者”的角色，明确了培训者应针对新职教师上岗前的哪些方面设计培训内容与形式；明确了新职教师在参与培训时的具体要求。这个制度体现了在新职教师培训中，不同管理层的管理者、不同岗位的人员要在相互沟通、相互交流的基础上，明确各自承担的培训任务、培训时间等，必须各尽其能，以确保培训的实效性。

3. 有助于增强保教人员的责任使命感，建设良好教风，引导保教人员各司其职，各负其责。

如《保教人员岗位职责》对教师、助教、保育员等保教岗位的工作任务、工作要求进行明示，引导大家各司其职，做好自己的本职工作，合理安排与组织幼儿在园一日生活，确保每一名幼儿健康快乐成长。

【案例 2-3】

某园教师岗位工作职责

一、对本班幼儿的安全负责，严格执行安全制度，不随意离开幼儿，不得将幼儿交给陌生人，早晚接送幼儿时认准家长，防止发生事故。

二、按照全园教育计划的要求，结合本班幼儿年龄特点和个体差异，制定本班教育目标。按时根据教育计划的月计划制订周重点、周计划，并组织实施，写好教育笔记。

三、在保健医的指导下，配合保育员做好幼儿的卫生保健工作。

四、指导配合保育员管理好幼儿的生活，危险物品要放在高处安全的位置，严禁体罚和变相体罚幼儿。

五、观察、分析幼儿的发展情况，做好观察记录。

六、为幼儿创设良好的物质环境和精神环境，发挥环境的教育作用。

七、在主管领导的指导下积极开展教育改革，及时总结经验。

八、认真参加园内的各种学习培训和教研活动。

九、做好家长联系工作，通过多种形式与家长共同配合完成教育任务。

十、通过班务会研究改进本班保教工作，团结本班教师共同做好本班各项保教工作。

十一、定期向班长汇报工作，并接受其检查与指导。

十二、下班离园前检查本班内的安全设施，断电、锁门，确保安全。

十三、完成领导交办的其他临时性事务。

（来源：北京市第二幼儿园）

这个岗位职责表述得条目清晰，每一条的内容又都紧紧围绕教师的一日工作，且每一条的表述又清楚明了，可操可检，既有要完成的具体任务，又有各项任务的具体要求，使得每一位承担教师岗位工作的人都能清清楚楚地了解自己该做什么、该怎么做，避免了任务不清、要求不明的现象，确保了教师岗位的工作落实。

如果一个幼儿园每一名教职工都能严格落实保教制度，规范自己的保教行为，做最好的自己，那么，这所幼儿园的各项日常保教工作必能确保有条不紊地开展，必能推进保教工作高质量发展。

二、保教制度的类型

幼儿园的保教制度多种多样，形式种类不同，需要覆盖到保教工作的方方面面，划分的维度也不同，这里我们从以下 3 个维度划分。

(一)从制度制定的主体划分

1. 政策规定的制度是指由国家、地方出台的，本地区园所统一遵守的保教管理制度。如《幼儿发展评价制度》《工作人员年度工作评价考核制度》等。

2. 园本制度是指园所依据自身的实际情况(办园理念、园所文化、园所特色等)制定的符合园情的保教管理制度。如甲幼儿园楼道宽敞，开设楼道内的班班串共享角色游戏，则制定了《共享角色游戏管理制度》；乙幼儿园以“研究学习”为园所特色，则制定了《教师学期研究专题经验交流制度》。

(二)从制度实施的范围划分

1. 面向全园的：是指全园各个教学班都应遵守的保教管理制度。如《园本教研制度》《幼儿发展评估制度》。

2. 面向班级的：是指各班级依据本班的实际情况制定的符合班情的保教制度。如《幼儿一日生活班级常规》，各班的环节时间、人员分工等都依班情而定。

(三)从制度涉及的内容划分

1. 关于教科研管理的：指教科研工作落实中应遵守的制度，如《园本教研制度》《课题研究管理制度》。

2. 关于干部教师培养的：指针对园所干部教师专业成长、队伍培养的相关制度。如《幼儿园师徒帮带制度》《幼儿园新职教师岗前培训制度》。

3. 关于家园共育工作的：规范教师班级工作中做好家园共育沟通的相关制度。如《幼儿园家园联系制度》《幼儿园家访制度》。

4. 关于日常教育教学管理的：直指教师日常带班中应遵守的相关制度。如《幼儿教师带班行为规范》《幼儿园班级环境创设制度》。

5. 关于幼儿发展的：特指对幼儿的发展进行考量评估的相关制度。如《幼儿发展评估制度》。

【案例 2-4】

某园保教管理制度(从制定制度的主体划分)

一、政策规定的制度

1. 教研制度
2. 幼儿作息制度
3. 交接班制度
4. 家长联系制度
5. 工作人员年度工作质量评价考核制度/教育评价制度
6. 幼儿发展情况的报告制度

二、园本制度

1. 安全教育制度
2. 区角游戏安全制度
3. 户外体育活动安全制度
4. 过渡环节安全制度
5. 共享游戏制度
6. 环境创设交流制度
7. 教研激励制度
8. 教研资料收集制度
9. 课题研究交流制度
10. 期末专题经验交流制度
11. 新职教师培训制度
12. 优秀教育笔记交流制度
13. 班级外出活动制度
14. 家长委员会工作制度

15. 教师培养制度
16. 德育工作制度
17. 教师岗位规范
18. 备课及检查制度
19. 活动及检查制度
20. 接送卡管理制度
21. 幼儿在园行为规范
22. 幼儿日常行为规范
23. 拜师结对制度
24. 社区早教制度
25. 主题教育活动制度
26. 保育员工作规范

（来源：北京市第二幼儿园）

该幼儿园的保教管理制度既有政策规定的制度，又有园本制度，是可以满足幼儿园日常保教工作需要的。有面向教科研管理的，也有面向日常教育教学工作的；有面向家园共育的，也有面向教师队伍培养的。涉及保教工作的方方面面，即覆盖全园保教工作，也关乎班级保教工作规范，反映出了保教管理制度的全面性。

由于各个幼儿园的园情不同，制度制定的数量与内容、细节条目也会不同，因而，园所实际情况是我们制定制度的重要依据，制度条目越清楚、细节考虑越具体，制度落实监督起来就越方便，也就对于我们规范教师保教行为、提升园所保教质量意义越重大。

第二节　制定保教制度的基本原则

保教管理者在制定保教管理制度的过程中，应遵循以下原则：

一、政策性原则

保教制度的制定要符合党和国家的政策法规，符合党的教育方针，明确依法执教，依法治教，不能与之背道而驰。幼儿园的制度是党的方针政策与国家法规在幼儿园的具体体现，要与国家及上级教育行政部门的有关政策协调一致，要增强法治意识，实行依法办园、依法施教。《规程》《纲要》《3—6岁儿童发展指南》等，都是国家颁布的文件，是管理者制定保教管理的重要依据，是所有幼儿教育者必须遵守的规范。如《北京市教育指导纲要（试行）实施细则》，对日常保教工作作了认真的细化，我们在制定保教制度时也要很好地贯彻。

又如，在制定《教师行为规范》时就要有遵守《教师法》，要有依据《纲要》《指南》实施教育教学行为等类似的条目。

【案例 2-5】

某园教职工道德行为规范

为了进一步规范我园广大教职工的职业行为，提高责任意识，树立良好形象，现根据《新时代幼儿园教师职业行为十项准则》的要求，制定我园教职工道德行为规范。（八做到八不准）

一、做到遵纪守法，乐于奉献；不准有违背党和国家方针、政策和影响教师或幼儿园整体形象的言行。

二、做到热爱幼儿，尊重幼儿；不准有讽刺、挖苦、体罚、变相体罚和伤害幼儿身心健康的言行。

三、做到仪表大方，淡妆上岗；不准在上班时间穿奇装异服、高跟鞋、拖鞋，佩戴奇特饰品，蓄留怪异发型，留长指甲，佩戴假指甲，染指甲。

四、做到轻声细语，举止端庄；不准在园内大声喧哗、同事间直呼姓名、使用污言秽语。

五、做到努力学习，刻苦钻研；不准工作中敷衍了事和无故不参加学习及各项业务活动。

六、做到坚守岗位，尽职尽责；不准上班时间擅自离岗、串班、聊天、接打电话。

七、做到尊重家长，相互信任；不准训斥、刁难、指责、侮辱幼儿家长和在孩子面前议论家长。

八、做到相互团结，通力合作；不准有搞小集团、背后议论人、传闲话等一切影响幼儿园团结的言行。

以上要求如有违反者，将酌情予以处罚，并进行全园通报！

（来源：北京市第二幼儿园）

该道德行为规范首先强调是依据国务院颁布的《新时代幼儿园教师职业行为十项准则》的要求制定的，第一条又再次强调了不准有违背国家的政策方针和教师形象的行为，还特别提出要做到尊重幼儿，热爱幼儿……这些都是与国家政策相一致的，突出了制度的政策性原则。

二、园本性原则

保教制度的制定要符合本园的实际情况。因办园历史、园所文化、教师队伍状况、级类差异等客观条件的不同，以及各园所保教理念和方法的不同，因此各园所之间存在差异，而且即使是同类幼儿园之间，甚至一所幼儿园的多所分园也存在着许多不同之处。因此不可能有一套“放之各园而皆适用”的制度。在某所幼儿园适用的制度，在另一所幼儿园不一定适用。所以，园所应根据上级文件的精神，借鉴其他幼儿园行之有效的制度，同时结合本园实际，制定出自己园所的规章制度，绝对不能一字不改、照搬照抄，“拿来主义”。各项制度的基本要求和质量标准既要合乎教师日常实施保教行为的特点，符合幼儿身心发展规律，还应从本园实际情况和工作需要出发加以制定，使之具有本园的特点，具有园本性。

如某幼儿园，在制定《幼儿户外活动管理制度》时，充分考虑了本园场地数量少（只有一个操场）、面积小（不足1000平方米）、班级多（全园共8个班）等园所实际情况，改变一些园同时开展户外活动的制度，而采用化整为零、化大为小的方式制定了本园的幼儿户外活动管理制度，从活动时间、场地划分、活动内容、指导要求等方面制定了适合本园的《幼儿户外活动管理制度》。

又如，一所名园办分园。本园与分园分别地处高价商品房小区和平房胡同内，生源的家庭背景不同，而且本园是寄宿制而分园是日托，因而在制度的制定上就要有所区别，两园有共同的制度（如教师行为规范、幼儿作息制度、卫生保健制度），但也有所不同（如收费管理制度、家长联系制度、教职工作息制度），因而就要根据实际情况制定出本园与分园不同的保教制度，否则将影响园所各项工作的有序开展。

三、操作性原则

保教制度要利于教师理解和执行。制定保教制度，条文要简明具体，用词确切，不能模棱两可，要有明确的业务规范要求、工作程序和基本方法，便于记忆和操作。把应该怎样做，怎样检查、验收、评价的方法表述清楚，使教师们有章可循，有据可依。

比如，管理者在制定“岗位职责”时，就要考虑到让每一个新到岗的教师看到后就知道自己的工作内容有哪些？完成的标准是什么？

又如，在制定《教职工岗位工作规范》时，文字要避免空泛。如“热爱幼教事业、热爱每一名幼儿”这样的表述就不利于教师们执行，应明示“能微笑对待每一名幼儿，不能打骂、侮辱、体罚幼儿”，甚至可以量化为行为标准“×能×不能”“N 个必须”等。

【案例 2-6】

某园教师岗位工作规范

为更好地规范教师的教育行为，增强教师的使命感、责任感，提高幼儿园的保教质量，依据《幼儿园章程》的规定，制定本规范。

一、教育教学

1. 认真制订计划：每学期初，在上学期对幼儿的评估和全面观察、了解班级所有幼儿现有发展状况的基础上，根据本年龄段幼儿的教育目标，制订适合本班实际情况的主题计划，每周五各班教师在下午 3 点之前上交下周的教育活动计划和教育笔记。

2. 认真备课：班级教师认真备课，按时开展各项活动，活动设计需包含以下要素。

周计划：

* 月重点：每月开展的重点工作(包括五大领域的内容)。

* 周重点：生活活动、区域活动、集体教育活动(领域活动与主题活动)、户外活动、家长工作和效果分析(每周要对上周的工作进行及时分析小结)。

* 日计划：生活活动、区域活动(早班教师书写)、集体教育活动、户外活动、离园活动(晚班教师书写)。

* 日目标：每日生活活动、区域活动、集体教育活动、户外活动的重点。

* 生活活动(目标)：要具体、分解周生活活动重点。

* 区域活动(目标)：要具体、分解周区域工作重点并写明重点指导区域。

＊ 教育活动：

活动名称：领域—名称

活动目标：三级目标(知识、技能、情感；每个目标一个内容)。

活动准备：物质准备和精神准备。

活动重点：本次活动的重点内容要写清楚。

活动难点：本次活动的难点内容要写清楚。

活动过程：开始部分、基本部分、结束部分，书写符号按标题序号逐步细化。

＊ 户外活动：活动名称、目标、指导重点。

＊ 反思：日常活动不少于三次反思。

二、对待孩子

1. 尊重孩子：尊重每个孩子的个性特点、兴趣爱好，不轻易指责孩子。

2. 鼓励孩子：对每个孩子以正面、积极的教育为主，善于使用不同词汇表扬、鼓励孩子。

3. 平等对待孩子：平等对待每一个孩子，不歧视，不偏爱，尊重孩子之间存在的差异。

4. 与孩子做朋友：经常与孩子聊天，善于用情感性动作与孩子身体接触，鼓励孩子主动接触自己。

5. 保护孩子：主班教师始终与孩子在一起，各项活动中要考虑到各种保护孩子的措施，不让孩子做危险的事情。

三、教科研及学习

1. 参加课题研究：在保证教育教学工作正常开展的前提下，教师认真参加教科研工作。特别是课题组成员，更应积极地参与课题活动，带动课题活动。

2. 勤于写作：凡参与教科研的教师，学期前需制订研究计划，学期末撰写总结报告。做到每学期投一次稿，每学年交一篇参加市区级以上论文评比。

3. 传帮带：工作五年以下的教师要拜一位有指导教师资格的教师做师傅，徒弟每月听师傅 3 次以上的教学活动，师傅每月听徒弟 2 次以上的教学活动。每次听课师徒双方均要做详细记录，并进行交流。

4. 继续教育：每学年工作五年以下的教师需完成 72 课时的学习，工作五年以上的教师需完成 42 课时的学习。

四、日常工作

1. 提前一周完成下一主题的教育目标、计划、活动设计和家长园地，提前一天做好第二天的教学、游戏材料准备，不得擅自修改计划。

2. 每天检查班级设备、设施，随时消除各种安全隐患，保证幼儿生命安全与身体健康。

3. 科学合理地组织幼儿的一日活动，保证幼儿每天有两小时的户外活动。

4. 根据主题活动及时更换主题墙。

5. 每学期编排一套操。

6. 区骨干教师每月承担一次观摩教学活动。

7. 园骨干教师每两个月承担一次观摩教学活动。

五、家长工作

1. 与家长保持经常联系，了解幼儿家庭教育环境，商讨符合幼儿特点和个体差异的教育措施，有目的、有计划地实施。

2. 新小班开学前对所有孩子进行家访，平时每学期有重点地家访六至八家，幼儿在园三年间家访要达两次以上。每学期召开一到两次以上家长会(半日活动汇报、期末汇报等)。

3. 建立家园联系制度，每周向家长公布教育教学内容，评定幼儿在园表现，期末对幼儿进行全面评估，写出幼儿发展评估报告。平时利用家长接送幼儿时间，随时做好家园联系工作。

4. 每周五坚持开展家长进课堂活动，有针对性地开展各项活动，鼓励家长积极参与教学活动。

六、上交资料

1. 认真做好日常资料的整理与收集工作，按时上交各项资料。

2. 做好个人档案的整理与收集工作，不断更新与调整。

（来源：北京市第二幼儿园）

这个教师岗位工作规范制定得非常具体明确，相信每一位上岗的教师看到后都能“无师自通”。《规范》中涉及教师学期工作任务的内容全面，层次清楚，要求明确，使教师一目了然。《规范》中的文字表述详尽，内容全面，还有许多要求甚至进行了量化，清晰明了，便于教师参照执行。

四、教育性原则

保教制度要有教育意义，引导教师实现自我管理。幼儿园一切教育和保育工作，均具有教育性。建立保教制度的根本目的是有利于实现教育目标，为培养社会主义建设者奠定良好基础。因而要充分发挥制度作为教育手段的作用。制度的制定，要从人才培养、教育工作的实际需要出发，内容要有教育意义。制度的制定要让教师们参与其中，发动大家集体民主讨论，在集中正确意见、统一认识的基础上加以确立。这样，一方面可以使制度更切合实际，另一方面通过制定过程，激发教师的积极性，明确制定的目的，认同制度规定的内容，从而提高执行的自觉性，实现自我管理与教育，使制度制定成为教育教师的过程。

【案例 2-7】

某园保教制度制定的流程

一、保教副园长带领保教主任、教研组长深入班级，与教师交流，了解是否需要建立或补充保教方面的规章制度。

二、保教主任根据教师们的提议，完成补充制度的初稿。

三、召开班组长会、教师会，听取大家对新制度的意见与建议，进行二次修改后请保教副园长审核。

四、保教副园长将修改后的制度提交教职工代表大会审议。

五、教代会审议通过的制度通过全园会园长口头宣布并在公示栏中张贴进行公示后，新制度生效并执行。

（来源：北京市第二幼儿园）

这个幼儿园制度制定的过程充分反映出教职工的参与，使制度来源于教师且还于教师，使教师们在参与制度制定的过程中也学习了解了制度，使得制度制定的过程也成为宣传教育的过程，利于教师更好地遵守制度，体现了保教制度制定的教育性原则。这样经过自上而下、自下而上的反复讨论、推敲后，就把制定制度的过程变成了教师们民主参与幼儿园管理的过程，就由“领导要我做”变成“我要做”，贯彻下去也就没有了阻力。

此外，制定制度要做到民主基础上的集中和集中指导下的民主相结合，从群众中来，到群众中去。管理者要把制定制度的目的告诉全体教师，让教师集体讨论，经行政会集中概括后再征求教师意见，然后把意见集中起来交给教代会审议，通过后正式实施。这样经过几轮自上而下、自下而上的反复讨论、推敲后，就把制定制度的过程变成了教职工民主参与幼儿园管理的过程，就由“领导要我做”变成“我要做”，贯彻下去也就没有了阻力。切忌管理者独断专行，一人说了算。部分制度建立后还必须保持相对的稳定。幼儿园的保教工作是常态化的，因而保教管理的制度也应保持相对的稳定，使之在一定时间、一定条件下能够充分发挥管理功能，规范各类人员的行为，保证园所保教工作有稳定的秩序。在实施贯彻的过程中，达到通过较长时间的教育和引导，帮助教师们形成良好的思想作风和行为习惯的作用。幼儿园保教制度切忌长期处于不断调整完善的过程中，甚至是朝令夕改，造成教师们在日常工作中“丈二和尚摸不着头脑”，无所适从，更不利于管理人员对教师工作进行针对性的指导，也失去制度的严肃性和约束性。当然，随着形势的变化和认识的深化，制度也可以随之修改完善，从而增强管理功能。

第三节　保教制度的落实

建立健全保教制度只是幼儿园正常运转的前提，建立了一套好的保教制度，而在日常保教工作中不去严格执行、认真落实，或者落实不到位，那么制度就会形同虚设，就会成为一纸空文。从这个意义上讲，管理的过程也是制度建设、完善的过程，而制度执行落实的过程也是管理的过程。那么，在制度落实的过程中，我们可以怎么做呢？

一、强化宣传教育

幼儿园保教工作各项制度的贯彻执行，不能仅仅依靠行政命令，必须在提高认识的基础上，强调自觉精神，因此，必须注重宣传教育。要通过多种形式，反复讲解各项制度的目的意义和基本要求，同时引导教师们增强是非观念和自我调控能力，自觉遵照执行。要注意通过广泛的宣传教育，在幼儿园形成一定的集体舆论，以有助于提高教职工的认识水平和形成维护制度规范的责任感，形成相互督促、共同遵守的氛围。

保教制度的宣传教育还要持之以恒，经常进行。结合幼儿园保教工作的阶段性特点，可以在每个学期或学年开始时，由保教管理者带领全体专任教师集中进行学习宣讲。如在每学期开学初的第一次保教会上，可以向全体教师重申园内各项保教管理制度，或根据学期重点工作强调某一项或几项保教管理制度，使教师们进一步明确各自的任务要求，逐步养成自觉遵守制度的习惯，保证幼儿园保教工作的良性循环。宣传教育的形式也是多种多样，如会议宣传、自媒体宣传、培训师宣传等。这里还要注意两点，一是保教制度制定的全过程实际上就是宣传教育的过程，二是任何一项制度的颁布都一定要做到宣传教育在前，制度执行在后，要广而告之，切忌先斩后奏。

二、突出与时俱进

与时俱进充满不断否定、不断发展的雄辩的哲学思想，是制度创新的标志，是园所可持续发展的灵魂，是时代发展、环境变化的必然要求。哲学上有句名言——“问题没变，答案却变了”，现在的保教管理工作不同以往，但问题依然是一些老生常谈的问题，比如说如何抓教师队伍建设、如何提高教育质量、如何考核评价等等，寻找合适的答案是所有保教教育者的渴望，寻找答案的过程其实就是制度建设与时俱进的创新过程。

随着时间的推移、形势的发展，会出现一些原来符合实际的制度变得与实际不相适应的情况。这就要求我们审时度势，不断修改和完善制度，该去掉的就坚决去掉，该修改的就修改，该补充的就补充，而不能“一制定终身”，搞一劳永逸。若保教管理人员变动了，接任干部对前任制定的制度作修改完善，这不能误解为“人走茶凉”。

比如，某幼儿园制定了《教师考核评价制度及标准》，在初期制定时，等级指标分配是按照岗位配置的。随着幼儿园办园规模的扩大，现在已形成一园三址，如果还是仅仅按照岗位分配指标势必造成三址等级的不均衡，因此，就针对一园三址的现状指标分配设置，进一步完善了制度。

如果一项制度不能与时俱进，那么它必然会落后于时代的要求，不能对教职工起到应有的制约或激励作用。

【案例 2-8】

《共享角色游戏管理制度》的调整

《共享角色游戏管理制度》是某幼儿园依据园所实际情况建立的一项保教制度，目的是规范楼道内角色游戏区的游戏时间、共享要求等。具体内容是：

一、根据协商，每班每学期对应班级，在楼道里创设一个共享角色区域。包括角色区域、支持性环境、材料、步骤图、玩法等相关内容。

二、区域创设要适合不同年龄班幼儿参加。有适合不同年龄幼儿参与的玩具材料、识图标志等内容。

三、区域创设要充分挖掘幼儿的社会交往内容，引导幼儿扮演不同的社会角色。

四、每天上午区域活动时，以楼层为单位，幼儿任选活动区角色进行混合共享楼道角色区域活动。

五、开学初主管领导细致安排活动内容，并进行相应检查、记录。

六、教师在区域活动中进行分享与合作，每月利用课题活动时间，根据实际开展情况进行一次交流、反馈与调整。

七、共享活动时，小班由一名教师带领班上幼儿参加活动，中大班幼儿自己参加活动；活动中，要求每个活动区域中要有一名指导教师，对活动区进行指导。

八、为了保障幼儿上下楼安全，全园共享活动日，楼道有专人盯防，保证幼儿上下楼梯的安全。

该制度实施一学期后，保教干部发现每到游戏时间各班还是各自为政，围着自己班的游戏区转，没有实现真正的共享；场地材料的作用也不能发挥至最大化；老师们的指导也是囫囵吞枣……为此，干部带领教师们对制度进行了微调，增加了教师要根据幼儿游戏情况及时调整游戏内容；统一游戏交流时间；每一个游戏区责任班级相对固定，承担材料调整、游戏指导、幼儿游戏观察等游戏指导任务。调整后的制度得到了教师们的认可，更改进了幼儿的游戏状况，对提高幼儿的游戏水平起到了重要作用。

一年后，幼儿园扩大到一园三址，建立了独立的小班部，其他两址不再设小班，为此，保教干部又一次调整了制度，删除掉“小班由一名教师带领班上幼儿参加活动”。

老师们都说，现在看到《共享角色游戏管理制度》能清晰地掌握游戏环境的创设、组织、指导、安全保障的所有细节，省心多了！

（来源：北京市第二幼儿园）

一项制度从最初的颁布到有效的落实，确实是一个漫长的过程。在这个制度的完善调整过程中，充分体现了与时俱进，体现了因地制宜，体现了园本化，体现了以制度规范教师的保教行为，体现了制度为提高保教工作质量服务。更重要的是体现了保教管理者的管理智慧。

三、注重一视同仁

保教制度是全体教师保教行为的依据。是所有人必须认同并严格遵守的“法”，因而必须做到“一视同仁”。幼儿园的管理人员必须以身作则，带头严格执行，给全体教师做出表率，发挥人格的影响作用。不管是园长还是领导班子成员，都要维护和执行幼儿园的保教制度，只要个人行为涉及制度的执行，都要与普通教职工一样承担应有的责任，而不是只要求教职工遵守，领导者则可以置身“法”外。

园所规章制度要成为具有约束力和强制性的“法”，就要注意制度执行的严肃性，要严格要求，认真督促检查，同时将检查与评价奖惩结合起来，加强指导。作为管理者要注意深入班级，了解和检查保教制度执行情况，并给予指导督促。可以定期和不定期地依据制度内容逐项检查，公布执行情况，及时肯定表彰执行好的，批评和处罚执行不良的或违反保教制度的。要坚持执行制度的一贯性、一致性，做到有章必循，避免前紧后松、因人而异，使制度切实发挥管理手段的作用，在全园建立起良好的工作秩序，保证各项工作顺利进行。

四、体现刚柔并济

制度是园所落实保教工作任务的根本保障，但落实各项保教任务需要教师们的辛苦付出。管得过严，就会使教师反感、抵触，影响工作的积极性；管得过松，又会使教师们放松工作要求，使保教工作推进受阻……在这种两难的境遇下，就需要在制度落实中既重制度又重人，将刚性的制度借助柔性的管理得以落实。

针对幼儿园的保教工作，一定要清醒地认识到：制定保教制度，目的是通过规范、科学的保教管理来提高园所的保教工作质量，而不是把保教制度当成是一种对付教师的“专政”手段。教师是幼儿园的主体，只有调动他们参与保教工作的积极性、主动性和创造性，才能把幼儿园的保教工作做好，才能真正促进幼儿的发展。所以作为幼儿园的保教管理者，在制定各项保教制度时，一定要以绝大多数人的利益为出发点，以他们的实际情况作为依据，符合园所教师的最大利益和愿望。这样的制度才能得到绝大多数人的支持和拥护。否则会适得其反。切不可把制度当作“管、卡、压”的工具。

管理者切不可过分地依赖制度的管理，简单化地认为所有的工作方面的问题都可以通过制度的建立来解决。简单地认为管理就是制定出严厉的制度，然后编辑成册，印发给每位教职工，之后就是凡认真执行者奖励，违规者重罚，甚至于经常说：“你不好好工作我就扣你的奖金，再不然就让你落聘、下岗。”这样的工作作风，这样的态度都只能使老师们暂时被压服，但他们往往是口服心不服，因此，他们就会想方设法地钻制度的空子。

由于教育工作和教师职业的特殊性，决定了在幼儿园管理中既要重视制度管理，也要重视情感管理。无论是“以人为本”还是“发扬民主”都是出于情感管理的需要。

在制度的执行、检查和奖惩过程中还要“先人后事”。一定要对教职工做好耐心细致的思想工作，要晓之以理，动之以情，让大家口服心服，产生最佳效果。

【案例 2-9】

迟到怎么办?

《幼儿园园本教研制度》中规定，“教师每周四中午参加园本教研活动，不能迟到”，但教研组织者发现，每次教研活动时都有一些老师迟到 5 分钟、10 分钟，也就是说通知上写的 13：00 开始，但是往往都拖到 13：10 左右才正式开始，这样，这项制度等于没有执行。同时还给遵守时间的老师们一种感觉：幼儿园的制度可以不执行。为了严肃会议纪律和制度，保教干部开出了罚单：凡迟到人员(包括管理者)进入会议室后要向大家赔礼道歉，并须在下次教研时提前 10 分钟到会场，负责做好会议物质准备。

（来源：北京市第二幼儿园）

一个“迟到”不仅反映出了管理者的管理智慧，更体现出在保教制度落实过程中的“刚柔并济”。很明确，迟到是违反制度的，是应受到处罚的，但是这个幼儿园的管理者却充分考虑到老师们的工作实际(迟到的原因会不会是有孩子午睡尿床，老师忙于整理而迟到？会不会是班级老师趁午睡时间研究班级工作而忘了时间?)，改变直接的刚性处罚(扣工资、扣分)，转而选择教师们可以接受的方式进行处罚(赔礼道歉、做会务准备)，这样做既落实了制度，又没有给老师们参与教研带来负面情绪，也提示迟到的老师下回一定注意把握时间，不要再迟到。

【本章小结】

幼儿园的保教管理制度是实施保教管理行为的重要保障。通过对本章的学习，保教管理者对幼儿园实施保教制度管理的作用与意义一定有了较清晰的理解与认识，也掌握了保教管理制度都有哪些类型和哪些内容，同时在无数的案例分享与点评中更是收获了保教制度制定中应遵循的基本原则，以及制度落实中应注意的四个方面。这些可以帮助保教管理者构建符合园情的保教管理制度体系，引导大家在实施保教管理的过程中因园而异，因情而异，因人而异，实现保教管理的高质量推进。

【讨论与思考】

1. 幼儿园保教制度在实施保教管理中的作用有哪些？

2. 结合案例，具体阐释在保教制度制定的过程中如何遵循园本性原则？

3. 保教制度落实中为什么要刚柔并济？举例阐释你会如何落实。

4. 如何制定符合本园保教工作实际的园本保教制度？

第三章　幼儿园日常保教工作管理

【本章要点】

- 掌握日常保教工作管理应遵循的“三体”原则；
- 明确日常保教计划的制定方式方法；
- 理解日常保教工作管理包括的内容；
- 熟悉日常保教工作管理的支持策略有哪些。

【本章关键词】

日常保教工作管理原则；内容；策略

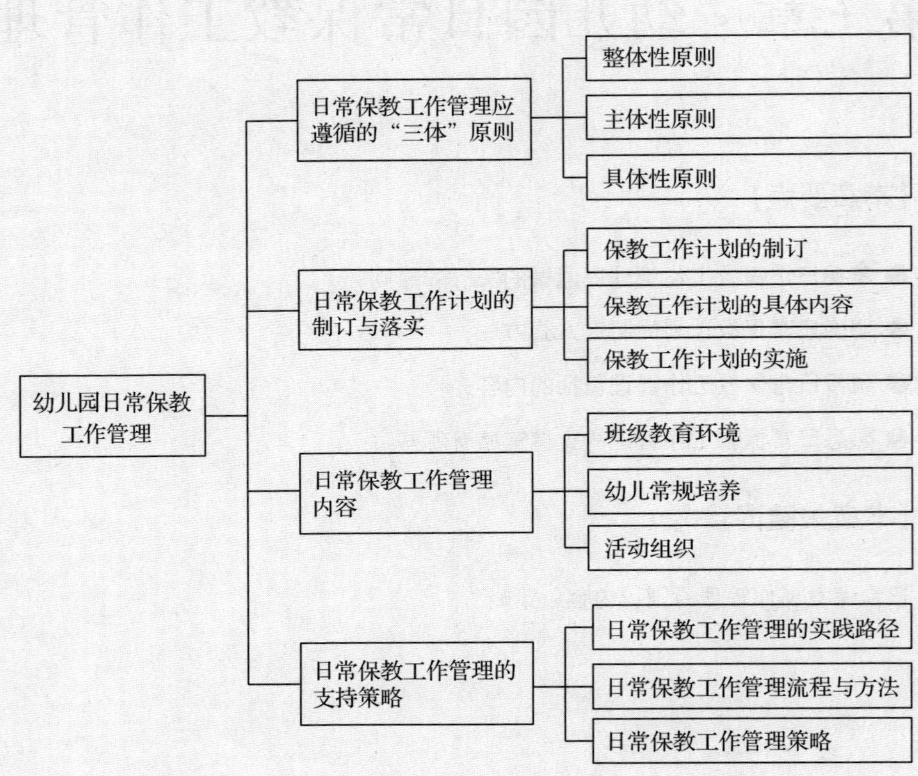
幼儿园日常保教工作管理
日常保教工作管理应遵循的“三体”原则
整体性原则
主体性原则
具体性原则
日常保教工作计划的制订与落实
保教工作计划的制订
保教工作计划的具体内容
保教工作计划的实施
日常保教工作管理内容
班级教育环境
幼儿常规培养
活动组织
日常保教工作管理的支持策略
日常保教工作管理的实践路径
日常保教工作管理流程与方法
日常保教工作管理策略

随着教育改革的不断深入和发展，人们越来越重视学前教育。幼儿期作为幼儿成长的关键时期，幼儿在园的生活、学习、游戏也都成为家长们关注的焦点。而幼儿园的日常保教工作管理正是紧紧围绕幼儿一日活动而展开的，将幼儿教育教学与日常生活、游戏有机结合，为幼儿在园期间全面发展提供前提保障。那么，如何制订幼儿园日常保教工作管理计划？应遵循哪些原则？从哪里选择内容？运用什么方法来支持落实呢？本章从四个方面，通过丰富的内容和详尽的案例，系统地论述了幼儿园日常保教工作管理。分别为：日常保教工作管理应遵循的原则、日常保教工作管理计划的制订、日常保教工作管理的内容和日常保教工作管理的支持策略等内容，为幼儿园保教管理者有效实施管理提供了参考依据。

第一节　日常保教工作管理应遵循的“三体”原则

日常保教工作管理是提高教育质量的中心工作，也是园所整体管理工作的核心和关键。为发挥其管理职能、指导组织活动科学优质运行、促进教师专业化水平不断提高、保证幼儿全面发展的目标得以实现，教育教学管理者应坚持以下“三体”原则。

一、整体性原则

整体性原则就是要把对象作为整体来对待，从要素之间相互依赖、相互联系、相互制约的关系中揭示整体性质。幼儿园日常保教工作管理的整体性原则要做到“两注重”。

（一）注重保教并重的理念

《幼儿园教育指导纲要（试行）》明确指出：“幼儿园的各项活动都要注重幼儿生理和心理的健康，教师、保育员以及其他工作人员要密切配合，将保育和教育融为一体，为幼儿的健康成长服务。”即指出了“保教并重”才是完整的教育。作为管理者我们要坚定这样的理念，贯彻保教并重的思想。首先，在保教工作计划的制订中，要引导老师们以“保教并重”为指导思想，让大家明确工作的方向、上下达成一致。其次，在具体保教工作的安排上，要平衡教育与保健日常活动的量比，避免教育活动内容和形式过多，而关于保健的内容则变成一两点，形式也多是简单的培训、常态化工作完成等等，这样的安排从隐性角度就暗示了教师们重教育轻保健。再次，在日常工作的落实中，管理者要及时准确地对日常保教工作的所有活动做到应参与尽参与、应指导尽指导，要避免教育活动参与得多、指导发言多、活动落实的效果好，而保健活动只是象征性参加指导，以完成任务为最终目标。最后，也是最为重要的一点，一定要在活动中做到“教”中有“保”、“保”中有“教”，两者并举、有机结合，这才是真正贯彻落实保教并重整体性原则的方法。例如，在户外体能锻炼时，教师组织幼儿进行体育锻炼，发展其走、跑、跳等多种技能，而保育员则应该提醒幼儿适时增减衣服、擦鼻涕、主动小便等事宜，这样才是保教并重，才能达到户外体能锻炼的真正目的。在幼儿园的任何活动中，包括一日生活的各个环节里，保教工作的管理者都应该从“保”和“教”两方面出发，制定活动目标、创设活动内容、评定教师的工作，通过保和教的完美结合，实现教育教学管理的整体性。

（二）注重领域间的相互渗透

《幼儿园教育指导纲要（试行）》指出：“幼儿园教育具有启蒙性、全面性。对幼儿实施的体、智、德、美诸方面的教育应该相互渗透，有机结合；要合理地、综合地组织各领域的教育内容，注意各方面内容的相互融通。”这传递给教育教学管理者：幼儿园的保教工作应该以幼儿整体发展为宗旨，强调各领域间的有机联系，以促进幼儿情感、态度、能力、知识、技能等多方面发展。作为保教工作管理者，我们应该关注领域之间相互渗透的作用，力求将保教工作形成一个整体，以助推幼儿全面发展。在这里我们倡导“两步”做法。

第一步：明确自然相连、有机渗透的教育规律。著名儿童教育家陈鹤琴老先生认为：幼儿园的课程好比人的五个手指，同生于一掌，血脉相连，形成的是一个不可分割的、有机联系的整体。作为保教工作的管理者，要明确幼儿园的五大领域就是课程的根基，它就像五根手指一样自然相连，统领着保教工作的全部内容。五大领域之间存在着内在联系，同时也各具独特的教育规律。它们虽然自然相连，但是相互渗透并不能随意进行。只有准确把握各领域活动的基本规律，才能达成有机渗透，形成完整的教育合力，让幼儿真正受益。

第二步：以目标制定为切入点审视活动的全面渗透。作为保教工作管理者，我们在日常工作中做不到面面俱到，事事亲力亲为，切身参与，但应该学会从五大领域发展目标的制定来审视观察教育活动的整体性。这里以幼儿园常见的主题活动为例，透过目标，看如何分析活动的整体性。

【案例 3-1】

中班主题活动“热热闹闹的大街上”的各领域目标

社会领域核心目标

1. 认识大街上常见的生活场所（如地铁、银行、商场、报亭、邮局等），知道爱护周围的环境和设施。

2. 认识经常为我们服务的人，知道珍惜他们的劳动成果。

3. 利用收集、参观等手段了解大街上的常见标记，理解标记的意义，并初步遵守这些标记的规则。

4. 了解大街上的交通设施，如红绿灯、斑马线等，有初步的遵守交通规则的意识。

5. 学会简单地评价他人的行为，能初步判断一些行为的对与错，遵守基本的社会规则和要求。

6. 能够努力完成自己接受的任务，并敢于尝试有一定难度的活动和任务。

7. 能够尊敬老人，不欺负弱小，做讲文明、懂礼貌的首都小主人。

语言领域目标

1. 能够用较为清楚的语言介绍大街上的景观和设施。

2. 能够主动使用礼貌用语，并回应别人对自己的讲话。

3. 能基本完整地讲述自己在大街上的所见所闻和经历的事情。

科学领域目标

1. 能够通过简单的调查，收集大街上的信息，并用图画或符号进行记录。

2. 能够使用上下、前后、里外等方位词描述大街上固定设施的位置。

艺术领域目标

1. 愿意欣赏大街上美好的人、事、物。

2. 喜欢用绘画、捏泥、手工制作等多种方式表现自己的所见所想。

健康领域目标

1. 能够注意交通安全，不在大街上玩耍、乱跑。

2. 知道在大街上不远离成人的视线单独活动。

上述案例为教师创设的“热热闹闹的大街上”的中班主题活动和目标，它是利用幼儿熟悉的街道这个身边的教育资源，从五大领域的角度创设多个发展目标，展开教育活动。在目标制定中，我们要“四看”：

一看领域是否齐全：以上案例没有缺失的领域目标，而且教师将社会领域目标定位为核心目标，所以看出这是一个突出社会性教育的主题活动。

二看是否符合年龄特点：通过关键词“了解常见标记、初步判断行为的对错、敢于尝试一定难度的任务、简单地调查收集”等可以判定这个主题是符合中班幼儿的年龄发展水平的。

三看目标背后能否潜藏活动：透过其中一条目标“能够通过简单地调查，

收集大街上的信息，并用图画或符号进行记录”，我们就能够感受到，要想达成这条目标，幼儿需进行谈话讨论、设计问卷、开展调查、参观大街、收集资料、绘画记录等多项活动，而这些活动涵盖幼儿五大领域各方面的发展。

四看活动是否有效落实：活动有效开展，工作切实落实，我们制定的目标才能够达成。因此，作为教育教学管理者要通过参与、指导、追踪、评价等方式督促观察活动的开展情况，以达到目标的有效落实。

（来源：北京市第二幼儿园　董丽媛）

主题活动仅是幼儿园保教工作中的其中一项活动，我们以此为例揭示五大领域全面渗透下的整体性原则的体现以及具体做法。作为管理者在日常的管理工作中无论是面向教师的工作，还是指向幼儿的活动，都应该遵循整体性工作原则，从理念的培植到目标的制定、最终的评价，保持全面、完整、统一。

二、主体性原则

主体性是指人在实践过程中表现出来的能力、作用、个人看法以及地位，即人的自主、主动、能动、自由、有目的的活动的地位和特性。心理学认为：人只有发自内心地愿意去做事情，才能发挥出最大的才能，否则多是应付而已。由此看来，在幼儿园保教工作管理中，发挥师幼的主体性也是一条非常重要的原则。作为保教工作管理者，我们应该学会做好“四者”：

(一)学做倾听者和观察者

“倾听”与“观察”是教师工作的核心，二者紧密相连。工作中，我们常对老师们说，在幼儿的学习过程中，我们不要急于介入，站在旁边看一看，幼儿到底在做什么？听一听，他们在说什么？通过我们听到和看到的，判断出幼儿的真实想法是什么？他们有什么困难？需要给予怎样的帮助？然后再付诸行动，这才是最适宜最有效的介入。这样的做法也同样适宜于教师。工作中我们在制定各种计划方案、调整活动形式，包括绩效考核评定时都应该多走近教师，做好的倾听者、观察者，通过驻足观察潜心聆听，获取心底最真实的声音，观察教师的所行所向，这样才能突出以师幼为主体，才能让空白乏力保教工作更加充实高效。

(二)学做欣赏者和理解者

不少研究表明，幼儿教师的职业倦怠现象比较突出，教师承担的工作压力较大，这些会影响教师身心健康，进而影响幼儿的健康成长。如此看来，工作中管理者只做好倾听和观察是远远不够的，这二者仅仅是主体性原则的基础，在此基础上还要学会做教育教学管理的欣赏者和理解者。工作中我们要相信每一位教师和幼儿都是出色的、独特的，从心底认可、赏识他们，多给师幼发展提供开放的空间，只要对发展有价值的，就鼓励大胆探索、尝试、多思、勤思，不怕失败与挫折。注重捕捉教师的每一点进步，每一个独特创意，给予教师多一点引导帮助，少一点批评、指责，多一点率先示范，少一点空洞说教。给教师多一些宽容，多一些最真诚的认同和肯定。

三、具体性原则

具体性原则是什么？是精细而可操作。老子曾说：“天下难事，必做于易；天下大事，必做于细。”幼儿园保教工作的内容涵盖一日生活，环节多、内容细碎，更加要求精细、可操作的特点，否则就是一团乱泥和一盘散沙。保教工作的具体性原则，可以从职责分工和层级管理两个方面来实现。

(一)依托制度，常规要求明确具体

用制度管事、以制度育人是幼儿园精细化具体管理的重要保证。只有依托制度，建立保教精细化的常规，才能使管理由粗变细，由细变精，促进各项工作科学有序地发展运转。首先，以表 3-1 为例，看制度的具体化。

表 3-1　幼儿上午生活作息制度

时间	环节	活动内容
7:30—7:55	来园时光	入园、洗手、漱口、早锻炼
7:55—8:25	早餐时间	餐前盥洗、早餐、餐后整理
8:25—9:10	区域游戏	活动区活动、活动区小结
9:10—9:40	户外锻炼	集体做操、自主活动
9:40—9:55	茶点时间	盥洗、如厕、吃水果
9:55—10:10	教育活动	教育活动
10:10—10:40	户外活动	体育游戏、自主活动
10:40—11:10	室内活动	盥洗、如厕、集体饮水、自主游戏
11:10—11:25	户外活动	安静游戏
11:25—12:00	午餐时间	餐前盥洗、午餐、餐后活动

幼儿园是孩子的第二个家，合理制定幼儿作息制度是对幼儿园保教工作的基本要求，它直接影响到幼儿园课程的实施质量。在落实保教工作精细化管理中，要打破以前干部制定、教师按部就班执行制度的模式，建议由园长、教育教学干部、保健医以及教师多元参与幼儿一日生活作息制度的制定，大家从不同的岗位、不同的要求分析问题，再进行实践，然后再调整。在以上的制度中，幼儿的一日生活被细化为10个环节，每环节中梳理出了具体活动内容，减少了时间的隐性浪费，最大限度地满足了《纲要》中提出的尽量减少消极等待的要求，教师们在一日工作中更清楚把握各个具体活动内容，在每个小活动中鼓励幼儿自主完成，突出幼儿的主体性。

依托制度的具体化，我们以表3-2为例，看如何做到保教常规明确具体。

表3-2　保教人员工作常规(以入园问好环节为例)

时间	教师		助教		保育员	
	工作流程	具体要求	工作流程	具体要求	工作流程	具体要求
7：30	接待幼儿	面带微笑，站在门口，主动与幼儿及家长问好，观察幼儿精神状况，如有异常及时与家长或保健医取得联系。追问提醒幼儿相互问好、再见	提醒帮助幼儿脱衣服叠整齐，放入柜中，关严柜门	检查幼儿不带危险品、零食入园，能够借助功能墙图片、照片或儿歌，指导幼儿用正确的方法叠衣服。提示幼儿轻开柜门，将物品整齐摆放，轻轻关严柜门	消毒清洁桌面	第一步，清水清洁桌面：清洁布(2～3块有颜色的)擦桌子去污渍；第二步，消毒桌面

在以上的保教常规——入园问好的小环节中，看出非常注重帮助教师们梳理幼儿发展的要点以及探索教师工作的具体方法。按照幼儿一日生活作息制度的时间安排，将每个生活环节都从幼儿和教师两个角色对应梳理具体常规，幼儿从活动内容、发展目标和具体要求三个方面提出每个环节的发展点，教师对应幼儿每个环节中的发展点，按照主班、助教、保育员三个岗位，梳理支持幼儿发展的工作流程和具体要求，再将这些要求和方法在各自的工作岗位上进行验证、实施、调整，这样通过大家自下而上产生的工作要求和方法，老师们充分认可，掌握牢固，很快帮助教师减少了关注幼儿发展不全面、工作流程混乱、工作要求模糊等常见问题，掌握了具体的工作方法，大大提

高了教育教学业务能力。

(二)围绕目标，层级管理清楚具体

幼儿园保教工作目标是发展点，围绕目标层级活动清楚具体，形成三级管理网络——园级、年龄组级、班级，才能落实具体性原则，实现层层有人抓，事事有人管的具体模式。以下以三八妇女节活动为例，看三级管理网络的具体模式。

【案例 3-2】

三八妇女节主题活动总方案

【活动主题】爱在我身边　温暖润三月

【活动意义】三月，阳光灿烂，暖风拂面，那是因为在这亲情融融的季节里，我们迎来了妈妈的节日。在这温馨的日子里，我们以感激妈妈的养育之恩为契机，培养幼儿用行动去表达对妈妈的爱，对家人的爱，乃至对身边所有人的爱，借助这种爱的力量，让幼儿感受到自己成长在一个充满了温暖的世界里，愿意享受这份温暖，也愿意为身边的每一个人带去温暖。

【活动目标】

1. 知道“三八妇女节”是妈妈的节日，培养幼儿对妈妈的感激之情。

2. 感受身边人对自己的爱，能够用喜欢的方式表达对他们的爱。

3. 知道自己生活在温暖的世界里，愿意通过主动帮助、关心、关爱别人，把温暖传递给大家。

【活动内容及时间安排】

1. 音乐熏陶：播放关于温暖的歌曲，让音乐的魅力滋润幼儿的心灵。

播放时间：3 月 1 日—30 日幼儿入园时间

2. 活动启动：利用国旗下讲话时间，对主题活动做好宣传动员，让幼儿了解活动的目的和内容。

时间：3 月第一次国旗下讲话时间

3. 园级活动：“爱的温暖　瞬间回顾”亲子摄影展

展出时间：第三周

“爱的温暖　瞬间回顾”亲子摄影展园级活动方案

在“爱在我身边　温暖润三月”的主题活动中，幼儿园将开展“爱的温暖瞬间回顾”亲子摄影展活动，将幼儿与小伙伴、爸爸妈妈、老师们等之间相互关心、关爱、帮助的温暖瞬间，以照片的形式呈现在大家面前，让这一瞬间成为童心稚爱的永恒。

【展览目的】

1. 通过摄影展，使幼儿萌发关心、关爱、帮助他人的美好情感。

2. 了解不同的关心、关爱和帮助他人的方式，愿意在生活中继续去关爱他人。

【展览内容】

1. 前言篇：以展板的形式撰写活动前言，介绍活动的目的和意义。

2. 班组篇：以年龄班组为单位，将能够反映幼儿感受温暖瞬间的照片配相应的文字说明，布置在展板中。

小班组：以爸爸妈妈为主题。

中班组：以好朋友为主题。

大班组：以身边服务的人为主题。

3. 亲子篇：每班上交 1—2 张亲子体验温暖活动的照片并配相应的文字说明。

丰富多彩的班级游戏活动

【游戏名称】 猜猜我有多爱你

【游戏目标】

1. 通过看、摸、听的方式，增进孩子对妈妈的了解。

2. 喜欢和妈妈一起游戏并在游戏中增加对妈妈的爱。

【物质准备】 布帘、大头娃娃、椅子。

【游戏玩法】

1. 教师和幼儿谈话，引发幼儿对自己妈妈的回忆。

2. 教师介绍游戏玩法：两位教师手执布帘，形成布帘墙。参加活动的妈妈躲藏在布帘后。在音乐开始后按照教师的口令依次做出相应的动作。一组 6 名家长，戴上大头娃娃首先展示自己的鞋，然后请幼儿摸摸妈妈的手，最后请妈妈说“宝贝我爱你”这句话，然后判断说出哪个是自己的妈妈，正确找到妈妈的，送给妈妈一个拥抱或一个吻。

（来源：北京市第二幼儿园　董丽媛）

在上面的层级管理案例中，实行的是三级活动双向递进模式，即活动开展前按照园级、年龄班组和班级逐一制定活动方案，设定目标。活动开展时则是由班级、年龄班组和园级反向三级开展活动，逐渐熟悉活动内容，最终实现目标。这样的三级模式非常清楚具体地将活动方案进行了分解，实施中满足幼儿的发展规律，让教师们思路更加清楚，幼儿的活动更加顺应发展规律且有趣。

保教工作是园所的核心工作，面对“祖国未来”的健康成长，作为管理者必须在管理上找方法，在质量上下功夫，遵循教师发展与幼儿成长的规律，才能做到运转有序、责任明确、方法得当，能起到事半功倍之效。

第二节　日常保教工作计划的制订与落实

日常保教工作计划是园所教育教学工作的纲领是教师开展日常工作的依据和具体行动规划。科学合理地组织好一日活动，能有效促使教师将培养目标清晰、有目的地落实到幼儿身上。扎扎实实开展各项保教工作，能够推进园所保教质量的提高。在计划实施过程中，鼓励教师利用上学期探究中积累的经验，结合幼儿的经验兴趣进行调整，生成新的主题活动，使之不断完善，促进幼儿发展，减少教师开展工作的不确定性。

保教工作计划包含了教研工作计划、课题工作计划、班务工作计划等内容，从各个计划的制订来看，都要本着分析在前，结合幼儿、教师实际发展的需要，制定切合本学期幼儿、教师发展的目标，贴近发展点，有效促进幼儿、教师的成长发展。

一、保教工作计划的制订

(一)保教工作计划的概念

幼儿园保教工作计划是确定在计划期内，为了实现幼儿园保教工作目标和任务，对保教工作的内容措施等问题进行合理安排，进而设计达到目标的具体行动方案。

(二)保教工作计划的意义

保教工作计划是指幼儿园保教人员集体行动的纲领，全体保教工作人员都要根据所制订的保教工作计划来实施。它调控和掌握着保教工作人员工作的方向。保教工作计划的制订，具有引领和预见作用，是每一个园所在学期开始就要规划的设想。本学期园所需要制定什么样的教育目标，具体分几个步骤，采取什么形式，通过什么活动来实施。所以在日常保教工作实施开始之前，就要制订本学期的保教工作计划，从而为一学期工作的开展提供依据。

（三）保教工作计划的原则

保教工作计划制订要本着保教结合、保教并重的原则，指对幼儿保育和教育要给予同等的重视，并使两者相互配合，做到保中有教、教中有保。

“保”和“教”是整体学前教育的不同方面，对幼儿同时产生影响，包括身体、心理和社会适应方面。“教”指幼儿园的教育教学，按照“体智德美”的要求，有目的、有计划地对幼儿进行全面发展的教育，包括健康、语言、社会、科学、艺术等领域的教学，良好环境的创设，游戏的支持与引导等方面的整合。

树立保教结合的管理思想，幼儿园保教工作人员密切配合，提高照顾幼儿一日生活的组织、教育与保育能力，科学合理组织一日生活中的各类活动，在生活活动、教学活动和游戏活动中充分体现保育和教育相结合的原则，是幼儿园教师应具备的重要专业能力。在保教工作的指导下，有目的、有计划地对幼儿进行保育和教育，科学合理地组织幼儿园的一日各项活动内容。

（四）保教工作计划的作用

首先保教工作计划具有明确保教工作目标，指明一学期幼儿发展和教师培养工作的方向，是日常保教工作行动的指南。其次，保教工作计划具有控制作用，既明确了实现保教目标的途径、方法和策略，提出了在幼儿保教，教师发展、培训、园本教研各个方面具体的培养内容和形式。保教工作计划还具有引领和预见作用，为实现保教工作制定了时间安排和规划，明确了每个时间段幼儿、教师的培养，培训内容、途径、策略和方法。让全体保教人员做到心中有目标，工作有方向，工作有条不紊地朝着目标而努力。

（五）制订保教工作计划的依据

1. 依据国家和地方各级教育行政部门制定的教育方针、政策和法规。如：《幼儿园工作规程》《幼儿园教育指导纲要（试行）》《3—6岁儿童学习与发展指南》《幼儿园教师专业标准（试行）》等法规。

2. 市、区学期工作安排和相关要求。例如：北京市 2021 年对公办园开展整体督评工作；东城区 2021 年 4 月份开展“童心杯”展评工作等。

3. 依据对全园幼儿发展状况的评估分析、保教工作质量及本园保教队伍现有水平的客观分析，开展有针对性的、连续性的保教计划制订。

4. 依据幼儿园全园工作计划，重点是关于保教部分的内容，有针对性地对重点任务做深入、细致的思考。关注保教工作的保教结合，保教并重。

5. 依据市、区验收、考核、督导等领导部门的评价结果及反馈建议。

6. 依据幼儿、教师、家长、社会等调查分析结果，确定幼儿园保教工作的重点任务。

(六)制订保教工作计划应注意的问题

保教工作计划的制订虽然依据了相关的内容，但在制订过程中往往也会出现以下几方面的问题：

1. 分析不够客观

保教工作计划的制订分析要在前，针对幼儿、教师发展的现状，但往往存在分析不够具体、客观、细致的情况，常常带有主观因素在其中。只有针对幼儿、教师发展现状进行客观、具体、细致的分析才能制订出有针对性地促进幼儿、教师发展的保教工作计划。

2. 目的不够清晰

保教工作计划中目标的制定容易出现不清晰的现象，如制定目标过大、目标定位不够准确，目标制定与做法相混淆等。例如：培养幼儿养成良好的行为习惯——没有清晰地制定出培养哪些行为习惯作为本学期的主要内容；又如提高整体教师素质——什么素质？哪方面的素质作为本学期的培养内容？因此制定目标存在不够准确、清晰的现象。

3. 重点不够突出

保教工作计划制订时应考虑重点工作的存在，因为只有明确重点才能进一步聚焦目标完成重要工作，而不是胡子眉毛一把抓。确定重点工作的同时，整体工作可以围绕重点工作一起来完成，做到突出重点，完成常规。

4. 内容不够连贯

保教工作计划的内容，是一个连续的、连贯的内容。首先，内容之间要连贯，目标的制定要与具体完成时间相对应；其次，整体制定要连贯，学期保教工作计划与园所整体计划相对应，与教研、课题、质量月等多项内容是连贯的、一体的。

5. 落实不够具体

保教工作计划的落实要通过具体时间安排来完成，但具体完成时间在制定中容易出现不够具体的现象。如：进餐常规的培养，落实到每个月中，应该有不同的要求，3 月份中班初步养成进餐常规，在使用勺子的基础上，尝试使用筷子，要求饭菜搭配着吃等，而不是 4 个月中全都是培养幼儿进餐常规。

二、保教工作计划的具体内容

幼儿园保教工作计划的具体内容主要包括：指导思想、上学期分析、本学期工作目标、工作内容(幼儿、教师、家长)三项内容，可划分为(重点、亮点、常规)三部分，具体安排等五部分内容。

(一)指导思想

指导思想是依据国家和地方各级教育行政部门制定的教育方针、政策和法规，结合市、区、园整体要求来制定的。

(二)具体内容

保教工作计划的具体内容包括：上学期分析、本学期目标、具体内容实施、时间安排等内容。以下以“北京市第二幼儿园　李军彩”的保教工作计划为例。

1. 上学期工作分析

分析可以多角度地进行分析，要根据上学期的工作对本学期的保教内容进行有选择的分析。主要包括幼儿测查、教师现状、教研开展、课题实施、日常工作指导等多方面内容，有选择地进行分析。其次，分析要包括优势与不足，优势抓重点，不足要对症。

【案例 3-3】

小班幼儿领域测查分析

小班发展较好的领域为语言领域，发展较弱的为艺术领域和健康领域。在社会领域中幼儿可以使用“早”“谢谢”“再见”等礼貌用语。在游戏过程中他们已经具备了初步的规则意识，并能积极愉快地参与各项活动。在与同伴的交往中，逐渐学会等待、轮流、分享、合作等交往的技能。孩子能放声大胆地唱歌，并喜欢到前面来表演给大家看。在科学领域中，能够区分四季、植物、动物等的特征。小班幼儿对于节拍的掌握能力较弱，同时在体能方面也较弱。

（来源：北京市第二幼儿园　李军彩）

2. 本学期目标

目标制定要围绕本学期工作的重点进行，既要连贯还要具体、有针对性。

【案例3-4】

小班领域发展目标

1. 社会领域目标

(1)学会使用“谢谢、您好、再见”等礼貌用语。

(2)培养小班幼儿的规则意识，并在老师的引导下逐渐学会等待、轮流、分享等交往技能。

(3)尝试用好听的声音表达自己的想法。

2. 科学领域目标

(1)能够简单区分春、夏、秋、冬。

(2)能够观察动物、植物的变化，并能进行简单的照顾。

3. 艺术领域目标

(1)尝试使用剪刀，掌握正确使用剪刀的方法，能够基本沿虚线剪直线和曲线。

(2)在老师的引导下，能够掌握简单的折纸方法，锻炼幼儿小肌肉发展。

4. 健康领域目标

培养幼儿走、跑、跳基本动作要领及动作协调性。

（来源：北京市第二幼儿园　李军彩）

3. 具体内容实施

具体工作内容要根据分析和幼儿领域发展目标来制定，主要围绕三项内容(幼儿、教师、家长)，具体可包括课题、教研、园本培训、质量月、保健等工作。制定过程要具体、可行、突出重点。

【案例 3-5】

小班领域发展内容

(1)围绕幼儿分析中的几个重点领域，开展主题月活动、节日节气活动、班级活动等，促进幼儿领域发展。

(2)教师在日常工作中关注弱项领域，如：健康领域，促进幼儿走、跑、跳的动作发展。艺术领域，通过折、剪，促进幼儿小肌肉发展等，将活动融入日常教育教学中，提升幼儿弱项领域的发展。

(3)围绕五大领域内容，引导家长关注幼儿弱项领域，指导家长开展如："我说你做""巧手宝贝""健康小达人""我快乐我分享""有礼貌的小宝宝"等亲子活动，辅助园所共同促进幼儿领域发展。

（来源：北京市第二幼儿园　李军彩）

4. 时间安排

根据实际内容进行时间安排，在时间安排上要具体、可操作。

【案例 3-6】

小班时间安排

(1)结合教师节开展"我的老师妈妈"活动，引导幼儿用多种形式，文明用语表达对老师的爱。

(2)开展户外共享体育活动(3—5 月重点：走、跑、跳)。

(3)结合国庆开展"祝幼儿园生日快乐"系列艺术活动——"我的幼儿园"绘画展、"蛋糕送给幼儿园"泥塑活动等。

(4)根据实际情况开展亲子秋季采摘活动，感受季节和植物的变化。

（来源：北京市第二幼儿园　李军彩）

三、保教工作计划的实施

1. 保教工作计划的制订在开学前完成，并通过保教工作会的形式让所有保教人员了解本学期保教工作内容。

2. 保教工作责任到人，责任到岗。

3. 通过台账的形式带领保教工作人员将学期保教工作落实到每月、落实到每天。

4. 保教管理者要走入班级，加强进班督查力度。发现问题及时与老师沟通整改，更好地落实保教工作。

5. 保教跟进班级会议，班级按要求严格落实每周“一会”，教师要针对月、周、日的活动安排、落实、调整与改进及班级配合等情况做详细分析，让班会更具有实效性。

6. 开展考核活动，促进保教工作的顺利完成。

7. 整理收集各项保教工作材料。

第三节　日常保教工作管理内容

首先向大家阐明一个观点，就是保教工作管理者要转换角色和角度，将日常“查”班变为“察”班，在“察”的基础上引导、支持老师们不断提升专业素养和专业技能。日常“察”班指导是保教工作中一项主要的工作内容。

作为保教工作管理者要明确“察”班指导对提升幼儿园保教工作质量的意义和作用，认识到“察”班指导可以让保教工作管理者了解到幼儿的发展现状和保教工作人员的工作现状，有助于针对管理方向、管理制度和方式、当前园所的优势与不足等进行反思和调整，制订科学合理、切实可行的保教计划。认识到“察”班指导是幼儿园保教工作质量提升的保障，坚持进班才能发现真问题、掌握新情况，获得实践和研究的主动权，这也是园所不断发展，办好人民满意的教育的需要。因此，保教工作管理者要严格保障每周进班时间不少于 16 小时，让“察”班指导工作做真做实。

那么保教工作管理者“察”班看什么呢？下面我们从教育环境、常规培养、活动组织几方面来说明。

一、班级教育环境

《纲要》中提到环境是重要的教育资源，有效利用环境资源，创设和谐人际环境，对幼儿身心健康发展有着至关重要的现实意义。教育环境是幼儿生活环境中一切影响其发展的外部条件，班级教育环境同样包括班级精神环境和班级物质环境两部分。

（一）班级精神环境

创设良好的精神环境有利于幼儿建立安全感，产生愉悦的心情，有助于发挥幼儿的个性、潜能，促幼儿身心健康发展。保教工作管理者可以从师幼之间的互动和幼幼之间的互动去观察班级是否形成了尊重接纳、宽松自主、温馨和谐的教育氛围。

(1)从教师角度：看教师的表情神态是否亲切、语言是否规范，如说话时声音和语速适中、语气和蔼；看教师是否给幼儿自主空间，是否关注幼儿的行为表现并给予引导、鼓励和支持，如在游戏时尊重幼儿的想法，向幼儿提出合理的建议，并非要求幼儿必须按老师说的去做。

(2)从幼儿角度：看幼儿是否能大胆表达自己的想法和需求，如当幼儿遇到困难能够主动向老师寻求帮助；看幼儿是否积极主动与同伴友好交往，如能与同伴分享、合作、共同游戏等。

（二）班级物质环境

物质环境属于显性环境，包括空间、设施、活动材料等，是影响幼儿身心发展的物化的教育条件。班级的物质环境创设应以幼儿为中心，注重其丰富性、适宜性和针对性。让环境在与幼儿互动的过程中，发挥教育作用。保教管理者可以从以下几方面去“察”班。

(1)空间设置：看空间设置的安全性、合理性，桌椅、玩具柜的摆放是否便于幼儿活动，区域的划分是否做到空间合理、开放互动。如安静的图书区不要和热闹的游戏区相邻；游戏区空间大小能满足幼儿的游戏活动等。

(2)墙面环境：班级墙面环境主要分为主题墙饰、区域墙饰和生活墙饰。进班要看墙饰内容和呈现方式是否符合年龄特点，与本班近期的教育目标和内容是否一致。是否体现活动的轨迹，体现幼儿的参与和互动。在不同阶段还要看环境是否随主题、游戏活动的推进不断变化更换等等。如区域墙饰可以问题式呈现：提出问题、记录解决问题的过程、梳理展示经验方法。区域墙饰中是否有规则方面的提示。还要注意避免文字过多或不规范的问题。

(3)活动材料：材料是实现教育目标的具体措施和手段，它承载着教师预设的教育意图，幼儿在教师有意识提供的材料的刺激下去探索学习。保教工作管理者要注重看：①材料的种类和数量是否为幼儿提供多样的充足的选择空间；②材料是否符合本班幼儿年龄特点和发展水平；③材料是否具有层次性和有效性，满足不同幼儿的需求；④材料投放是否有序开放，利于幼儿自主探索；⑤是否有废旧环保材料、自然物材料和教师自制材料；⑥不用阶段材料是否依幼儿和活动需求进行调整。

二、幼儿常规培养

幼儿常规培养是贯穿幼儿园一日生活之中的，是幼儿在园生活、游戏、学习有序开展的保障。建立良好的常规就要一步步引导幼儿学习自我管理、自我服务，避免教师高控的不必要的管理行为。因此，保教工作管理者在进班“察”常规时，要关注教师对幼儿常规养成习惯的指导和幼儿对各环节常规的理解与执行。

(1)从教师角度：一要看班里教师不同岗位的站位是否适宜，教师之间的配合是否到位；二看教师是否关注幼儿卫生行为、规则意识等的指导，且要求合理、方法恰当；三看教师是否注意培养幼儿自我服务，凡是幼儿能做的给幼儿机会去做，不包办代替；四看教师是否给幼儿充分的自主空间，减少不必要的集体行动和过渡环节，没有消极等待的现象；五看教师是否在组织全体幼儿的同时兼顾到个别幼儿的照顾与引导。

(2)从幼儿角度：一看幼儿做事是否有序自主，这一点能够反映教师制定常规的合理性；二看幼儿执行常规要求的情况，这一点反映了教师日常培养指导得是否到位；三看中大班是否有参与部分常规制定的内容。

三、活动组织

活动组织一般包括教育教学、区域游戏、户外活动及幼儿园大型活动几方面，活动组织是教师实施教育的重要途径，也是保教工作管理者提升幼儿园保教质量的关键。

(一)教育教学活动

教育教学活动是教师有目的有计划地组织幼儿参与的教育活动，其设计与组织实施是教师创造性开展活动的过程，凸显了教师的专业素养与专业技能。虽然教育教学活动中教师主导的比例大一些，但是保教管理者在“察”班时也要从教师和幼儿两个角度去看。

(1)从教师的角度：首先要看活动准备，看教师是否按当日计划安排实施活动，是否准备好活动材料，是否根据活动需要调整了幼儿活动空间和位置。然后看活动的组织实施，包括：①活动内容和活动形式是否符合本班幼儿水平和年龄特点；②过程中是否有突出重点和突破难点的体现；③教师的提问是否适宜，具有开放性，引导幼儿积极思考；④教师是否重视幼儿学习品质和行为习惯的培养；⑤教师整体思路是否清晰，是否能根据幼儿表现做灵活的调整。另外还要看助教教师与主班教师的配合，对个别的指导。

(2)从幼儿角度：首先看活动过程中幼儿参与的兴趣和积极性。其次看幼儿是否有新体验、新感受，获得新的经验。

(二)区域游戏活动

前面已经将区域游戏的空间设置和活动材料进行说明，这里重点说游戏中的师幼互动。

(1)从教师角度：①教师是否尊重幼儿的想法和意愿进行指导，如了解幼儿游戏的意向，引导支持幼儿完成计划和想法；②是否在环顾整体的同时有重点地选择观察幼儿游戏行为表现及区域情况；③在观察的基础上是否用适宜方法参加幼儿游戏，引导游戏的深入开展；④是否引导幼儿自主完成整理工作；⑤再分享环节是否能引导幼儿梳理新的经验。

(2)从幼儿角度：看幼儿是否是自愿自主选择参与游戏。在游戏活动中看幼儿与材料互动，观察材料投放是否适宜。看幼儿与同伴和教师的互动。

(三)户外活动

户外活动是落实健康教育的主要途径之一，其主要内容包括幼儿体操、体能游戏、器械玩具游戏等。保教工作管理者在“察”班级户外活动时，首先要确保幼儿上下午各一小时的户外活动时间，还要注意户外场地空间的设置是否安全有序、科学合理，有利于幼儿积极参与锻炼。

(1)幼儿操：首先，管理者要参与教师的编操环节，指导教师把握好几点：①把握操节的完整性和运动量，每套操包含头部运动、上肢运动、下肢运动和整理运动大致6—8节；②把握幼儿的年龄特点和动作发展水平，如小班幼儿喜欢动物、喜欢模仿，小班的操多是模仿操，教师编操时可以情境化些，还有小班幼儿的动作协调能力有限，常是顾头就顾不了脚，因此在编操时要注意做上肢运动时脚的配合动作要少；③把握音乐的选择，音乐要节拍清楚稳定、节奏感强，速度不要太快，操节间的节奏点或乐段明显，最好是带有歌词的音乐；④把握器械的选择，器械的大小、尺寸、重量，手持器械的方式等是否利于幼儿做操；⑤中大班可以增加一些队形的变化与幼儿间的动作配合。

其次，在教师教操的环节中，管理者要注重看教师的方式方法是否适宜，如一次学的动作不能太多、时间不宜过长、不能要求全体幼儿达到统一动作标准等，在教操环节中指导老师还可根据幼儿情况调整操节的动作。建议教师利用视频、同伴学习等多种形式引导幼儿学习掌握，避免简单生硬地教。

最后，就是日常常态化的做操环节，管理者要看：①教师是否组织幼儿按时做操；②教师带操的精神面貌及口令提示的适宜；③教师是否关注到个别幼儿的动作指导及参与状态的提示；④看幼儿是否遵守做操的基本要求，是否积极参与做操的活动，如认真听音乐及老师的口令等，通过看幼儿的表现指导教师调整教育策略。

(2)户外体能游戏：体能游戏活动更注重的是幼儿基本动作和体能素质的发展，在形式上可以是以班为单位教师组织的游戏，也可是按动作不同分区域的游戏。①从教师的角度：一看活动内容是否符合幼儿动作发展水平及发展需要，如爬行活动，小班是手膝爬，中班是手脚爬，大班是匍匐爬，中大班更强调动作的灵活性和协调性。二看教师与幼儿的互动，指导是否有效。如及时了解幼儿遇到动作问题及困难，有针对性地进行指导。三看教师是否关注到幼儿活动时的安全问题，如器材使用的安全、运动过程中幼儿间避免碰撞等。四看教师是否有保健护理意识，如运动前是否组织幼儿热身，观察幼儿运动量，注意动静交替等。②从幼儿的角度：一看幼儿参与活动的兴趣。二看幼儿动作发展水平，从而发现问题、分析原因，给教师提出有针对性的建议。

(3)自主分散游戏：幼儿可以自由选择游戏内容和玩伴进行游戏，如滑梯、球类、自制玩具，大班可自发的小组游戏等，是幼儿自然状态下的游戏。这时除有特殊情况教师是不干预幼儿的活动的。那么管理者要重点看班级教师的站位是否能关注到全体幼儿，是否在活动前提出安全要求，并在游戏中关注幼儿安全；看教师对班级个别幼儿的关注，如引导内向的幼儿加入同伴的活动，幼儿对器械玩具的正确使用等。看幼儿使用器械玩具的情况，从而发现材料的适宜性并进行调整。

这里还要提到如遇特殊天气管理者要提示教师及时调整活动内容及场地，

组织适合室内的运动游戏。如教师可以利用桌椅开展钻爬活动，可利用班上的图书、玩具开展平衡游戏等。

（4）大型活动：这里大型活动指的是春游秋游、幼儿运动会、亲子活动和主题体验活动等。活动可以是全园性的，也可以是以年级或班级为单位开展。那么保教工作管理者就要对活动全过程进行指导。①活动方案的制定：指导负责教师制定活动方案，指导时要注意方案的全面与合理、文字的规范；注意尊重教师的创意和想法；注意活动中包含安全预案的内容。②活动的准备：依据活动方案追踪落实活动材料的准备、场地的安排。如端午节日体验活动，要进班了解体验材料的准备进度，指导教师解决准备中遇到的问题。如运动会活动，要带领班级教师到运动场地踩点，指导教师们划分场地区域等。准备阶段时还要注意协调各部门间的分工合作。③活动现场：如是全园性的活动，作为保教工作管理者要负责现场活动的组织与协调。如是以年级或班级为单位开展的活动，管理者要深入现场观察全过程，在活动后及时与参与教师进行沟通小结。如现场出现问题指导教师及时调整。④活动后总结：每次的活动要组织参与活动的教师进行小结，引导教师发现活动的亮点与问题，总结经验，提升教师们组织大型活动的能力。

总之，作为保教工作管理者要经常深入一线、深入班级，只有对班级实际工作有真实的了解，才能够及时有效地解决工作中的问题，从而促进园所保教质量的提升。

第四节　日常保教工作管理的支持策略

一、日常保教工作管理的实践路径

保教工作是幼儿园管理工作中的核心，保教工作管理直接影响着幼儿园各项活动的顺利开展，对于整个办园质量也有着非常大的影响。幼儿园的管理者都深知保教工作管理的重要性，积极地探究科学合理化的管理策略，以提高幼儿园日常保教水平，促进幼儿在园健康成长。

（一）科学合理安排幼儿的一日生活，促进保教工作开展

在幼儿园教育中科学合理地安排幼儿一日生活是非常重要的，合理安排

幼儿一日生活作息是提升保教工作质量的首要基础。如何完善我们现有的作息安排，让其更为科学合理，离不开保教和保健两部门的联合。《幼儿园工作规程(试行)》第21条规定：“幼儿园一日活动的组织应动静交替，注重幼儿的实践活动，保证幼儿愉快地、有益地自由活动。”因此保教工作管理者在制定幼儿园作息时要遵循以下几大原则，培养幼儿良好的生活习惯，确保幼儿园保教工作安全、科学、合理、有序地开展。

(1)符合幼儿身心发展规律。

(2)体现幼儿年龄特点及季节特点。

(3)以游戏活动为基本活动形式。

(4)动静交替，室内外平衡。

(5)保教结合，主配班协调配合。

(6)突出幼儿自主。

合理制定幼儿在园的一日生活作息安排要与管理者的进班指导相结合，首先教育者要按照时间安排详细制订幼儿一日活动计划，幼儿园一日生活要吸引幼儿主动参与，积极与教师同伴及周围环境互动，因此教师要投其所好，设计幼儿喜欢的活动方式，引导幼儿进行自主学习，使幼儿通过体验式的游戏教学法在潜移默化中获得更多的知识。教师设计的一日计划包括：生活活动、区域活动、教育活动、户外活动、加餐环节、过渡环节、进餐环节等，明确各环节目标及重点，并依次实施教育行为。其次管理者要根据制定的作息安排及对教师的一日活动计划给予观察指导，了解班级实施情况，包括各个环节时间长短是否合适、各环节间过渡是否自然流畅、室内外安排是否合理、教育者是否以游戏形式开展等，在实践中多角度观察，在问题中不断反思，在调整中不断完善，使幼儿一日生活安排更加科学合理化。

【案例3-7】

某园秋冬季中班一日生活时间

(执行时间：10月15日—4月14日)

时间	内容
7:30—7:55	来园时光：测体温、手消、晨检、洗手、漱口
7:55—8:30	早餐时间：餐前盥洗、早餐、餐后整理

续表

时间	内容
8:30—9:20	区域游戏：游戏活动、活动小结、盥洗
9:20—9:40	集体活动：五大领域教育活动
9:40—10:00	茶点时间：盥洗、喝奶、集体饮水、安静游戏
10:00—11:05	户外活动：做操、体育锻炼、分散游戏
11:05—11:20	自主活动：盥洗、安静游戏、自主饮水
11:20—12:00	午餐时间：餐前盥洗、午餐、餐后整理、餐后活动
12:00—14:00	午睡时间：睡前准备、午睡
14:00—14:20	起床时间：起床、盥洗
14:20—14:40	茶点时间：水果、集体饮水、安静游戏
14:40—15:40	户外活动：体育锻炼、分散游戏、体育游戏
15:40—15:50	自主活动：盥洗、自主饮水
15:50—16:10	集体活动：领域游戏活动
16:10—16:20	自主活动：安静游戏
16:20—17:00	晚餐时间：餐前盥洗、晚餐、餐后整理、盥洗、整理衣物
17:00—17:30	离园时光：分时段离园

（来源：北京市第二幼儿园　中班组）

(二)开展主题活动，丰富教育教学内容

管理者在制订主题活动计划中可根据季节、节日及社会热门话题等内容作为教育契机，考虑不同年龄班幼儿的年龄特点及发展需要制订主题活动的计划或方案，以多种形式开展各年龄班相关系列活动，丰富保教工作内容。

1. 优选主题内容

主题活动的内容要与幼儿日常生活息息相关，当主题活动的内容是幼儿所喜欢、所感兴趣的时候，孩子们就会调动积极性，去尝试、去探索、去思考、去研究，获取新的经验。因此，管理者在设计主题活动时要贴近幼儿生活，发现幼儿的需求和爱好，注意抓住幼儿生活中的热点问题，例如：传统节日(春节、端午节、中秋节、重阳节)；特殊日(妇女节、劳动节、儿童节、教师节、国庆节、母亲节、父亲节、消防日、爱眼日、节水日)；二十四节气；热点问题(垃圾分类、光盘行动、抗“疫”英雄、季节变化、运动)等内容

都可以作为主题，根据幼儿的年龄特点及发展需要，设计体验式主题活动方案。

2. 创新活动形式

要保证主题活动呈现良好的状态，关键在于组织形式和师幼互动的多样化。根据活动主题确定，活动的组织形式也不仅限于室内的集体活动，管理者除了幼儿园室内外活动结合，还可以做线上活动，调动家长参与性。例如：中秋节当晚开展“线上品月饼　团圆共赏月”活动，组织亲子品尝月饼，观察月亮，享受沉浸团圆美好的节日气氛；元旦当天开展“迎新年喜乐会”线上互动直播活动，让家长和在园的孩子一起用歌声、故事等形式，在线共同庆祝新年的到来。管理者支持教师利用视频连线的形式，创新活动形式，丰富主题内容，促家园共育有效支持幼儿发展。

3. 保留教师展示空间

主题体验活动不仅能给孩子带来经验，同样也能让教师有所收获，一方面是教师根据方案设计本班活动时，需要前期知识量的储备，在寻找相关材料的同时，构思活动设计，落实活动意图，达成主题发展目标；另一方面，管理者在设计方案时，避免过于细致，要给予教师思考和创新的机会，让教师做活动的主导者，不是一味地执行，管理者更多作为支持，帮助教师完善活动设计，让其在每一次活动后都能有所收获。

【案例 3-8】

国庆节活动方案

2019 年 10 月 1 日是中华人民共和国成立 70 周年纪念日。为了引导幼儿热爱自己的祖国，了解自己的家乡，我园开展了国庆节系列活动，并于节后开展丰富多彩的节日体验活动，具体安排如下。

9 月 23—30 日　各班开展日常爱国教育，内容自定(认识国旗、国徽；发现街道的变化；知道 70 周年的意义；了解大庆的阅兵仪式等，激发爱国之情)。

10 月 1—7 日　感受国庆节的喜气氛围，体验节日快乐(突出亲子)。

10 月 8 日　大厅展板：各班上交庆祝国庆的照片。

10 月 9 日　国庆节体验活动，时间为上午 9：40。

活动流程：1. 主持人带幼儿回顾国庆节的来历和意义，以及国庆阅兵仪式的情景。

2. 与幼儿互动——我给祖国送祝福(各班一名幼儿代表发言)。

3. 我给祖国唱支歌(齐唱《国旗国旗多美丽》)。

4. 介绍各班游戏内容。

5. 10：00～11：00 游戏时间。

表 3-3　活动的地点、活动名称、内容、材料及负责班级

地点	活动名称	内容	材料	负责班级
户外	神勇解放军	借助材料户外锻炼	跨越(椅子)、钻(圈)、匍匐(地垫)、快速跳(爬网)	大四班
户外	玩转全民族	竹竿舞(傣族) 骑马(蒙古族)	苗条棍	大二班
长廊	画笔绘北京	绘画	名胜简笔画(悬挂长廊)	大三班
室内	七彩炫祖国	蜡染	桌布	中四班
室内	爱国大事件	爱国动画宣传片	假期出游照片	中三班
室内	巧手现阅兵	制作飞机	多种制作飞机的步骤图	中二班
室内	动脑知山河	开展益智类游戏	中国地图拼图、各地特产	中一班
室内	舞动民族风	象帽舞(朝鲜族) 新疆舞(维吾尔族) 秧歌(汉族)		大一班

(来源：北京市第二幼儿园　刘丹)

管理者依据方案布置活动，引导教师按照幼儿发展需要及学习轨迹，开展相关活动，通过班级系列活动让幼儿感受、体验、表达，最终掌握教育目标，在幼儿身心得到发展的同时，提高教师活动设计、分析思考、教育教学组织及反思的能力，促进幼儿园保教质量的提升。

(三)抓好常规教育工作，提升保教质量

幼儿园一日生活包括了幼儿在园内的全部活动，而各类活动在幼儿的生长发育中都具有重要意义。因此，管理者保教日常指导中要关注教师安排的幼儿一日生活是否做到将各类活动有机地整合，让幼儿在生活中学习、在游戏中学习，让一日生活成为幼儿教育的一个整体。幼儿时期他们还没有一个完整的认知，咿呀学语、蹒跚学步都是在对大人的一种模范，这个阶段是塑

造幼儿性格的关键时期。所以，在幼儿的常规教育中，应着重培养幼儿的学习能力、思想道德品质以及正确的人观和价值观。因为，只有抓好常规教育，幼儿的一日生活保教工作才能正常进行下去。假如常规教育工作没做好，将会严重地影响到幼儿日后的生活习惯、学习习惯，以及道德素养。所以，对幼儿进行常规教育是非常有必要的。通过良好的常规教育，形成了良好的班风班貌，幼儿在教师的引导下都养成了良好的生活自理习惯，以及自主学习的习惯。

幼儿园要想提高自身的保教质量，离不开科学合理的一日生活活动的安排，以及优良教育资源的利用等，从而满足幼儿的教育。因此，管理者应解放思想，积极探索提高保教工作管理水平的方法，与幼儿共同成长，从而让幼儿们的身心得到快速的发展，在健康快乐的环境中成长起来，具备良好的道德素养与学习素养。

二、日常保教工作管理流程与方法

幼儿园日常保教工作管理是提高保教工作质量的关键，在进行日常管理及指导过程中，管理者要遵循六点：目标明确，重点突出，记录详细，引发思考，及时反馈，追踪调整。

1. 目标明确

要制订日常管理计划，针对阶段式的指导制定目标，明确的目标是提高保教质量的关键，只有确定的目标才能据此展开管理措施，管理者在制定目标时可以依据保教计划中的重点，或近期出现的问题，制定班级指导目标。例如：针对秋季开学初小班半日班升中班整日班常规培养的问题，管理者可以将“指导教师细化各环节常规要求，建立班级一日常规”作为目标，开展观察指导。

2. 重点突出

保教工作管理要根据阶段工作或学期工作设立重点，且能突出重点工作的内容或特色，例如：班级区域创设、环境创设、社会性教育等。

3. 记录详细

在日常保教工作管理中，管理者的进班指导要有相应的记录，且记录要详细、客观，针对指导的重点记录幼儿或教师的行为，以此作为评价的依据，发现教师行为的优点及不足，便于进行日常指导。

进班记录表包含：记录日期、时间、班级、教师姓名、幼儿人数、看班目的或重点、基本流程、幼儿表现、教师行为，以及反馈的优点与建议等内容。

表 3-4　某园干部指导教学记录表

日期：　　年　　月　　日

主班教师：	助教教师：	保育教师：
所在班级：	幼儿人数：	指导时间：
检查内容及目的：		
基本过程	幼儿表现	亮点及建议
反馈建议：		

4. 引发思考

根据观察与记录，管理者要运用教育教学理论知识准确地对发现的问题做出分析，找到真问题的根本，并能够想到对应的解决方法，只有准确地分析，才能对症下药，管理者可从教师行为、环境材料、幼儿表现三个方面展开分析。分析能力的提高，源于管理者扎实的保教工作理论知识，需要自己不断学习，并在实践中积累经验，提高分析及指导能力。

5. 及时反馈

管理者在进行反馈时，也要讲究方式方法，不可随意。首先，反馈要依据观察现象清晰且客观地进行沟通。其次，反馈过程是双向沟通，管理者要引发教师发现问题、解决问题，在反馈中引导教师主动思考、主动反思、找到最佳解决策略，而不是一对一地“直给”，尊重并学会倾听教师想法。最后，管理者要尊重教师的想法，以教师想法为主导，适当给出建议，将引导行为转化为引导思维。

6. 追踪调整

针对问题的调整，进行追踪，落实管理的实效性，同时促进保教工作质量提高。对于管理者，在追踪的过程中，又是一次自我反思的机会，教师的调整情况直接反馈出管理行为是否有效，由此可以反思出自己的优点及不足，以便调整日后的管理方式方法。

以上为日常保教工作管理中的六点流程，遵循管理要求才能提高管理者的日常指导能力，提高日常保教工作的质量，提高教育者专业能力的发展，促进幼儿健康快乐地成长！

三、日常保教工作管理策略

策略一：日常察班三部曲——一看、二想、三听

一看——看什么？管理者带着目标指导时要明确目的，知道自己要了解什么，要通过哪些表现去了解，就是所谓的看什么。具体应该看多久需要根据指导内容及目的而定，避免走马观花、无目的地巡看，当管理者慢下脚步静下心，通过看和听获取信息观察时，往往会更深入，更有收获，更有助于推进指导。

二想——想什么？通过了解到的信息或发现的问题，需要管理者结合已有的理论知识及经验进行思考。

三听——听什么？对于思考中的困惑及察班过程之外的内容进行询问，倾听教师想法，进一步了解班级情况。

策略二：以发现亮点的眼睛去指导

在日常保教工作管理指导过程中，管理者要带着一双发现亮点的眼睛，从正面入手积极地去指导、去评价。以发现亮点的眼睛去指导，其实是一种教育行为的传递，从管理者对教育者到教育者对幼儿，在潜移默化中引导教师同样以这种形式在日常中指导幼儿的行为。从亮点入手正面指导，传递教育观点，传递教育行为。如在日常进班指导过程中，沟通反馈是重点中的难点，面对问题，要先指出教师的优点，肯定教师好的教育行为或理念，再提出问题，引导教师思考问题的原因，根据教师的想法，提出建议，促进教师进行调整，“以查促长”，发现亮点的同时，完善日常保教工作管理，促进教师专业能力的提升。

对于日常保教工作管理，不是片面地走走看看查查，需要管理者深入实践，潜心研究，用真心耐心走进教育教学，以正面积极的态度对待日常工作，对待教师，以自身行为带动教师的教育理念及教育行为。让班级工作指导从

“查”到“察”，从了解到理解，促进教师专业成长，这需要管理者不断提高自身业务能力，扎实做好日常管理工作，提高园所保教工作质量的同时，助幼儿健康成长。

【本章小结】

日常保教工作管理是幼儿园整体工作的中心，也是幼儿健康成长的重要保障。一份好的保教工作计划的制订与实施，对幼儿园保教工作起到引导和规范的作用。作为保教工作管理者更加应该对幼儿园保教工作管理策略、实施目标具有高水平的把控能力。在深刻理解贯彻《指南》精神的基础上，通过层层分解，建立目标体系，使每位教师方向精准、任务明确、职责清晰。这样，教师们才能够逐渐树立正确的教育观、儿童观，才能发现问题，才能对保教工作的现状做出客观中肯的分析，从而促进园所最终形成系统的、科学的、规范日常保教工作状态，通过教师日积月累专业发展的不断提高，真正为幼儿的健康成长保驾护航。

【讨论与思考】

1. 日常保教计划制订的方式方法有哪些？
2. 日常保教工作管理遵循的“三体”原则是什么？
3. 日常保教工作管理的内容有哪些？
4. 结合日常保教工作管理，思考适宜的支持策略主要有哪些。

第四章　幼儿园家园共育管理

【本章要点】

● 明确家园共育的内涵与意义；

● 了解当前幼儿园家园共育现状及问题；

● 明确家园共育的目标与内容；

● 理解家园共育的原则；

● 明确家园共育的要求；

● 掌握家园共育的指导策略。

【本章关键词】

家园共育；幼儿园；指导策略

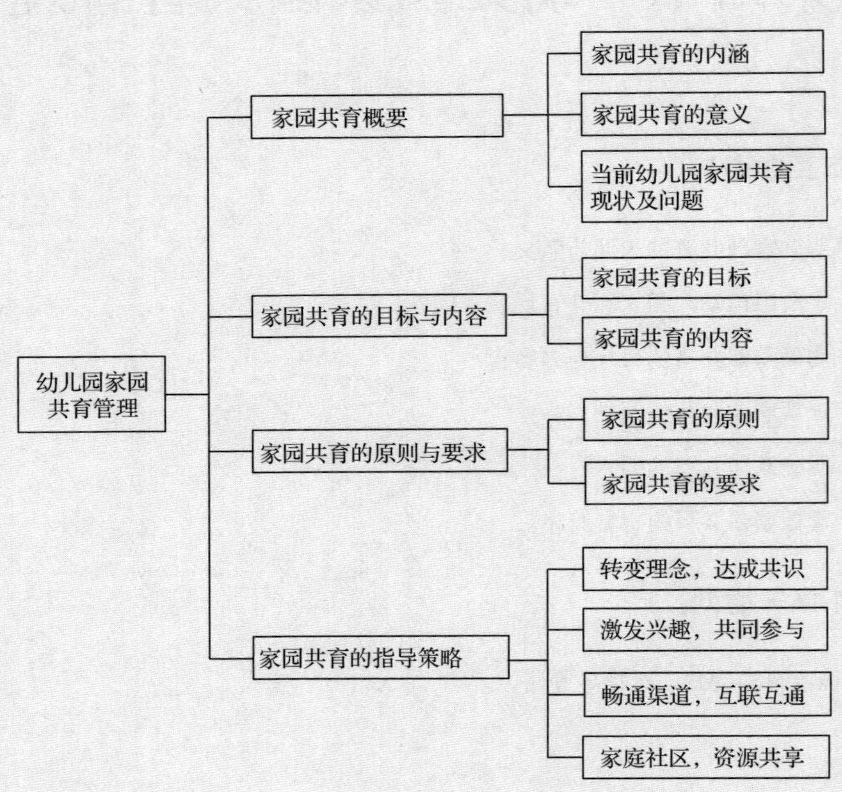

幼儿园家园共育管理
家园共育概要
家园共育的内涵
家园共育的意义
当前幼儿园家园共育现状及问题
家园共育的目标与内容
家园共育的目标
家园共育的内容
家园共育的原则与要求
家园共育的原则
家园共育的要求
家园共育的指导策略
转变理念，达成共识
激发兴趣，共同参与
畅通渠道，互联互通
家庭社区，资源共享

《幼儿园教育指导纲要(试行)》中指出:“家庭是幼儿园重要的合作伙伴，应本着尊重、平等、合作的原则，争取家长的理解、支持和主动参与，并积极支持、帮助家长提高教育能力。”家长作为教师的合作伙伴加入到教育者的一方，共同对受教育者——幼儿施教，在教师与家长之间建立“教育共同体”，形成 1+1>2 的强大合力，共同促进孩子全面、健康的发展。

家园共育的主体是“家”和“园”，两者都是整个家园共育过程中不可缺少的、同等重要的、互相依赖的主体。一方面，幼儿园把家长作为促进幼儿发展的合作者，积极邀请家长参与幼儿园的教育活动，增进家长对幼儿园各方面工作的了解，并对家长的教育方式及与幼儿园合作的方法提供指导；另一方面，家长应向幼儿园提出自己的教育理念及方法，认真吸纳幼儿园提出的建议和意见，并做出积极的反馈。

家园共育的目的是整合并充分利用家庭中的幼教资源，更好地促进幼儿园教育工作。教师的专业性不仅体现在掌握一定的幼儿教育学和心理学方面的知识，还应掌握与家长沟通的技巧，有更强和更多组织和开展家园共育工作的能力与方法。有效的活动、真诚的帮助、平等的交流、热点问题的探讨、疑惑的解除等，都会让家长体会到家园共育的价值，真心与幼儿园合作，达到事半功倍的效果。

家园共育工作的开展不仅为家长的科学育儿提供了支持和帮助，提高了家长的教育能力和家庭教育质量，同时也促进了教师的专业成长。由此可见，做好家园共育是当前每一名幼教工作者必须胜任的重要工作任务之一。

在本章中，我们从家园共育的内涵及意义、家园共育的现状及问题、家园共育的目标及内容、家园共育的原则与要求、家园共育的指导策略等几方面进行详细阐述，帮助幼儿园提升家园共育的管理水平。希望教师能在阅读中重新审视曾经的家园共育经历，从中获得愈发成熟的感悟和反思，也能满心承载着快乐与信心去面对今后的家园共育工作。

第一节　家园共育概要

一、家园共育的内涵

家园共育是家庭与幼儿园共同完成对幼儿的教育。幼儿的教育不是家庭或幼儿园单方面可以胜任的，必定要两方面共同合作方能显现充分的功效。家庭、幼儿园分别具有不同的教育特点和职责，家园共育就要把两者的职责结合起来，使两者的教育相互配合、相互统一、协调发展，形成一体化的教育方式，在双方的合力中促进幼儿全面发展，以完成幼儿园的工作目标和任务。

家园共育的核心是“育”。家园共育的“育”包含了两层意思：一是保育，二是教育。幼儿的生理和心理特点决定了对其不能只进行单纯的教育，而应采取“保教结合”的教育形式。因此，“育”字不仅是家园共育的核心价值，也是评价家园共育效果的唯一标准。

二、家园共育的意义

(一)家园共育是促进幼儿全面发展的有效途径

著名的教育家苏霍姆林斯基曾经说过：“教育的效果取决于学校和家庭教育影响的一致性。如果没有这种一致性，那么学校的教学和教育过程就会像纸做的房子一样倒塌下来。”在幼儿园教育发展的同时，家庭教育也伴随着逐步发展。要想实现家、园教育目标一致，幼儿园就必须给予家长悉心的指导。只有家园双方良好地沟通与合作，才能为幼儿的发展提供更好的教育和成长的环境，实现家园教育目标的连贯性与一致性，促使幼儿身心全面和谐发展。

(二)家园共育是实现家园教育衔接的重要保障

家庭、幼儿园是幼儿生活的两大环境，只有两大环境良好地衔接、创设连贯一致的教育环境，才能促进幼儿健康全面的发展。家庭教育和幼儿园教育各有各的内涵、特点、着力点，但是它们的教育对象都是幼儿，所以教育目标应是统一的、相衔接的。从幼儿的角度思考，在幼儿园和家庭当中共同创设方便幼儿生活及良好生活习惯养成的生活环境，利于幼儿进行自主自发游戏、具有丰富游戏材料的游戏环境，以及能引导幼儿自主探索发现的学习环境是极为重要和必要的。

（三）家园共育是园所保教质量提高的保障

家园共育的一大优势就是拓展和丰富教育资源，实现家园合作、互惠互赢。首先，家长及与家长有关的一些社会资源被吸纳到幼儿园教育中。家长是宝贵的教育资源，他们具有不同的职业、不同的文化背景、不同的生活经历，可以给幼儿园带来丰富的教育内容，为幼儿的学习提供多种支持，在幼儿园课程的构建中起到很好的助力作用。其次，幼儿园较为丰富和全面的教育资源也有利于改变家庭教育资源匮乏的状况，帮助家长获得教育经验，从而树立教育好子女的信心。幼儿园在整合教育资源中，与家长共同商讨适宜幼儿发展的教育形式和内容，不断修正和改进教育方法和手段，使多种优势得到充分发挥，最大限度地整合教育资源，最终的结果必然会带来保教质量的提升。

三、当前幼儿园家园共育现状及问题

（一）幼儿园家园共育的现状

重视幼儿园与家庭的联系是我国幼儿教育的传统。我国著名的儿童教育家陈鹤琴先生早就在其著作中强调："幼稚教育是一件很复杂的事情，不是家庭一方面可以单独胜任的；也不是幼稚园一方面能单独胜任的；必定要两方面共同合作方能显现充分的功效。"

在政策法规方面，我国先后出台了许多政策来推动家园共育。如 1988 年颁布的《中共中央关于改革和加强中小学生德育工作的通知》中提出："中小学要聘请工人、农民、干部、知识分子、解放军战士中的优秀分子担任校外辅导员。要求把社会和家庭教育同学校教育密切结合起来。"1992 年国家颁布的《九十年代中国儿童发展规划纲要》中指出："发展社区教育，建立起学校（托幼园所）教育、社会教育、家庭教育相结合的育人机制，创造有利于儿童身心健康、和谐发展的社会和家庭环境。"1996 年的《幼儿园工作规程》中指出："幼儿园应当充分利用家庭和社区的有利条件，丰富和拓展幼儿园的教育资源。"2004 年颁布的《关于全国家长学校工作的指导意见》中指出："家庭教育是现代国民教育的重要组成部分，是学校教育和社会教育的基础。"2016 年颁布的《幼儿园工作规程》中明确指出："幼儿园应主动与幼儿家庭配合，帮助家长创设良好的家庭教育环境，向家长宣传科学保育、教育幼儿的知识，共同担负教育幼儿的任务。"这些文件的颁布都标志着我国对幼儿园与家庭教育的认识不断提升，国家越来越重视并强调家园共育在幼儿教育中的重要作用。

在理论方面，我国的学者通过研究总结和归纳，得出了许多重要的成果。冯晓霞、王冬梅在2000年就提出：家园共育可以使幼儿园和家庭在幼儿教育经验和教育方法上保持一致、相互影响、相互促进，幼儿在一致的教育观念和一致的教育方法上获得安全感，从而形成良好而又积极的生活态度。同时，通过家园互动为教师和家长提供了相互交流和学习的机会。2010年，刘亭在其著作中分析了家园共育的内涵并提炼了家园共育的主要价值，指出：首先，家园共育能够使家长了解幼儿在园情况，也使教师了解幼儿的日常生活。其次，家园共育能够为教师与家长搭建沟通平台，促使双方在交流沟通中相互了解，增进两者之间的信任度，这对幼儿教育是十分有利的，在彼此之间的交流和分享的过程中汲取对方好的经验和方法，拓展幼儿教师与家长的教育知识，一定程度上提高家长与幼儿教师的教育水平。最后，家园共育能够促进幼儿在成长的过程中全面和谐发展。

(二)家园共育中存在的问题

1. 教师和家长双方地位不平等

平等是良好家园关系的重要特征。只有在平等的基础上，教师和家长才能展开更充分的交流和合作。然而家园之间传统的信息交流方式通常是单向的、灌输式的，家园之间的地位其实是不平等的。幼儿园往往处于主导、主动的地位，家长则是从属、被动地听取幼儿园发布命令。虽然幼儿园有时会咨询家长的意见，但由于家长长期处于被动的状态，向幼儿园献计献策的积极性不高；有些家长虽然对幼儿园有意见或疑问，却因为心存顾虑而不能畅所欲言。目前表现的以幼儿园教育为中心的现象比比皆是，由教师担任指挥官，要求家长配合，很少考虑家长的需要和想法，往往使家长处于更加被动的地位，无形中拉开了教师与家长的距离。相对而言，教师更少主动地向家长了解幼儿的家庭教育情况，有时来自家长的反馈也没有得到相应的重视。这种信息的单向沟通，势必造成家园共育中教师与家长双方地位的不平等。

2. 家庭和幼儿园共育任务不明确

目前仍有很大一部分教师并未完全理解家园共育的内涵，甚至有些幼儿园教师一味地要求家长配合幼儿园完成某些教学任务，如根据幼儿园的教学内容，让孩子完成家庭作业等。但对幼儿的个性品格、行为习惯等方面的培养却很少，甚至根本没有向家长提出合作的要求。这既反映出教师在教育观念上的问题，也反映出对家长工作的目的认识不清。家园共育不是家长配合教师完成某些教学任务，而是相互配合，共同落实教育目标，促进幼儿全面和谐发展。

3. 家园共育内容浅层局限

目前，家长与幼儿园往往停留在表面上的配合而不是深入的合作。究其原因：其一，家长和教师积极性不高。幼儿教师在家园共育活动中对家长的教育指导空泛；家长也将家园共育当作“例行公事”完成任务。其二，家长与教师的沟通浮于表面。双方交谈意向较为消极，且内容大多拘于表面，沟通多为幼儿在园、在家表现等浅层次内容，双方基本不会涉及教育方式与教育理念的沟通。家园共育的话题局限在幼儿身体健康与学习能力的发展上，忽略幼儿情感发展，以及对家庭教育的系统指导。家园共育关注内容比较狭窄。

还有些家长认为教育是幼儿园的事情，自己只要让幼儿吃饱穿暖就可以了，缺乏参与幼儿教育的意识，没有认识到自己的责任和义务，因而不愿意参与幼儿园的各项活动，还有些家长甚至认为要求家长参与家园共育是幼儿园在推卸责任。在家庭教育中，家长重视早期智力的开发，忽视非智力因素的培养。

4. 家园共育形式不能满足家长的需求

随着时代的变迁和信息化的发展，许多家长希望合作的形式更有针对性和便捷性。但是有的教师仍然以家园联系栏、家长会等形式的联系为主，这些远远不能满足所有家长的需要。在家教指导过程中，教师仅仅把网络上有关幼教的文章摘抄一些贴到家长联系栏中，或者教师把家长当成听众，以单向的讲授为主，不给予家长更多思考的时间，更没有留给家长表达自己看法的机会，使得共育内容缺乏针对性，结果很难被家长真正接受并内化为今后教育子女的能力，影响了家长参与合作的主动性和积极性。

第二节　家园共育的目标与内容

一、家园共育的目标

（一）指导教师树立正确的儿童观

每一个幼儿都是完完整整的人，教师需要秉持正确的儿童观、教育观。树立以幼儿为本的思想，注重幼儿能力的提高、情感的培养、高尚品德的塑造、科学价值观的树立，帮助幼儿获得全面、持续、健康的发展。家长是幼儿的第一任教师，是幼儿教师的合作伙伴。教师也应正确看待自己与家长之间的关系，在平等尊重的基础之上开展有效对话，学会换位思考，学会理解包容。通过帮助家长端正和更新教育观念，使其积极主动地参与到家园共育中来，在潜移默化中影响幼儿，实现家园相互配合，同步教育，以期促进幼儿健康、和谐发展。

（二）帮助家长树立科学的教育观

幼儿是独立的、有意识的、有思想的个体，应该得到家长的尊重与平等对待。幼儿的发展是自然、有阶段、有规律的，家长要遵循规律，在尊重幼儿的兴趣、个性的基础上逐步引导幼儿成为全面发展的社会人。

家长应加强自身的思想、品德、文化修养，学习幼儿教育的专业知识，加强与教师的沟通与交流，形成家庭与幼儿园强大的教育结合体，使幼儿受到全方位的熏陶与培养。

（三）指导家长掌握正确的教育方法

家长在幼儿教育的过程中必然会遇到各种各样的问题，要妥善解决这些问题就必须运用科学合理的教育方法。例如：当孩子提出难以回答的问题时，家长不能不懂装懂乱说一气，更不可用指责性语言以敷衍了事的态度压制幼儿提问的积极性。正确的教育方法会帮助家长树立威信，成为孩子信任的伙伴，更会营造和谐的亲子关系。

（四）建立家园共育常态化的工作机制

幼儿园要将家园共育工作纳入学期、月、周计划中，将其与教育教学工作一并开展。在家园共育工作中，许多家长对家园共育的认识不足，经常因事务、时间冲突等原因缺席幼儿园教育活动。要想从根本上解决这些问题，必须要本着尊重平等、合作的原则，完善家园共育共管制度，如《家长工作制度》《幼儿园家园共育制度》《优秀家长评比制度》等。依托完善的制度开展家园共育活动，可以使家园共育更加规范化，帮助家长认识到家园共育的重要性，促使幼儿园家园共育工作更好地开展。

（五）形成家园合作的强大合力

家园共育的本质特点就是一个“共”字。幼儿园与家庭之间必须对幼儿的发展达成共识，在双方紧密的合作中共担教育责任，共促幼儿的发展。优质的家园共育不仅限于家园双方形成和谐的互助关系，还体现在双方职责明确、界限清晰，善于合作又不越界，双方都能以促进幼儿发展为终极目标，过程中相互理解、相互包容，从而产生 1＋1＞2 的巨大能量，促进幼儿全面和谐的发展及园所各项工作的顺利开展。

二、家园共育的内容

（一）会议型的家园共育

1. 家长委员会

幼儿园家长委员会（简称家委会）主要是指由幼儿家长代表成立的组织团体，以合作的方式参与和帮助幼儿园开展教育与管理工作。家委会作为幼儿园与家长间沟通的桥梁，对幼儿园未来的发展发挥着极其重要的作用，同时家委会也有利于帮助园所更细致全面地开展家长工作，在家园共育的基础上促进幼儿的全面发展。幼儿园家委会包括园级家委会、年级家委会及班级家委会等多种形式，幼儿园可根据需要或班额设置选择成立不同级别的家委会组织。家委会中可任命主任、秘书长、部长等核心成员，由他们组成家委会的核心机构，带动其他委员开展工作。家委会应制定章程，明确该组织的权利及义务，并确定各成员的岗位职责及工作方式。作为家委会成员要全面明确其权利和义务，园所也要赋予家委会对幼儿园进行教育教学的监督、评价和建议的权利，充分发挥家委会的工作职能，让家委会成为幼儿园教育理念的宣传者、社会体验的组织者、课程资源的合作者、家园沟通的协调者、园所代言的发声者。

2. 家长会

幼儿园家长会是指幼儿园或教师围绕特定目标开展的、一对多性质的群体活动，是家园合作的主要形式之一。家长会可分为园级和班级家长会两种形式，园级家长会一般是向家长公布幼儿园某一阶段的工作计划和工作任务；班级家长会组侧重于向家长介绍本班幼儿整体发展状况、现阶段教育重点、家园合作、家庭教育等相关内容，除此之外可将园方与教师的教育理念穿插其中，取得家长的理解、配合。家长会的开会频率视情况而定，一般会在学期初、学期末，或幼儿园重大活动、重大决策发布前夕召开。每次会议需提前发布通知，并根据家长需求为家长提供正规的邀请函，供家长请假使用。

(二)交流型的家园共育

1. 家园面对面

“面谈”是教师与家长之间最实用有效的沟通方式之一，是指教师有计划、有目的、有准备地针对幼儿的特点或问题与家长进行一对一交流的一种形式。面谈不仅是家长全面获知幼儿园个性化教育策略和方法的主要渠道，也是教师获取家长意见和反馈的重要途径，更是教师个人教育能力和沟通能力的具体体现。教师通过平时对幼儿的观察，将幼儿在园一日生活表现的个性特点再现，为不同家庭不同幼儿提供个性化的指导，有效促进家园高质量沟通。教师应本着尊重、理解的原则与家长进行谈话，在真诚的沟通中帮助家长正视问题，与家长共同商讨确定教育方案，以解决幼儿在不同成长阶段中的不同问题。

2. 家访

幼儿园家访主要是指幼儿园教师对幼儿家庭进行的上门访问，它是家园合作的重要方式。这种走进家庭面对面交流的方式，不仅增进家庭与园所、教师与家长之间的亲密关系，还促使幼儿园教育和家庭教育形成合力达到“无缝衔接”的教育效果。家访前园方会对教师提出要求，要求教师家访要做到访幼儿、访家长、访生活环境等几方面内容。在家访过程中教师要详细记录家访中了解的情况和发现的问题，根据幼儿在园表现和家访中获得的信息，制定相应的教育措施。此外，教师家访不得随意探求家庭隐私和儿童隐私，要遵守良好的职业道德以获得家长认可。

3. 线上沟通

随着信息时代的发展，高效能的沟通方式越来越受到人们的青睐。手机智能软件的应用，已经成为现代幼儿园家园沟通的新形式。它不仅解决了家长因工作繁忙无暇经常关注幼儿在园情况的问题，也因其形式灵活多样等特点实现了家园实时互动、紧密互动，极大地提高了教师的工作效率和质量。幼儿园可通过公众号设立“教师风采”“每周食谱”“活动纪实”“幼教专题”等栏目，及时上传园所最新活动报道和实时动态。也可建立班级微信群或QQ群，教师随时将班级通知、日常活动等发布到群中，让家长第一时间了解幼儿在园情况；还可以将一些与教育或班级管理相关的话题发到群中，引发家长的讨论。新型的沟通方式拉近了家长与家长、家长与老师之间的距离，同时也形成了以班级为单位的育儿“圈子”，在共商、共话的平台上实现家园共育。

4. 问卷及访谈

问卷及访谈是调查者运用统一设计的问题向调查对象了解情况或征求意见的一种调查方法。其目的是更好地提高园内保教服务质量，了解每位家长对园所工作的不同需求和建议，促进家园共育合作更有针对性地开展。幼儿园应根据不同的需要来设计问卷或访谈的问题，如新生入园时可从择园理由，对园所教育理念、课程设置是否了解或认同等方面设计问题；对于老生则可从身体发育、智力发展、能力习惯等方面设计问题。问卷或访谈可以设计成涵盖幼儿园全方位教学和管理的综合性问卷，也可以设计为对单项问题的专题性问卷。在问卷或访谈中，幼儿园应做好保密工作，尤其是涉及像师德师风等敏感话题的问卷通常采用无记名的方式进行回收，访谈时也应注意保护家长隐私。问卷或访谈结束后幼儿园应对结果进行统计分析，形成整改意见，促进园所各项工作的不断提高。

(三)展示型的家园共育

1. 家长开放日

家长开放日是指幼儿园在特定的时间里面向全体家长开放幼儿园内外的各种教育教学活动。此活动促进家长全面了解幼儿园的教育理念，增进其对班级工作的了解，让家长直观看到孩子在集体状态下的活动表现。园方管理者要引导班级教师明确开放的目的，为了什么而开放、为哪些家长开放、开放后想要收获的价值是什么。家长开放日一般每学期开展一次，可全园统一开放时间，也可根据实际需要以年组或班级为单位开放。每次开放日都应确定主题及开放内容，有目的、有计划地让家长逐步了解幼儿园开展的各项工作。幼儿园也应把家长开放日视为提高家长教育能力的培训手段，在每次开放日之前向家长介绍本次开放的主题内容，并提供可操作的“家长观察记录表”，引领家长带着问题深入观察幼儿，从不同的角度解读幼儿行为。

2．展演活动

展演活动是指向家长展示幼儿某一阶段的教学成果，鼓励幼儿大胆、自信地展示才能，让每一名幼儿都能主动、愉快地参与到活动中来，同时增进家园交流和亲子关系。此活动可定期开展，每次活动展示班级不宜过多，教师要照顾到每一个幼儿，确保每个幼儿都要参加。教师可结合幼儿动手、动脑等特色教学成果来设计展演方案，活动时间不宜过长。很多幼儿园将展演活动安排在晚上离园前，将幼儿一个阶段的学习成果展示给家长，帮助家长了解幼儿的成长与进步，从而增进对园所教育质量的认可。

3．其他亲子活动

亲子活动是指通过与父母和幼儿的互动合作来完成任务，是幼儿教育中一种常见的活动形式。开展形式多样、丰富多彩的亲子活动主要是给家长与幼儿创造甜蜜温馨的亲子时光，同时也拉近家园之间的距离。教师在开展亲子活动前应设定明确的活动方案，合理的活动安排和完善的后勤保障，保证亲子活动有效地开展。活动后有相应的评价制度来对整个活动进行反思和整理。幼儿园和教师在设计亲子活动时要保证幼儿和家长安全，同时也要充分考虑活动的适宜性，既要让幼儿“玩好”，也要让家长“玩好”。

(四)学习型的家园共育

1．家长学校

家长学校是以家长为主要对象，以传授家庭教育的科学知识和方法为主要内容的一种业余教育形式。家长学校的开展促进了家庭教育观念的更新，配合园所教育理念的实施，帮助家长提高家庭教育水平。家长学校以“科学育儿”为主要目标，可邀请相关专家、领导和教师为主讲嘉宾，可根据幼儿生理和心理发展特点，结合园所的教育理念设计主题式课程板块，制定具有针对性的课程内容，解决家长在家庭教育中产生的困惑和问题；为了激励家长主动学习，园所可建立考核、奖励制度，每学期末对出勤率高、学习效果好的家长进行奖励，评选“优秀学员”进行表彰。

2．现场观摩

现场观摩是家长参与幼儿园课程实施与课程评价的重要手段。其意义是为真正实现学校教育与家庭教育相互辅佐、合作共赢，推动家长深入参与幼儿园课程建设，彰显家长专业能力的一种方式。在观摩过程中保教管理者应为家长准备“活动观摩记录表”，家长可以从活动设计、教师执教能力、幼儿兴趣、教师对幼儿思维的引导和支持，以及教学活动的效果等方面做出公正的评价。家长开放日与现场观摩目的有所不同，前者以观察幼儿一日生活活动为主要目的，后者则是为家长全面了解幼儿园课程理念、实施过程，参与幼儿园课程评价而组织开展的。

3. 专题沙龙

沙龙是指一些有共同意愿或共同话题的人自愿聚在一起相互探讨和交流的一种非正式的聚会活动形式。这种形式以其自由、轻松、活跃的气氛赢得大家的喜爱。幼儿园可借鉴这种活动方式，针对家长所关心的热点话题或问题，定期邀请家长参与沙龙活动。沙龙可由幼儿园发起，也可由家委会发起，一般以海报的形式发布活动通知，家长可自愿报名参加。沙龙的话题比较广泛，不应只局限在教育领域当中，生活和工作中大家关心的问题均可成为沙龙话题。活动前可事先确定专题，也可根据参与者的需要灵活调整。在沙龙活动中，可以设置主持人，也可以引发大家自由谈论，各抒己见。

第三节　家园共育的原则与要求

一、家园共育的原则

(一)尊重性原则

和谐的家园关系必然是在教师与家长之间相互尊重的基础上建立起来的。尊重性原则主要体现在两个方面：一是平等对待每一位家长。虽然家长与家长之间存在很大差异，但教师不能排斥和筛选家长，要以热情包容的态度对待每一位家长；二是理解包容家长。在和家长相处的过程中，偶尔会出现观点不一致、做法不统一的问题，甚至会出现矛盾、纠纷，教师应本着理解的心态对待家长，包容家长的情绪。

(二)适应性原则

家园共育的工作内容、活动形式以及工作机制都不是一成不变的，应随着时代的发展进步和家长需求的不断提高及时地进行调整和完善。在这个动态发展的过程中，要做好两个“适应”：一是所有教育的实施都要适应儿童的身心发展特点，切不可盲目顺应家长，违背教育规律；二是家园共育工作要尽可能适应大部分家长的需求，充分考虑本园家长的实际情况，开展方便家长参与、促进家长提升的活动。

（三）过程性原则

幼儿园与家庭共育，要遵循过程性原则。当幼儿园与家庭之间产生互动时，幼儿园应充分关注互动过程，及时挖掘教师与家长在共育工作中是否形成一致的理念，注重家园互动的有效性。同时注重在过程中总结和反思，提炼有价值的工作经验进行推广。有效地促进教师、家长、幼儿三方共同成长，实现幼儿园和家庭共赢。

（四）一致性原则

一致性原则是指幼儿园、家庭、社会等教育要互相配合、步调一致。在教育指导孩子的过程中，教师与家长在思想和理念上应保持一致，切忌双方的教育“两层皮”而造成“5＋2＝0”的情况发生，所以要在幼儿园与家庭之间、教师与家长之间形成教育合力，完成幼儿园的教育目标，同步促进幼儿全面发展。

二、家园共育的要求

（一）尊重幼儿学习与发展规律

幼儿的学习与发展是不可复制的，必须尊重幼儿独特的认知方式和学习特点，要充分调动幼儿的各种感官，如视觉、听觉、触觉、味觉、嗅觉等，激发幼儿的求知兴趣和欲望，丰富其感受和体验；要提供幼儿主动学习和体验的机会，让幼儿在玩中学、在做中学，在积累大量经验的基础上，促进幼儿思维能力的发展；要以幼儿为本，尊重幼儿成长的自然规律，尊重每个幼儿不同的个性，保护幼儿与生俱来的童心和宝贵天性，要多元地评价，不能用一把“尺子”衡量所有幼儿。

（二）理解幼儿学习方式和特点

“幼儿的学习是以直接经验为基础，在游戏和日常生活中进行的。”这句话说明幼儿学习的主要特点是在玩中学、在生活中学，游戏和生活是幼儿学习最好的教科书。所以幼儿园和家庭要充分挖掘和利用一日生活中的丰富资源和教学契机，将教育融于生活之中，最大限度地保证幼儿与伙伴共同游戏的时间和空间，引导幼儿在游戏中学习，促使幼儿通过亲身感受、体验、操作、探究而获得发展。

（三）尊重原生家庭的教养方式

在教育过程中，经常看到当幼儿园教育和家庭教育在理念和方式上有明显分歧时，很多老师就想用说教去改变家长。但作为教师首先要明白，家园共育是要在双方互相尊重的基础上进行的，而不是一方试图去改变另一方。应了解孩子原生家庭教养方式中的优势和不足，并积极主动地与父母沟通，与其共同分析教养方式在孩子成长过程中的影响，只有父母意识到自己教养方式对孩子的利弊，才能心甘情愿地配合，在原本的基础上做出调整，从而更好地为孩子创造有利于成长的环境，使孩子身心健康，形成健全人格。

（四）实现家园同步的教育模式

幼儿教育是一个复杂的系统工程，在幼儿教育中，家庭和幼儿园是决定幼儿身心发展的重要因素，两者对幼儿的教育只有同方向、同步调才能达到预期的教育效果。要实现家园同步首先家园双方在培养目标上要取得共识，才能有效促进孩子的发展。其次家园双方要围绕孩子的发展常联系勤沟通，通过多种沟通方式了解孩子发展情况，以便配合幼儿园教育实现同步。

第四节　家园共育的指导策略

一、转变理念，达成共识

理念一致是做好家园共育的前提，只有家园同方向、同步调，教育才能有事半功倍的效果。而教师在实际工作中的种种迹象表明，家长理念的转化并不是一件轻而易举的事情。在针对因理念不同而产生矛盾的大量案例中，我们发现缺乏沟通是导致问题发生的关键因素。“你不说，我不懂”的现象在工作中也屡见不鲜，而问题的根本就是家长对教师和幼儿园理念的“不知晓”。因此，园所要想保持家园同步调，就需要双方围绕孩子的发展经常联系、互相沟通，从而让家长了解到教师理念的真正目的，只有取得共识，才能更有效地促进孩子发展。

二、激发兴趣，共同参与

想要家长积极地参加家园共育，首先要吸引家长的兴趣。而产生兴趣的前提是要让家长体验到参与家园活动的乐趣。这就需要了解到家长的文化水平、能力和兴趣爱好，根据这些情况设计内容及形式，融合家长的喜好和想法，才能更好地让家长参与其中。其次，创造良好、便利的参与条件也是促使家长积极参与家园共育的重要因素。由于大部分家长都有自己的工作和生活，想参加但没时间的家长不占少数。所以针对这个现象，园所在制订计划前应多加考虑家长是否方便，活动地点可灵活多变，并且不占用家长过多的时间，避免产生厌倦心理。

三、畅通渠道，互联互通

在互联网畅通的今天，生活节奏不断加快，家园的沟通不再拘泥于传统的面对面沟通，更多年轻的教师和家长更愿意通过网上聊天的形式沟通幼儿在园情况。微信、钉钉等聊天软件成为家园沟通的桥梁。班级群、微信群的建立为家长了解幼儿在园情况提供了便捷的平台，教师不定期向群里发布孩子学习情况及活动照片、视频等，让家长更好地了解孩子在园表现与生活全貌，为家园零距离沟通做铺垫。除了微信群的沟通，一对一的反馈能让家长更细致、全面地掌握孩子在园情况，同时回收家长意见，及时调整不足，从而提高家长的信任度，使家园交流更加畅通。

四、家庭社区，资源共享

幼儿园周边的家庭社区里蕴藏着许多有价值的教育资源，合理地运用这些资源能大大丰富幼儿园的课程内容。园所在制订学期课程计划时，可以根据社区资源设计主题课程，通过亲身体验的形式实现认知与实践相结合。除了幼儿园内的课程外，幼儿园还可以定期与社区合作，建立“大手拉小手”的社区牵手活动，带领幼儿走进各行各业，或邀请社区单位走进幼儿园，如请当警察的家长给孩子讲安全知识，孩子们通过表演节目表达对警察的感激，以这种互动的方式实现资源共享。

【拓展阅读】

推荐图书：

中华人民共和国教育部制定：《幼儿园教育指导纲要(试行)》，北京师范大学出版社，2001年。

中华人民共和国教育部制定：《3—6岁儿童学习与发展指南》，首都师范大学出版社，2021年。

推荐理由：

这两个纲领性文件都标志着我国对幼儿园与家庭教育的认识不断提升，国家越来越重视并强调家园共育在幼儿教育中的重要作用，作为实施教育的教师应该认真研读并掌握其精髓。

推荐图书：

何桂香：《幼儿园家长工作指导》，北京师范大学出版社，2012年。

推荐理由：

该书从理论到实际阐述了家园共育的一系列问题，在充分认识幼儿园教育与家庭教育同等重要的基础上，作者将重心集中到如何将两者结合的方式方法上进行探讨，从各种家园共育的方式、各年龄班的家园共育、不同类型家长的沟通方式，把一个整体的问题分解为多个具体细致的问题，并且每个问题都采用平铺展开，继而螺旋式提升的形式，层层论证，环环相扣，力求做到让新教师理解每个内容的根源。

推荐图书：

乔梅、沈心燕、陈立主编：《幼儿园业务园长/保教主任工作指南》，北京师范大学出版社，2017年。

推荐理由：

该书详细阐述了家园共育在日常保教管理中的开展与指导工作，明确了家园共育工作的制度与原则、组织与实施，为家园共育工作的落实提供了保障。

【本章小结】

家园共育在当前已经成为一种理念和趋势，家庭教育和幼儿园教育在幼儿成长过程中起到了相互促进、互相补充的作用。在家园共育工作中教师通过实践、反思，不断提高对家园共育工作的重视程度，持续探索科学有效的工作方法，形成合作共育的良好氛围，从而促进班级和幼儿园家园共育整体工作水平的不断提升。通过对本章的学习，教师能够从根本上理解家园共育工作对幼儿成长的重要性，并掌握开展家园共育工作的方法和策略，进一步明确教师在家园共育工作中的定位。

【讨论与思考】

1. 请结合具体案例阐述在家园共育工作中如何体现教师的专业性？

2. 升入中班后，班里有一位幼儿经常与同伴争执、争抢同伴玩具等，但父母工作繁忙，沟通不顺畅，请您设计一次家访活动，并提出三个以上改善策略。

3. 幼儿园的家长会有哪些类型？请您设计一个关于大班幼小衔接工作的专题家长会方案。

4. 在家长开放日活动中，教师该如何引导家长观察孩子？请尝试设计一份供家长使用的观察记录表。

第五章　幼儿园园本课程管理

【本章要点】

- 明确幼儿园园本课程的意义与价值；
- 掌握幼儿园园本课程的方向与定位；
- 掌握幼儿园园本课程的编制方法；
- 掌握幼儿园园本课程的实施途径和保障；
- 明确幼儿园园本课程的评价内容及评价要点；
- 掌握幼儿园园本课程方案优化的策略。

【本章关键词】

园本课程；园所专业发展；课程评价；课程实施；课程优化

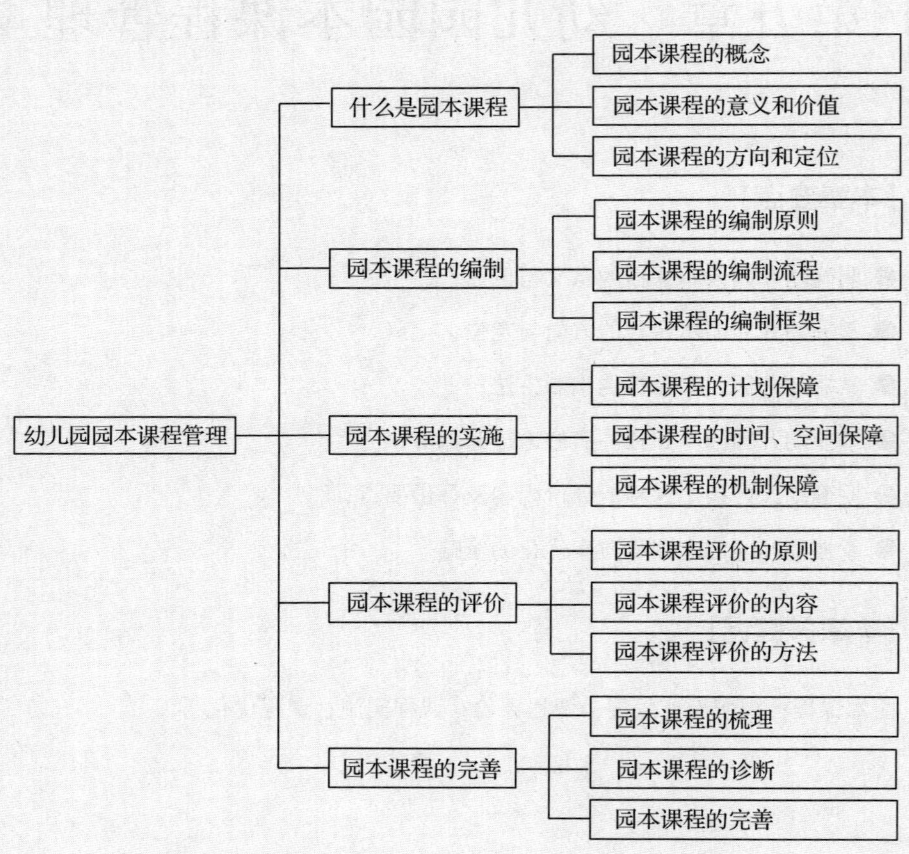
幼儿园园本课程管理
什么是园本课程
园本课程的概念
园本课程的意义和价值
园本课程的方向和定位
园本课程的编制
园本课程的编制原则
园本课程的编制流程
园本课程的编制框架
园本课程的实施
园本课程的计划保障
园本课程的时间、空间保障
园本课程的机制保障
园本课程的评价
园本课程评价的原则
园本课程评价的内容
园本课程评价的方法
园本课程的完善
园本课程的梳理
园本课程的诊断
园本课程的完善

幼儿园园本课程是从幼儿园的办园特色、课程理念出发，结合幼儿园实际，以促进幼儿发展为落脚点，在长期的课程实践中不断探索、提炼形成的有特色的、完整的幼儿园课程体系。

园本课程的设计要从幼儿园整体发展出发，对课程进行全面、科学的规划和架构，通过课程实施促进幼儿多元化、个性化的发展和教师的专业性成长，提升幼儿园的办园品质和社会影响力。

幼儿园园本课程的构建，也是幼儿园核心管理团队的课程领导力水平的具体体现，是幼儿园提升办园质量的重要途径。《幼儿园教育指导纲要（试行）》是园本课程建设的重要依据。《纲要》中指出：“幼儿园应为幼儿提供健康、丰富的生活和活动环境，满足他们多方面的发展需要，使他们度过快乐而有意义的童年。”“幼儿园教育应重视幼儿个别差异，为每一个幼儿提供发挥潜能，并在已有水平上得到进一步发展的机会和条件。”

《3—6岁儿童学习与发展指南》为园本课程的建设和发展提供了明确的方向。《指南》中指出“关注幼儿学习与发展的整体性”“尊重幼儿发展的个体差异”等，都告诉我们幼儿园园本课程的所有落脚点都归结于幼儿健康、全面的发展。

幼儿园园本课程的构建，体现了现代幼儿园的建设内涵。同时，对于促进以园长和教师为园本课程建设和实施的核心团队的课程领导力的提升，也不失为一个好的契机。在园本课程的构建、实施、评价、优化的过程中，园长和教师均需着眼于幼儿的全面健康发展、教师的专业成长，以及幼儿园的前景未来，全面布局，长远谋划。在实践探索中，不断地发现问题、解决问题和调整策略，循序渐进地提升幼儿园核心团队对于课程的整体规划和推动的能力，促进幼儿园良性的、科学的发展。

在本章中，我们从园本课程的概念入手，到园本课程的编制、实施、评价，以及园本课程的完善等五个方面进行详细的阐述，帮助园所梳理如何更好地构建园本课程。希望能够不断促进园所的专业化发展，实现园所与教师课程领导力、执行力的共同提高。

第一节　什么是园本课程

一、园本课程的概念

园本课程是以幼儿园为主体进行的课程开发和实施，是幼儿园根据自身特点、幼儿实际、教师需求、园所特色与发展等，在充分利用和挖掘现有资源的基础上，探究和研发出来的具有园所特色的课程体系。

“本”就是幼儿园的实际情况，“园本”就是从幼儿园的实际出发进行课程研发的过程。其含义可以包含以下两个方面：一是“生态之本”，既要认识和最大限度地利用幼儿园自己的生态优势，接纳和最大限度地克服幼儿园本身的生态劣势；二是“人之本”，即最大限度地实现教师群体作为课程建设核心力量的价值，鼓励群体中的每个成员最大限度地实现个人独特的价值。陈时见教授认为，园本课程开发是指：“一个以幼儿园为基地进行课程开发的开放民主的决策过程，即园长、教师、课程专家、幼儿及家长和社区人士共同参与幼儿园课程计划的制订、实施和评价等活动。”

二、园本课程的意义和价值

近年来，有很多成功的园本课程案例值得我们借鉴学习。但是也有一些幼儿园急功近利，不潜心研究园本课程的构建，使其变成了各种特色课的“大拼盘”。把幼儿多元化、个性化的发展变成了针对幼儿某一方面的技能提升的强化训练。而真正的园本课程是“因地制宜”的课程，更是“以人为本”的课程，是幼儿园办园理念和教育宗旨的体现。既根植于幼儿发展，满足幼儿全面、和谐、自由的发展需要，同样也是不断促进教师专业化发展的学习路径，更是汇集园所文化，凝聚园所教育力量的“黏合剂”，能有效推动幼儿园在提高保教质量的实践中深入探索，从而实现幼儿园高质量、有特色的可持续发展。

(一)园本课程是促进园所保教质量提升的重要载体

课程建设是幼儿园最重要的基础建设和核心工作，是贯彻落实《幼儿园教育指导纲要(试行)》的有效途径，是引领教师专业成长，将教育思想转化为教育实践的必经之路。幼儿园对幼儿成长的影响和促进，主要途径就是通过开展课程来实现的。而基于幼儿园办园理念和发展需要，设计一个创新性、多元化的课程体系，是适应当前学前教育改革发展形势下的必然趋势。如今国家大力普及和发展普惠公办园的同时，民办园也如雨后春笋般快速增长，竞争激烈。无论是体制内还是体制外，最核心的竞争力就是园所课程体系的建设和打造。园本课程的研发和课程的深度挖掘为幼儿园营造了全员参与、上下联动的教育环境，也直接促进园所保教质量的整体提升。

(二)园本课程是提升教师专业化发展的重要途径

教师的专业化水平决定了园本课程实施的效果。在园本课程实施的过程中，想要提升教育质量，必定要认真做好园本课程的教研工作。在“研”中寻找推进课程的着手点，挖掘与提升教师自主学习的内在动力。在园本课程的初步搭建、具体实施、调整完善的过程中，从幼儿的实际需求和有效发展出发，不断地发现问题、解决问题、总结规律，促使园本课程更好地实施和完善。特别是在园本课程实施的过程中，教师认知的改变带动角色的转变，再由角色转变带动更深层次的教育观念的转变，从而在更好地促进幼儿全面发展的同时，也会积极有效地提升教师的专业化水平，扎实提高园本课程的实施能力，从而实现以教学质量的提升来促进教师和幼儿共同成长的良好局面。

(三)园本课程是提升园所课程领导力的有力支撑

在园本课程构建的过程中，幼儿园管理者的领导力起着至关重要的作用。幼儿园管理者在带领团队开展教研，激励教师努力钻研，不畏险阻实践创新、不断反思寻求突破的过程中，推进园本课程持续不断地良性发展。建立园本课程的过程，本身是一个实践探究的过程。在这个过程中，课程方向的定位、方案内容的编制、实施过程的评价管理、阶段性的调整与反思，以及资源的开发与拓展等，处处体现出以园长及教学团队为核心的管理层对园本课程的规划、实施与完善的能力。幼儿园管理者应站在幼儿、教师、幼儿园发展的高度，以国家教育方针政策为指引，以学前教育法律法规为依据，遵循儿童身心发展规律，科学合理地设计园本课程。聚焦园本课程的实施过程，在过程中捕捉问题，通过解决问题不断增强课程整体实施和推进的意识，用专业的理论知识指导课程构建，最终实现管理者和教师的专业课程领导力的提升与发展。

(四) 园本课程是打造园所特色的有力抓手

幼儿园办园质量的“好”与“坏”，很大程度取决于园所“课程体系”的建设情况。近年来，人们对幼儿教育的重视程度越来越高，教育理念和教育需求都发生了翻天覆地的变化，大多数家长在选择园所时，不再仅仅关注“硬件”“伙食”等这些外在的条件，更在乎的是幼儿园专业的师资队伍和优质的课程体系，以满足家长对幼儿早期教育的期望。所以专业的师资队伍、优质的课程已经成为园所的核心竞争力。清晰客观地分析本园实际，根据幼儿的发展需要打造具有园所特色的园本课程是提升办园品质的有力抓手。但“特色”不是形式多新颖、主题多冷门，而是在深入理解园所理念、优势与不足，同时充分开发周边社区资源的基础上，提炼出具有鲜明园所特征和独特风格的教育观点、内容、方法或途径。这是一个长期积累的过程，甚至需要几代人不懈努力追求而形成一种独特的文化氛围，以特色引领园所发展，以发展强化办园特色。

三、园本课程的方向和定位

随着我国社会经济与文明蓬勃、高速发展，人们对教育更加重视了，尤其是学龄前儿童的教育更是每个家庭的重中之重，幼儿园之间的竞争也日趋激烈。以质量保生存，以特色促发展，是目前幼儿园发展的显著趋势。从“园本”出发，找准方向与定位，才能构建符合园所实际的园本课程。

(一)园本课程应以有利于幼儿身心发展为核心标准

园本课程的构建是动态的、不断完善和发展的过程。在园本课程的教育实践中要始终坚持“以幼儿为主体”的教育理念，时刻观察、记录幼儿在活动中的发展进程和需求，及时根据幼儿的实际情况，不断调整适宜幼儿游戏和发展的活动内容。让课程始终围绕幼儿的兴趣和需要，充分尊重、信任幼儿，调动幼儿学习的积极性，激发幼儿的深度自主性学习，为幼儿提供广阔的发展空间。

(二)园本课程的建立要立足本园，杜绝表面化、形式化

园本课程顾名思义是在幼儿园之“本”上生长出的课程。“本”可以被理解为园所的文化积淀、历史沿革，也可以理解为幼儿园的外部资源和内部条件。只有发之于“本”的课程才具有顽强的生命力。有些园所为了快速实现园本特色，以“拿来主义”“概念嫁接”“快餐拼盘”等方式建设了所谓的园本课程，不仅无法促进教师成长，更会因其缺乏科学性、逻辑性而影响教师、幼儿乃至

园所的良性发展。

(三)园本课程要有科学完善的评价体系，激发幼儿成长潜能

根据幼儿发展具有差异性、多样性、独特性的特点，园本课程评价由单一评价晋升为多元化评价，比如评价内容的多元化。除了语言、思维、动作、认知等常规内容的评价，还可以从幼儿能力、习惯、情感等多方面评价。另外，评价方式、评价主体也可以多元化，能够全面真实地反映幼儿的发展状况，并对幼儿的发展做出适宜的回应和支持，激发幼儿潜能的最大化，为幼儿全面发展提供便利条件和广阔空间。

(四)园本课程要整合社会资源，打造园所立体发展空间

幼儿园要吸纳社会资源，让幼儿走进社会学习，让社会资源流入园所。园所周边的社会资源是园本课程开发不可或缺的珍稀板块。以园所内部资源的开发来说，开发和利用社会资源，可以让幼儿园获得更加丰富的资源内容与元素。把幼儿园与社区、家庭、公共场所与设施进行整合与连接，形成以促进和丰富幼儿学习经验为目标的多元、共享的资源网。让幼儿在实践中习得知识，在体验中丰富和内化对客观世界的认知感受，不断完善成为独立的社会人的意志品质，从而促进幼儿独立性、社会性的发展。

第二节　园本课程的编制

一、园本课程的编制原则

幼儿园园本课程的编制，要以国家和地方的教育政策为导向，以幼儿园的特色发展为基础，以促进幼儿园健康、全面、个性化发展为立足点。在制定过程中，应遵循以下原则。

(一)问题导向原则

幼儿园在园本课程的构建和实施的过程中，在不同阶段、不同层面会产生很多困惑和难题。幼儿园是否能够将课程构建和实施中最棘手的问题一一攻破，是否能够把实际产生的难题转化成积极的、推进课程进程的活动内容或方式是非常必要的。比如，在幼儿园的音乐课程实施中，很多教师缺乏对音乐的感知力，对于像乐曲欣赏、舞蹈创编等类型的音乐活动，很多教师显

得力不从心。由此即可引发全园的音乐教研活动，组织教师进行分组教研讨论，通过以“研”促“训”的方式提高教师音乐课程的授课能力，同时也实现了课程体系中教师自我完善的探究过程。想要更好地提升幼儿园整体教育教学的专业水准，使教师逐步向研究型教师迈进，提升园所整体教学专业化程度，一定是从痛点出发，迎难而上，聚焦问题，找到适宜的解决办法和路径，同时提升管理者的课程领导力，促进教师队伍扎实、有效地专业化成长。

（二）需求导向原则

园本课程的制定要以沟通对话为基础。不断加深了解幼儿、教师以及家长的需求，在沟通中把握课程的方向，厘清课程体系的脉络，让园本课程的架构更能符合幼儿发展需求，搭建教师成长路径，在家园协同合作的基础上，实现高质量、宜落地、共协作的园本课程体系。

幼儿是课程实施的主要对象。所有课程的设置，都要符合 3—6 岁幼儿生理和心理发育特点。基于本园幼儿的实际发展情况，以幼儿为主体，充分信任、尊重幼儿学习的权利，给幼儿搭建更轻松、自由的探索平台，最终实现幼儿个体的优质发展。幼儿发展得好，即是园本课程内容优质、构建合理的体现。

教师是园本课程方案落地实施的主体。课程的内容，一定是教师读得懂、能理解的内容。因此在制定的过程中要组织教师结合工作实践，共同教研、讨论，针对课程整体设计方案提出意见和建议。也可以采用小组讨论和个别对话的沟通方式，收集整理教师对于课程的实施有哪些疑义。充分尊重教师的主体地位，调动教师参与课程建设的积极性，从而提升园本课程质量。

家长是园本课程重要的参与者和合作者。在构建的过程中，可通过家长委员会、课程小组等多种形式，广泛收集家长对于课程构建的意见。从家长的角度客观地看待和评价课程，进而再次优化课程。另外家长们不同的社会经验、多元的职业体验都是丰富的课程资源。因此，要与家长建立紧密联系，协同合作，共同为园本课程的优化和完善集思广益、群策群力。

（三）整体性原则

园本课程理念是园本课程设计的重要依据，课程目标则指导内容的制定和实施，所以“理念”和“目标”是从整体上制定和设计园本课程的重要因素。

园本课程的整体结构必须要逻辑清晰。应从横向和纵向两个维度出发。

从横向出发，宏观上清晰地划分目标指导下的课程内容分类。从纵向出发即考虑各类课程在年龄设置上的目标差别，要根据幼儿不同年龄阶段身心发育水平的差别，由浅入深、循序渐进地调整目标难易程度，考虑到幼儿发展连续性的特点，做好课程内容在各年龄段之间的衔接与过渡。

(四)发展性原则

很多成功的园本课程案例告诉我们，园本课程的编制不是一蹴而就的。在课程实施的过程中，可以通过分组教研、小组讨论、定期总结、评价反思的方法，不断发现问题、纠正问题，自我完善。在此基础上进行不间断的改革创新，使课程内容的设计更便于教师实施，课程的目标更能促进幼儿全面发展，课程的整体搭建更能够凸显、夯实园所特色。

二、园本课程的编制流程

园本课程的编制是一个科学而复杂的过程，要从幼儿园的实际情况出发，整合、梳理各方面的资源，制定出符合幼儿园园情、可操作性强、科学系统的课程方案(见图 5-1)。

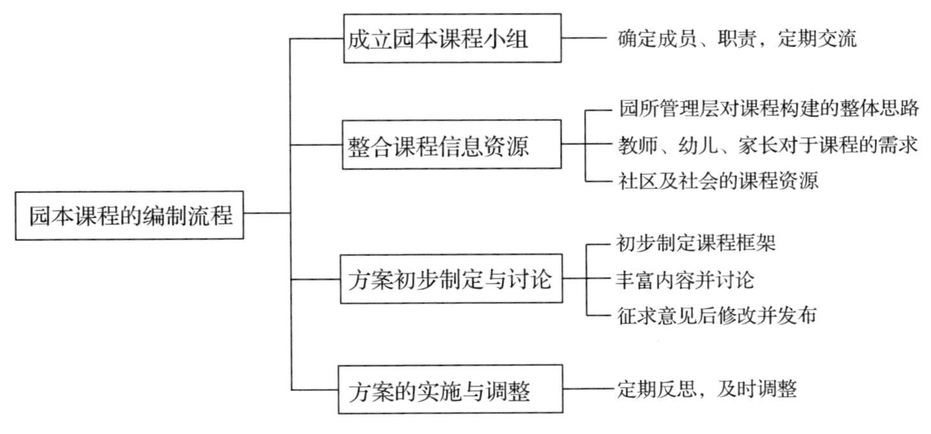

图 5-1　园本课程的编制流程

(一)成立园本课程小组

首先要成立园本课程架构小组，人员构成除了幼儿园园长、主任、骨干教师外，还邀请知名的教育专家、教授、名师等，还可以充分发掘和调动家长代表、所在社区代表共同参与到课程设计小组中来。小组成员分工明确，共同完成课程的方向与定位、体系建立、实施方案、评价反思、调整与完善等工作。定期召开小组会议，通过有效沟通，推进园本课程在幼儿园的发展进程。

（二）整合课程信息资源

课程小组各成员分工整理与之角色相对应的课程相关信息，例如：园长负责整理国家或地方的教育政策、幼儿园发展现状分析(优劣势等)；教学主任负责整理园所现有课程及学情现状、幼儿整体发展现状分析，以及教师队伍教育教学的专业化水平分析；后勤部门可以结合本地地域特色或文化特色整理相关课程资源信息；教师负责幼儿各年龄段实际发展水平和特点的信息收集；家长则可以调研家长职业等资源状况；社区代表可以负责幼儿园周边的可利用的社会资源的采集。各小组成员的信息采集汇总后，要对信息进行全面、科学的分析。初期的信息整合更侧重于整体的、方向性的筛选，后期随着课程的实施，可以对信息进行更加深入的研究和分析。

（三）方案初步制定与讨论

国家的教育方针和政策是园本课程制定的重要依据和方向，幼儿园的办园理念和办园目标是园所基本出发点。经过对所有信息进行充分、客观的分析后，可以拟定出园本课程初步的思路框架。再由各小组带领各自的团队对课程框架继续填充和丰富，最后形成园本课程的初稿。

初稿拟定后，可在全员范围内广泛征求意见，听取不同角色的人群对于课程提出的意见和建议。整合意见后，挑选出科学、合理、能够完善课程内容的意见进行修改，经审核后面向全园发布。

（四）方案的实施与调整

当园本课程进入实施阶段时，首先要保证教师能够按照课程计划实施教学，并密切关注教师、幼儿、家长的反馈。定期组织课程小组进行问题收集、讨论和反馈。这样才能在实践中发现和提出问题，及时做出调整，进而不断完善园本课程。

每个幼儿园的实际情况不同，在园本课程编制的过程中，可以根据实际情况灵活调整。在建立、实施、反思、调整的过程中不断反复循环，才能够使园本课程在动态中逐渐完善和提升，最终成为一个可操作性强、成熟完善的课程体系。

三、园本课程的编制框架

在《幼儿园教育指导纲要（试行）》“以幼儿发展为本”思想的指导下，在《3—6岁儿童学习与发展指南》的正确方向引领下，幼儿园园本课程应该是一个科学完整的课程体系。其主要框架应包含以下几个方面：①园本课程实施的背景分析；②园本课程整体目标；③园本课程的结构；④园本课程的内容；⑤园本课程的组织与管理；⑥园本课程的评价体系。

构成园本课程的各个部分之间相互影响、相互作用，其核心的部分是园所的教育理念。课程的目标、结构、内容等都是在“理念”指导下发展形成的。依据以上的园本课程框架，从整体出发，分工配合、深入研究、充分调研，可以实现园本课程的完整性。

第三节　园本课程的实施

为了保证课程的有效实施，在构建课程体系时要匹配相对完善的实施方案，其中包括在一日生活各环节中根据教育目标和内容制订的各类计划保障，确保课程顺利实施的时间和空间保障，以及在实际实施过程中解决各类问题的机制保障，只有将各类保障落实到位才能有效地在园所开展园本课程。

一、园本课程的计划保障

（一）计划全面细致

园本课程的实施需要有切实可行的计划来支持教师操作。在设计各类计划时应涵盖游戏活动、生活活动、户外活动等全部内容，还应包含课程资源的开发和运用、课程的评价与反思、课程的后勤保障等与课程相关的所有内容。课程计划的全面细致对课程的进一步实施有重要的促进作用，能够帮助教师在抽象的文本方案中快速找到工作的方法和重点，是课程实施前不可或缺的内容。

（二）计划内容适宜

制订园本课程实施计划时，要与园本课程方案总目标保持一致，同时要注意实施策略与教师实际水平相吻合，内容不符或过于复杂都会影响教师的实施效果。实施计划要因地制宜，结合本园的特色有针对性地进行设计，内容还要时刻伴随着反馈结果进行调整重构。在设计实施计划时，不仅要关注教师的实施策略，还要帮助课程组长或园长制订实施计划，确保园所领导在园本课程实施时有持续领航的策略，提高自身的课程领导力，保障课程顺利实施和有效开展。

二、园本课程的时间、空间保障

(一)园本课程的时间保障

园本课程的实施要有充足的时间保障。在确保一日生活科学合理分配的情况下，为所实施的活动设计出相应的时间，不同年龄段、不同的活动类型需要的时间也不尽相同。除课程实施的时间保障外，还要有教师的教研时间保障。在课程实施初期，应有较多的时间让教师充分了解和学习课程方案；在课程实施过程中，还要保障教师有对课程方案的评价和反思时间。只有时间得到了充足的保障，课程才能不因时间紧迫而流于形式，才能在实施中按部就班地扎实开展，做到教师真开展、幼儿真受益。

(二)园本课程的空间保障

《纲要》中明确指出，在课程实施的过程中，要因地制宜，创建适合幼儿特点、支持幼儿发展的学习环境。所以，幼儿园应根据园本课程的内容和目标，创设服务课程的资源教室，并根据不同年龄段幼儿的发展特点及学习需求配备相应的探索材料。同时，还要立足本园园本课程的特色，明确班级内活动区角、幼儿园公共区域、功能教室的定位，使其能够相互补充，发挥不同活动空间的功能和特质，给幼儿的探究学习提供不同的学习体验。创建“探索、互动”的幼儿园环境，使“环境”会说话；不断优化、完善环境创设，让幼儿在环境中能够习得知识，让环境既能满足教师实施教学，又能促进幼儿自主探索发展的需求。

三、园本课程的机制保障

教师个人的专业水平是影响园本课程实施效果的直接因素。对课程实施进行管理，可以帮助教师解决在教学中出现的困惑和问题，提升课程实施品质，保障课程的顺利推进与落实。因此，制定幼儿园课程实施的保障机制，是园本课程体系中不可缺少的重要部分。它可以在很大程度上保证园本课程的目标、内容的合理、规范操作，实现幼儿、教师、园所三方面协调共同发展。

（一）研、学机制

研——每周以班级或年级为单位，对一周的课程实施中出现的问题进行分析、汇总。在遵循课程计划的基础上，经过小组讨论进行集体诊断，汇总同年龄段班级在实施中发现的共性问题并进行完善与调整。园本课程领导小组汇总全园问题，总结策略，适时调整，不断完善和优化园本课程内容。

学——根据园本课程的实施情况及教师需求，定期开展培训。将教师的实际教学案例与理论相结合，帮助教师分析、梳理教学中的规律，形成有理论指导的教学策略，从而更进一步提升教师对园本课程理念的深层理解。

（二）管理机制

课程管理并不是单纯的课程质量的监督，应是一套整体的管理系统，是园本课程实施的“领导中枢”，管理的策略、制度应明确、具体。根据院所的课程体系，可以将管理体系具体做以下划分：

（1）由课题小组中负责课程内容构建的领导，带领幼儿园骨干教师组成的“课程计划”小组。从教学实践出发，对课程的构建、课程资源的收集，以及课程实施的安排等进行整体统筹。

（2）由全体教师组成“课程行动”小组。以教学实践反思为路径，以教研为手段，不断将教学实践中收集的第一手资料进行研磨，不断完善、升级和优化课程内容。

（3）由后勤、行政部门组成“课程资源”小组。根据教学实践的推进，提供教育资料、信息、教学物品等保障，确保园本课程的全方位贯彻落实。

（4）由家长、专家组成“过程督导”小组。可以选举课程专家、家委会代表等共同参与，站在不同的角度，积极参与对园本课程实施评价，提出关于课程实施的意见等。各部门在对话互动、协同合作的基础上，共同为园本课程的实施献计献策。

第四节　园本课程的评价

园本课程评价是按照一定的标准对幼儿园开发或实施的园本课程进行评估、诊断，帮助教师和管理人员监督教育教学过程，使教育者可以从评价反馈中反思教育行为，进而促进幼儿发展和提高幼儿园教育质量的一种活动。《上海学前教育课程指南》中提出：“幼儿园课程评价的过程是对课程建设进行正确导向，促进幼儿园课程园本化的过程，是教师运用专业知识对教育实践分析、调整的过程，也是促进幼儿富有个性发展的过程。”园本课程评价有利于课程的研发、完善、可持续发展，评价内容会对幼儿的教育实践产生导向作用，所以园本课程评价的内容应是多方面的，不仅涵盖课程的研发与实施，还与课程的评价者、被评价对象有密切的关联。

一、园本课程评价的原则

课程评价应有利于改进和提升课程质量，促进幼儿和教师的发展，评价过程要客观、真实、自然，评价方法得当，且能鼓励教师、幼儿、家长、管理人员全面参与，能以发展的眼光看待评价结果，针对评价结果做出相应的分析和调整。

（一）评价促进课程、幼儿、教师发展

幼儿园课程评价的目的在于发现园本课程设计和实施中的问题，找出原因，提出改进的建议和措施，从而逐步修订和完善课程，不断提高教育质量。因此要发挥其诊断、改进课程的作用，就要以促进课程发展为出发点，以促进幼儿和教师全面发展为主要内容进行评价。进行园本课程评价时也要注意评价内容与课程目标有机结合，设计符合幼儿和教师发展的评价指标，采用多种形式对课程、幼儿、教师进行全面客观的评价。

（二）评价过程客观、真实、自然

为了更好地完善园本课程，课程评价必须遵循真实性原则，实事求是地对园本课程的各方面进行评价，对问题进行挖掘和思考，以此作为制定解决方案、完善课程的依据。要全面了解幼儿和教师的发展状况，防止片面性，

要客观地评价各方面的成果，既要肯定收获，也要指出不足，尤其要避免只重知识技能的掌握，忽略情感、社会性和实际能力的倾向，应承认和尊重幼儿和教师的个体差异，以个人内评为主，让其看到自己的优点和进步，增强自信心，从而促进师生共同发展。同时，课程评价要在日常活动与教育教学过程中，采用自然的方法进行，使幼儿感到没有压力。

(三)评价内容科学全面

幼儿园课程评价要有正确的指导思想和评价标准，评价的指标要与《幼儿园工作规程》的精神和原则一致。同时强调全面性，课程评价的全面性包括内容和评价主体两个方面。从内容上讲，课程的各个环节都要成为评价内容；从主体上来看，教师、幼儿、园所领导、课程专家以及家长都可以参与课程评价。作为直接参与者，幼儿和教师的评价尤为重要。对幼儿和教师的评价内容也需要全面，可以将一日生活中的各个环节都纳入评价的体系中，既要体现教学活动中师生的能力发展，也要注意评价活动中师生的技能和情感态度发展。

值得注意的是，无论园所还是教师，都要慎用评价结果。无论是课程调整还是家长沟通，都应考虑怎样才能有利于促进师幼全面发展，特别注意不要伤害教师、家长的教育热情，还有孩子的自信。

二、园本课程评价的内容

(一)促进课程发展的评价内容

课程实施效果评价主要通过课程本身设计、幼儿发展和教师行为三方面来进行，需要教师、园长、教研员及有关人员相互合作，多渠道、多方面地收集资料，客观地加以整理和分析，才能达到改进课程及促进幼儿有效学习的目的。

每学期可以通过园长的半日活动观摩记录、幼儿发展性评价、教师成长评价、家长调查分析报告、家委会反馈、教师观察记录、教师访谈记录、一日生活观察记录等了解课程实施过程，评判幼儿身心发展水平，了解教师实施课程中的困难及家长的需求与困惑，从而对园本课程理念、课程结构、课程资源等要素进行科学、合理的分析和判断，提出有可操作性的整改意见，以促进园本课程的发展。

(二)促进幼儿发展的评价内容

幼儿园课程评价的最终目的是要促进幼儿的全面和谐发展，幼儿的评价可以是基于幼儿各年龄段发展的形成性评价，同时也可以结合各园所园本课程中幼儿发展目标来制定个性化的评价细则。

幼儿的评价可以以幼儿身体健康评价和发展形成性评价作为基础，同时通过设计观察记录方式，在各活动中设计能够了解幼儿在课程活动中反映的各项观察指标，例如，幼儿的主动性、创造性、合作性、参与程度、情绪等。对每一个幼儿进行持续观察，形成观察分析报告，根据报告结果剖析幼儿的各项发展情况，在尊重幼儿发展规律的前提下提出调整方案，以促进幼儿进一步发展。

(三)促进教师发展的评价内容

教师开展针对专业素养和专业能力等方面的评价，在幼儿园课程评价中应强调以教师自评为主，结合幼儿园的检查、竞赛、评比等活动，评判教师是否了解幼儿发展情况，是否明确幼儿学习特点，是否能够理解并支持幼儿学习和游戏，是否能正确客观地评估幼儿的活动，认识到教师的专业成长和发展对幼儿的重要性。同时，通过制定与目标相关的各项指标来判断教师的专业发展，并在课程实施和评价后的反思调整中为教师提供行为策略，这些策略能保障教师在实施教育教学中不偏离课程的总目标和价值取向。

三、园本课程评价的方法

(一)定性评价的方法

评价者可以按照定性评价的方法，对被评价者(教师、幼儿、课程)进行观察，针对被评价者的状态和现实情况进行客观记录，根据记录情况进行分析判断，直接对评价对象做出定性评价。例如：对单个活动中的幼儿群体的观测，就需要评价者设计相应的观察表格，在教学活动中对幼儿参与活动的方式、专注力持续时间、师生互动情况等进行记录，最后整理相应记录内容进行判断分析，给出评价意见。这种方法强调对现象的描述、解释和归纳，具有人文主义的价值判断倾向。

(二)定量评价的方法

评价者对评价对象的行为进行数据收集，汇总数据性的实证信息，用量化的指标来显示评价结果。例如：在活动中幼儿走神的次数、主动互动的次数等，都可以通过真实数据来反映幼儿的能力发展，结合数据结果对幼儿进行客观的评价，这种评价方法强调实证的求知方法，具有社会主义的价值判断倾向。

在课程评价中将两种评价方式有机结合，使评价质量互补，经验交叉，才能最大限度地增强评价的有效性和准确性。评价的终极目的是促使课程完善，促进幼儿和教师有益发展，所以在进行课程评价时切勿本末倒置，为了考核而评价、为了评比而评价，要正视评价结果，多维度分析并改进。

第五节　园本课程的完善

幼儿园园本课程方案是对课程实施进行服务的，它需要帮助幼儿园解决园本课程实施过程中出现的问题，不断改善自身对园本课程实施的指导性，需要根据课程实施过程中评价和反馈的结果，进行自身的更新完善，这样才能保证园本课程方案与课程实施相辅相成，不断改善对课程实践的规范和指导意义。为了达到课程完善的效果，需要厘清评判标准，梳理课程中存在的问题，通过一定机制的支持对园本课程进行完善。

一、园本课程的梳理

园本课程的梳理是对课程方案进行核验的一个关键步骤，制定科学合理的课程评价标准，全面、规范地梳理评价反馈的结果，以调节课程方案的导向，提升和改进幼儿园园本课程的品质。

（一）合理制定评价标准

对园本课程进行梳理的前提是，所有参与评价和梳理的工作人员需要有统一、合理的课程评价标准，规定描述评价的具体指标，提供具体的、可操作的、有代表意义的观测评估准则，以达到判定课程方案本身是否为适宜的、科学的、高标准的优质园本课程方案的目的。

好的园本课程方案首先要目标清晰，内容结构合理，内容之间有着内在的联系。课程教育目标符合国家法规要求，符合本园特点，能满足本园幼儿的发展和需求。课程实施能够以幼儿为主体，关注幼儿的个体差异，以游戏为主要活动形式。课程方案中还应注意教师和家长家教观念的改变，让幼儿园、家庭、社区都成为课程资源的提供者，同时参与课程评价和课程保障，形成课程评价与更新升级的机制，不断修订园本课程方案，使其适宜园所发展。

(二)全面梳理课程方案

园本课程的梳理不仅是对园本课程方案文本本身检测的过程，更是对课程实施过程及实施效果检测的过程，因此需要注意它的全面性、整体性，否则在最终的升级中会出现各方面要素之间良莠不齐的情况。为了保障评价课程方案的全面性，第一，进行梳理的是方案的整体结构，检验方案整体结构是否涵盖了课程的基本要素；第二，对基本要素进行梳理，注意针对方案中课程基础、教师的实施水平和幼儿的发展需求进行评价，对课程的理念和目标进行合理化分析；第三，针对实践性要素进行梳理，园本化的实践思想、各类课程资源的利用、课程评价与保障机制是否完善等；第四，对方案编制和文本特点进行梳理，编制方案时参与人员是否全面，文本撰写是否合理易懂，对具体实践是否有导向作用等。只有梳理园本课程方案时做到全面细致，在评价时才能发现更多的真问题，才能对园本课程做更好的完善。

二、园本课程的诊断

园本课程的诊断是园本课程方案完善的一个重要环节，在方案的诊断中分辨其中的真伪问题是关键所在，如何诊断、谁来诊断都是需要深入探究的话题。

通过收集信息和分析数据来完成园本课程方案的诊断。这需要园所和课程实施者有非常强的信息收集意识，建立多元信息收集的内容和方式，便于不同主体在参与课程实施过程中进行信息收集。在信息收集时要有针对性，为课程方案的优化完善匹配完善全面的信息收集和反馈，既可以按照课程实施的顺序进行信息收集，也可以在课程实施的各类活动中寻找信息收集点，建立相互关联且有意义的信息收集体系。与此同时，在信息收集时还需要注意信息收集的完整性、有效性和可靠性。还要肯定信息收集的重要作用，明确以课程基本要素为信息收集内容，以课程实施的各层面人群为信息收集人员，建立信息分析的指标，形成网状交叉的信息收集框架，帮助各层面人员定期或根据需要进行信息收集，对所收集的信息分析和思考，进而对课程方案进行不断的调整和完善。关于课程实施行为的诊断，要找出关键信息，呈现课程出现的主要矛盾，客观真实地将同一类信息数据归类总结，多方面检测和甄别信息来源与分析方向，深入研究其背后的影响因素，这样才能把握方向，更好地为诊断和评价幼儿园园本课程实践服务。

三、园本课程的完善

园本课程的完善是园本课程完善的最终环节，它需要通过一定的机制对园本课程进行调整和完善，使之更加适宜现阶段幼儿、教师、园所的发展。

(一)课程完善的原因

园本课程的方案不是一成不变的，需要随着幼儿园的发展不断完善。当使用时发现幼儿园园本课程方案的文本出现逻辑错误，需要进一步规范和更新文本的科学性、合理性时，需要对方案进行完善；实施者或被实施主体发生变化时，需要对园本课程方案中的部分内容进行重新规划处理；当对园本课程进行评价和分析发现问题和矛盾时，要从实际出发，针对实践中问题的改进和补充进行调整。从这三方面出发，进行方案完善时可以制定相应的机制，确保园本课程更加趋于完善。

(二)课程完善的机制

幼儿园应制定相应的机制来保障课程方案的完善。园本课程领导小组和研发小组要根据更新完善的具体任务明确其工作目标和工作内容，要注意保持各项工作有相对独立的目标和侧重点，且不要让其被其他工作所替代或占用。课程实施方案的评价制度也是完善课程的保障机制，应注重在评价中发现问题，分析与改进，以不断提升园本课程方案的品质。

幼儿园在建立课程实施方案更新与完善机制上还要注重方案本身的基础调研工作，确保课程实施方案更新与完善的准确和有效。立足于本园特点和需求，明确课程升级完善重点，化解实践中出现的困难，建立以园长为核心的保障机制，伴随课程实践过程进行扎实的评价反馈分析，不能让幼儿园课程方案的更新变成流于形式的任务，基于本园真实问题的更新与完善，才能真正促进本园课程实施方案的整体完善和提升。

（三）课程完善的流程

首先，园本课程领导及研发小组针对课程实施管理情况、课程方案使用执行情况进行调研，对全园幼儿进行发展评价。然后，分析调研和评价结果，精准地找出方案本身或实施中存在的问题。经过多方论证，确定园本课程完善的重点，梳理出需要调整的方案内容和相关资源。最后，进行完善方案的撰写工作。完善方案产生后不能直接投入实施，还需要对教师进行新方案的解读。经过以上流程的操作，园本课程方案的完善得到了全方位的保障，使园所有一份动态的、科学的、适宜本园特色的园本课程方案，进而促进园所、师幼发展。

【扩展阅读】

推荐图书：

冯晓霞：《幼儿园课程》，北京师范大学出版社，2001 年。

虞永平、原晋霞：《幼儿园课程》，高等教育出版社，2014 年。

推荐理由：

以上两本书从理论的角度深入地阐述了幼儿园课程的意义，对幼儿园课程有全方位的解读，对幼儿园课程的编制和内容的选择有参考意义。

推荐图书：

姚艺、霍力岩：《幼儿园全环境支持系统课程——探索与成长》，北京师范大学出版社，2017 年。

王微丽、霍力岩：《支架儿童的主动学习——经历·经验·经典》，北京师范大学出版社，2016 年。

宋宜、霍力岩：《儿童主题博物馆——不一样的研究和艺术表征》，北京师范大学出版社，2017 年。

史勇萍、霍力岩：《幼儿园三位一体课程的实践和探索——六要素法的运用》，北京师范大学出版社，2016 年。

刘凌、霍力岩：《自主深度探究·合作多元探究——“三人行”课程下的儿童学习与发展》，北京师范大学出版社，2018 年。

推荐理由：

以上推荐的 5 本图书为一套丛书，本套丛书是高校、举办者、幼儿园三位一体共同打造具有中国实践特色的本土化幼教课程管理模式的一次尝试，在幼儿园经验的基础上融合西方先进教学理念和方法，立足本土文化和中国城市儿童特点，探索建构出具有中国本土化特色的幼儿园课程，值得广大幼教同人阅读借鉴。

推荐图书：

上海市教育委员会教学研究室主编：《幼儿园课程图景——课程实施方案编制指南》，华东师范大学出版社，2013 年。

推荐理由：

本书围绕幼儿园课程实施方案进行了全方位的解读，提供了大量的参考案例和实施策略，对幼儿园园本课程管理有着指导性的意义和价值，值得幼儿园管理教学的相关人员仔细阅读。

推荐图书：

李子建、杨晓萍、殷洁：《幼儿园园本课程开发的理论与实践》，人民教育出版社，2009 年。

推荐理由：

本书对幼儿园园本课程的开发背景进行了梳理，用理论和实践交叉互补的方式对园本课程开发的内容、实施、评价、设计等进行了阐述，有很好的学习和参考意义。

【本章小结】

幼儿园园本课程是幼儿园对幼儿进行教育的重要载体和手段，园本课程的质量把控需要幼儿园的管理。通过本章的学习，能够提升管理者对园本课程的重视，也可以让教学园长或主任学会如何制定本园的园本课程方案，学会在课程实施过程中如何利用各类机制优化课程管理，组织课程参与者收集评价信息，分析研判课程问题，进而对园本课程进行修订和升级。一份优质的园本课程方案可以促进园所、幼儿和教师的发展，这是一个深入研究和扎实推进的过程，需要园所领导和教师们共同努力，逐渐形成科学合理、适合本园的园本课程体系。

【讨论与思考】

1. 说一说园本课程的编制原则是什么。
2. 结合本园特点，谈一谈园本课程方案的编制流程。
3. 结合第四节，谈一谈如何科学合理地进行课程评价。
4. 园本课程的顺利实施需要有哪些保障?
5. 尝试制定一份本园的园本课程方案。

第六章　幼儿园园本培训管理

【本章要点】

● 明确园本培训的意义与价值；

● 知道如何选择园本培训的内容；

● 了解园本培训的组织形式；

● 掌握园本培训的设计原则与实施方法；

● 探索如何实施园本培训，提高师资队伍的水平和保教质量，增强幼儿园的特色建设。

【本章关键词】

园本培训；意义与原则；内容和形式；设计与实施

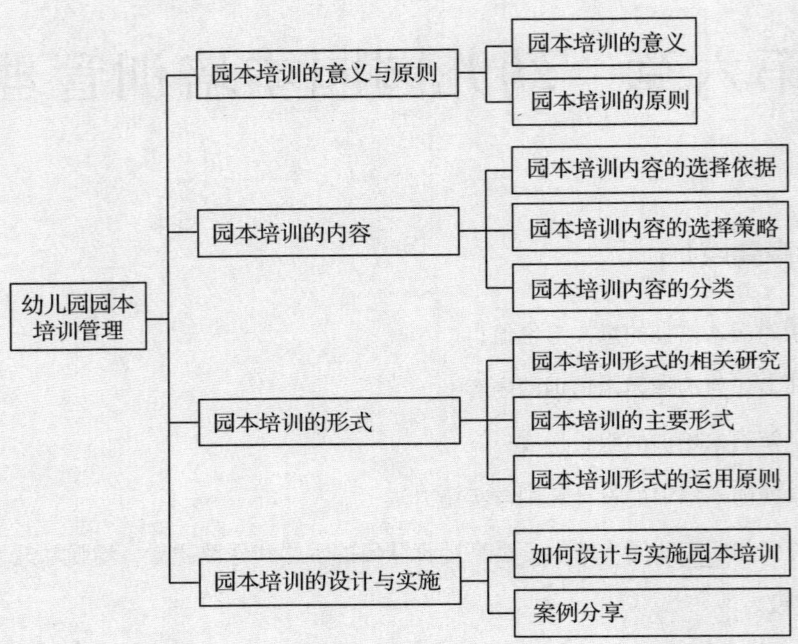
幼儿园园本培训管理
园本培训的意义与原则
园本培训的意义
园本培训的原则
园本培训的内容
园本培训内容的选择依据
园本培训内容的选择策略
园本培训内容的分类
园本培训的形式
园本培训形式的相关研究
园本培训的主要形式
园本培训形式的运用原则
园本培训的设计与实施
如何设计与实施园本培训
案例分享

《国家中长期教育改革和发展规划纲要（2010—2020 年）》明确指出："教育大计，教师为本。有好的教师，才有好的教育。"幼儿教师素质决定着幼儿园教育质量，"努力造就一支师德高尚、业务精湛、结构合理、充满活力的高素质专业化教师队伍"是优质幼儿教育和幼儿健康发展的重要保证。师资要发展，培训是关键。2012 年，国务院颁布了新中国成立以来第一个全面部署教师工作的纲领性文件《关于加强教师队伍建设的意见》，把"切实加强幼儿园教师培养培训"作为重要任务，把园本培训作为建立教师学习培训制度的模式之一。

园本培训是立足幼儿园实际情况，由幼儿园组织发起，以本园教职员工为培训对象，以提高育人实践能力为核心，旨在提升园所整体实力与教师专业发展的在职教育活动，是继续教育的重要组成部分，为教师搭建互教互学与终身学习的平台。自教师踏入工作岗位的第一天起，幼儿园就要加强培训，使教师明确办园理念，遵守规章制度和工作规范，培养教师对幼儿园的归属感，指导教师运用科学的方法和正确的态度与方式对待幼儿与家长，帮助教师明确保教结合的关系，组织教师参加各种学习、观摩、比赛与考核活动，提高业务能力，搭建平台让教师在教学设计、观察指导、环境创设、课程建构等方面互帮互学……这一切自始至终贯穿着教师的职业生涯，需要以园本培训为载体来逐步实施。园本培训与幼儿园各项工作融为一体，并对其他工作起着基础保障作用与积极促进作用。它强调实践，注重内涵发展，强调有关各方共同参与、相互促进以及培训资源的优化组合，有利于实现教师作为一个群体的发展，使教师个人和学校均获得持续发展。

第一节　园本培训的意义与原则

一、园本培训的意义

（一）园本培训是教师专业成长的重要阵地

第斯多惠在《德国教师培训指南》中指出，“只有进行真正的自我培养，才能确保教师地位，人人都要在教师及在教育家的岗位上进行自我培养。”

当今世界已进入知识经济时代，构建学习型社会已成为社会发展的必然趋势。学习型社会需要具有进取意识和知识更新能力的人，终身教育、终身学习和发展已成为我国新时代教育发展观和人才观的主旨和精髓。这一主题不仅面向每一个发展中的幼儿，同样也面向每一个成长中的幼儿园教师。园本培训以教师为本，以教师群体和个人的发展为宗旨，着力激发教师专业发展的积极主动性和参与培训学习的热情。同时，园本培训注重教师的个体需求和对教师的自我教育，注重教师教育教学水平的提升、教育科研能力的提高，注重对教育教学实践过程的反思，注重教育教学经验的总结与提升，注重教师团队整体素养的提升和幼儿园的内涵式发展，让教师从被动走向主动，从封闭走向开放，从个体走向团队，让教师教育生活从简单枯燥走向幸福和满足。

教师的专业成长、成熟并不是自然而然或自发地实现的，会受到多种因素的影响，归纳起来主要有两个方面的因素：一是教师自身的努力，成长的内部需求；二是教师成长发展中必要的外部条件、环境因素。教师的专业成长，需要实践经验的积累，科学的自我反思，以及外部的支持与协助，是内外因素相互作用的结果。教师发展不仅是个人的发展，更是与幼儿园集体的发展分不开的。教师所在的幼儿园工作环境是丰富而生动的，蕴含许多丰富的信息、知识与经验，必须通过沟通、交流与学习才能获得真实信息、实用知识与实践技能，这一方面靠教师自学，另一方面需要靠幼儿园组织培训、搭建学习交流平台。这就需要幼儿园有计划、有目的地组织系列园本培训，将教师发展的内部和外部两方面因素有机联系和统一起来，引导教师把教育与自我教育统一起来，实现自我发展。

（二）园本培训是幼儿园自主发展的关键

现代幼儿园已进入“以园为本”的自主发展时代，园所的自主发展不仅体现为依法办园与办园自主性，还体现在幼儿园在已有基础上自主确定园所发展特色，培养和打造自己的师资队伍。幼儿园的特色发展是长期积淀的结果，是全体教职员工的共同愿望与更高追求。这种特色的创建、发展与传承，需要通过园本培训为全体教职工提供精神鼓舞、智力支持与团队合作氛围。如果缺乏扎实的园本培训，那么特色建设就犹如纸上谈兵、海市蜃楼。幼儿园应该以园本培训为渠道，为教师营造一个文化氛围浓厚的学习型组织，让幼儿园的园所文化，通过园本培训凝聚人心、提高认识、达成共识，塑造教师独特的精神品质和内涵，为教师的专业发展留下独特的烙印，使之体现在日常工作和实践行为之中，反映在幼儿的进步与发展之中，从而成就幼儿园的文化发展。

幼儿园的发展与教师专业发展是一个互惠互利的双赢关系，幼儿园不仅要用人，更要育人。在教师专业发展过程中，幼儿园要为教师及时进行“精神补钙和充电”，有了内涵滋养和“蓄满电”的教师才能为幼儿园的发展不断“放电”。可见，幼儿园有园本培训的权利，担负着园本培训的责任，同时也是园本培训的直接受益者。

二、园本培训的原则

（一）园长是园本培训的领头羊

园长是园本培训的领军和灵魂。作为一名园长，要树立“山高我为峰”的战略思想，充分认识到园本培训对幼儿园发展的重要支撑作用，园长要善于谋划，为园本培训指明方向，激发园所的内部动力，在幼儿园建立有效的激励机制，激发教师的自我提升意识和成功欲望，调动教师潜在的发展动力。同时，要为园本培训提供条件，在物质、经费、环境等方面提供支持，想方设法为教师专业发展搭建各种适宜的平台，努力开发教师的潜力和特长，让每一位教师都能得到最大限度的发展和提高，从而提升整个教师团队的综合素养。

（二）让教师成为园本培训的主人

园本培训是幼儿园为教师专业发展而搭建的学习平台。在这里，教师既是学习者，也可能是培训者，每个人都具有“学”与“教”的双重身份。为此，幼儿园需要广泛调动教师的积极性，营造平等开放的人际关系，搭建教学相长的互动学习平台。首先，每个岗位都有岗位能手，他们都能在幼儿园发挥相应的传帮带作用，幼儿园要尊重每个人的优势与长处，培养各岗位的“领头人”，组建园本培训的专业引领团队，让不同的人承担不同的培训任务，让园本培训成为全员行为。其次，构建学习共同体。在这个共同体里包括主导园本培训的园长或教研组长、全体教师以及引入的外部专业人员等。另外，要打破的就是教师自己“埋头苦干”或“孤军奋战”的学习状态，以集体协作的形式，采用群体合作研究，通过组织中的多边互动、多元发展向组织中的全体成员慢慢渗透前沿的教育理念和信息，以需要共同研究的问题或共同完成的任务为合作桥梁，达成不断深入研究和行为改善的过程。在这个过程中，能够激发大家的自信心和责任感，调动主动学习的积极性。同时，鼓励和指导教师在平凡工作中有新发现、新思考，总结新经验，让教师在更新自身教育观念、教学技能的基础上，积极地探索和创新应用能帮助教师变换视角，获得新的思路，帮助教师培育专业特长，成为园本培训的新骨干。那么教师的实践知识与专业实战能力将会成倍增长，专业发展速度将会大大提升，年轻教师将会大大缩短懵懵懂懂的探索期，骨干教师将会更加年轻化和专业化，幼儿园的发展将会充满活力。所以，教师是园本培训的主人，是专业发展的主人。

（三）促进园本培训资源的优化与整合

园本培训资源不仅限于本园内，幼儿园应开拓思路、开放办园，主动引进和整合一切可以利用的园内外培训与学习资源，丰富园本培训资源。首先，充分挖掘园内资源，发现和培养园内人才，组建自己的培训队伍，强化本园教师的专业引领意识和能力。其次，充分利用园际资源，通过园际交流互动，了解借鉴其他幼儿园的思路和做法，同时分享辐射自身的优势资源，通过梳理总结，取长补短，总结园本培训的规律，积累园本培训的经验。再次，充分利用专家资源，利用高校教授、教研院专家、教育局教研员、社区等园外资源，聘请专家学者指导园本培训，不断充实园本培训力量。最后，充分利用网络资源。随着线上培训课程的兴起，网络所带来源源不断的资讯成为园本培训性价比最高、最快捷的现代学习手段，同时也便于教师与整个教育体系和社会发展同步前行。

第二节　园本培训的内容

一、园本培训内容的选择依据

园本培训内容没有固定的教材，是幼儿园根据实际需要选择和安排的培训，虽具有强烈的“园本”特色，但仍有其最基本的选择依据。

(一)符合国家政策要求和幼儿教育科学规律

第一，园本培训的内容要遵循《规程》《纲要》《指南》的指导精神，具体要求是要加强科学管理，依法办园、规范办园；加强课程建设，提高幼儿园教育的科学性和专业性；掌握幼儿学习与发展规律，实施科学育儿。

第二，园本培训的内容要符合《幼儿园教师专业标准(试行)》的基本要求，其包含 4 个基本理念、3 个维度和 14 个领域共 62 条基本要求，是幼儿教师在职培训的基本内容。幼儿园应把园本培训内容与此进行比照，确保培训能引领幼儿教师在专业素养上的全面发展，切不可违背要求，偏离标准。

第三，园本培训要以《教师教育课程标准(试行)》的课程建议框架为指导，即检查培训内容对教师是否具有“加深专业理解”“解决实际问题”“提升自身经验”的指导功能，避免培训内容过于零散，甚至出现结构性偏差的问题。当然，园本培训内容不限于标准中所列举的主题或模块，只要在这三方面能促进教师专业发展，就是切实可行的(见表 6-1)。

表 6-1　在职教师教育课程设置框架建议

课程功能指向	主题/模块举例
加深专业理解	当代教育思想、教育专业伦理、学科教育新进展、儿童研究新进展、学习科学新进展等，也可选择哲学、人文、科技等研究领域的一些相关专题
解决实际问题	学科教学专题研究、特色儿童教育、青少年发展问题研究、学校课程领导、园本科学开发、综合实践活动设计与指导、档案袋评价、学生综合素质评定、教学诊断、课堂评价、课堂观察、学业成就评价、信息技术与课程的整合、园本教学研究制度建设等
提升自身经验	教师专业发展专题研究、教育经验研究、反思性教学、教育行动研究、教育案例研究、教育叙事等

(二)服务于幼儿园的整体发展目标

每个幼儿园都应有院所整体发展和队伍建设的思路和规划。园本培训就是实现这一系列发展目标的载体，每学期的培训内容应有重点和标准，扎实地推进管理水平、师资质量、办园质量的提升，一步一步朝着幼儿园的发展目标前进。而不能凭借个人喜好和经验确定发展思路，急于搞“特色”发展，追求“与众不同”，忽略了幼儿园发展的整体规划，使园本培训内容东一榔头西一棒子，这样不仅不利于教师专业发展，还会偏离院所发展目标和方向，不利于幼儿园整体发展。

(三)关注教师的实际需求

了解教师的实际需求，有针对性地开展园本培训，关注并指导教师的实际工作，才能真正帮助教师解决专业成长的困难，真正帮助教师“解渴”。要建立在了解教师原有经验的基础上，做到切实满足教师的需求。我们可以通过日常交流、教研中的讨论、主题沙龙、问题互动等活动中教师的言语来判断教师的主观意识。同时，通过现场观摩、录像分析、巡班指导等，也可以透过教师的教育行为判断教师的教育观和儿童观，从而有目的和针对性地选择各种培训内容去调整和优化他们的行为。

二、园本培训内容的选择策略

(一)实事求是

园本培训是针对本园实际问题组织的学习与培训，必须实事求是，务本求实，不回避“真问题”，帮助教师直接认识到行为所存在的问题。所以，园本培训内容的选择应该是基于实际发生的情况而展开的指导与点拨，着眼于事实背后的原因剖析与策略引领。

(二)专业引领

园本培训作为具有明确导向的专业培养活动，应该不断提高培训内容的专业引领性，以提高教师的专业自觉意识、专业自主权、专业自信与专业发展能力为目标，把各部门的日常工作建立在专业理性基础之上，让教师知其然知其所以然，建立专业研究的意识和习惯，不仅熟悉工作规范，掌握工作方法，更能体验到专业发展的幸福。

(三)深入浅出

园本培训专题不必总是“高大上”，而应该设计和组织深入浅出的专业学习与培训活动，带领教师从平凡中深刻感受工作的意义，从平常中感悟专业成长的步调与快乐。着眼于“小而精”“实而专”的培训内容，使教师们有话可说、有方法可操作，内容实在，方法实用，引领教师“精耕”于专业领域，“细作”于实践行为。

三、园本培训内容的分类

(一)按专业标准要求分类

根据《幼儿园教师标准(试行)》(以下称《标准》)的要求，园本培训的内容可以分为以下三类：

1. 专业理念与师德培训

专业导向，师德为先。“专业理念与师德”在《标准》的结构框架中居于首位，它是教师专业发展的核心要素，是教师和一切教育工作者在从事教育活动中都必须遵守的道德规范和行为准则。“专业理念与师德”的内涵与构成分为 4 个领域，从教师的职业观、儿童观、教育观和个人修养 4 个方面提出了 20 条基本要求。只有达到这 4 个方面的基本要求，才有可能具备幼儿教师的职业道德。因此，幼儿园可以此选择和设计师德培训的基本内容：

(1)加深职业理解与认识，树立成熟的职业观。

(2)尊重幼儿的身心发展特点，树立正确的儿童观。

(3)掌握幼儿保育与教育规律，树立科学的教育观。

(4)主动加强自我修养，树立良好的仪表形象。

2. 专业知识培训

专业知识是“专业理念与师德”和“专业能力”的认知基础。它包含儿童发展知识、保育教育知识和通识性知识 3 个领域，15 项要求，它是每一位幼儿园教师必须具备的知识。这些知识的学习和掌握不是一蹴而就的，也不是单纯的学科理论知识的积累，它需要在真实而生动的教育教学情境中，通过对实践的反思，将教育理论转化为自己的教育理念和实践智慧。因此，幼儿园可以此选择和设计专业知识培训的基本内容：

(1)幼儿发展知识方面：各年龄段幼儿身心发展的特点和规律、阶段目标、发展评价；《3—6岁儿童学习与发展指南》的学习与解读。

（2）保育知识方面：幼儿园一日卫生保健工作规范流程与标准、保育职责与技能、幼儿园安全、消防、突发事件应急处理办法等。

（3）教育知识方面：《规程》《纲要》的解读、教学目标的把握、教育内容的设计、教学方法的使用、组织一日活动的知识和经验、区域活动的创设与指导策略、说课能力、案例分析等。

（4）通识性知识方面：五大领域的学科特点与基本知识、基础的现代信息技术知识。

3. 专业能力培训

《标准》中第三个维度是“专业能力”，涉及7个领域、27个基本要求。主要内容包括：幼儿园教育的特点和保教工作的基本任务、幼儿园教师所必须具备的良好环境创设与运用能力、幼儿一日生活的合理组织与保育、对游戏活动的支持与引导、教育活动的计划与实施能力。

幼儿教师的专业能力需在实践过程中逐步提升与发展，在理解和掌握相关专业理论与专业知识的前提下，我们更要重视教师专业能力的发展，应坚持实践、反思、再实践、再反思，不断提高专业能力。因此，幼儿园可以此选择和设计专业知识培训的基本内容：

（1）幼儿园环境创设与资源利用。

（2）教育活动计划与实施。

（3）一日生活与班级管理。

（4）游戏与儿童行为观察分析、游戏支持与指导。

（5）园本课程开发和利用：园本文化、教育理念、课程建构与实施能力等。

（6）园本教研与课题研究。

（7）教育反思能力。

（8）家长工作。

（二）按目标取向分类

园本培训是促进幼儿教师专业发展的教育活动，遵循人的全面发展和目标取向原理，最终的目的是使教师获得全面的专业素养的提升。在目标取向方面，美国课程论专家舒伯特的观点具有广泛的影响。他把目标取向分为普遍性目标取向、行为目标取向、生成性目标取向和表现性目标取向。园本培训内容的目标定位应将这四种目标有机统一起来，普遍性目标取向应以园本培训为基本导向，行为目标取向确保培训内容的实效性与针对性，生成性目标注重过程的随机调控和灵活把握，表现性目标重视为教师搭建实践平台。结合这些理论，园本培训应关注三方面内容：基础性培训、发展性培训、实践性培训。

1. 基础性培训

基础性培训内容是一名幼儿教师必备的幼儿园保育、教育、家长工作、班级管理等方面的基本知识、技能与工作策略，是成为一名合格幼儿教师的基本条件。主要有两类：

(1)让幼儿教师明确“教什么”“保什么”。

一是《指南》《纲要》《规程》的学习，让教师们了解幼儿园应该教些什么，应该怎么教。

二是幼儿教师师德师风、教育理想培训，让教师们树立现代幼儿教育儿童观、教育观，了解幼儿园师德师风的基本要求，热爱幼儿教育工作，守住幼儿教育的底线，努力促进幼儿更好地发展。

三是一般性文化知识培训，让幼儿教师在掌握与自己未来教学有关的专业知识外，拥有广博的基础文化知识，增强人文社会科学、自然科学以及艺术等方面的自我修养，有意识地实行领域之间的融合，实现知识结构、能力结构的多元化和整体优化。

(2)让幼儿教师明白“怎么教”“怎么保”。

一是幼儿教育学、幼儿心理学、幼儿卫生学等专业基本知识和能力的培训。让幼儿教师能够更了解幼儿教育规律，更尊重幼儿教育规律，用更科学的方法来进行教育和保育工作，更好地促进幼儿身心健康发展。

二是幼儿园保育，教育工作常规培训。包括一日生活流程与标准；教育活动设计与实施的流程与标准；班级活动区设计与运行的流程与标准；家长工作流程与标准；等等。

三是幼儿园班级管理策略培训。管理班级不只是班主任的职责，是所有幼儿教师共同参与的工作。

四是幼儿园现代教育技术培训。现代教育技术使学习更直观、形象、生动，不但提高了学习效率，还激发了幼儿的学习兴趣。熟练掌握现代教育技术是当今每位幼儿教师必备的本领之一。此类培训包括多媒体设备的熟练使用及怎样制作高水平的微课、课件等。

五是幼儿教师礼仪培训。在与家长互动中，在与同事互动中，在与幼儿互动中，幼儿教师应注意自己的言行举止、礼仪礼貌——这不仅是幼儿教师专业素养的一种体现，也是教育工作的需要，幼儿教师文明优雅，可以在潜移默化中影响幼儿，进而从心灵深处影响幼儿高贵品德的形成。

2. 发展性培训

从合格幼儿教师走向卓越幼儿教师，让自己的职业可持续发展，还要经历发展性培训。主要分为两类：

(1)让幼儿教师明确“我到哪儿去”。加强幼儿教师职业规划培训，指导幼儿教师根据自身实际制定合理的人生职业规划，如短期规划、中长期规划，甚至人生终极规划。加强前沿幼儿教育教学理念培训，让幼儿教师时刻关注最新教育理念，开阔视野，提升格局。

(2)让幼儿教师知道“我怎么去”。这方面的培训主要有以下四种途径：

一是开展保教工作反思。反思可以让幼儿教师少走弯路，让保教工作经验得到积淀和升华。

二是开展保教工作改革。生活活动、游戏活动、学习活动、体育活动是幼儿园工作改革的主战场，是幼儿教师对幼儿进行教育和保育的主渠道。如何进行保教工作改革，如何提高保教工作效率是幼儿园重点培训的内容之一。

三是幼儿园保教工作主题研究。在教育过程中不能解决的问题，通过科学的研究方法和团队成员的共同努力，将这个问题解决，这就是主题研究培训的主要内容。

四是幼儿园课题研究。怎样成立课题小组，怎样全面分析问题，怎样制订研究计划，预期成果有哪些等等，这些都是课题研究的内容。这方面的培训，要让教师清楚流程与基本标准。

五是幼儿园教育研究论文写作。不少幼儿教师在保教工作中积累了许多宝贵经验，凭经验也解决了许多问题。但这样做为何有效？怎样做会更有效？对今后保教工作有何重要启示？怎样让更多同行受益？不少“经验型”幼儿教师都不能回答，甚至都不曾思考过这些问题。这类培训要让幼儿教师学会积累优秀的教育经验，学会反思总结，为专业成长奠定基石。

3. 实践性培训

实践性培训不是孤立存在的，它是前两方面培训的延伸。如果说前两方面的培训为幼儿教师专业发展指明了方向，实践性培训则是为幼儿教师实践所学、自我实现搭建了舞台、创造了机会。如果没有这方面培训，前面所有的培训都将是纸上谈兵。幼儿园领导可以通过组织各种研讨活动、技能竞赛、专题分享等，为幼儿教师提供“练兵”的机会。

园本培训不但能促进幼儿教师专业成长，让幼儿教师最大限度地实现自身价值，而且随着幼儿教师素质的提升，幼儿的成长也会更为科学、高效，幼儿园也会因师幼的成长而更加优秀。

第三节 园本培训的形式

园本培训是提升幼儿园整体队伍专业化水平、促进办园质量进一步提升的有效手段，其对象包括幼儿园教师、保育员、后勤人员等幼儿园内的每一分子。这些对象在日常工作、教育教学中遇到的问题是各式各样的，因此他们的培训需求也是各不相同的。这也决定了园本培训的内容要根据培训对象主体以及其工作产生的实际问题而产生变化。基于园本培训对象、园本培训内容的灵活多样，为了更好地对其进行适配，需要采用一个培训对象感兴趣的形式，将园本培训的内容传达给他们，并为其所认同和吸收，提高他们的学习动力和持久力。这些都意味着，建立多元的园本培训形式是有效促进园本培训达到成效的方式。

一、园本培训形式的相关研究

在常见的园本培训的基础上，为了更好地提高园本培训成效，许多研究者提出了不同的园本培训形式。朱燕(2011)认为，园本培训包括了经验交流、师带徒制、案例分析、问题研讨、行动研究等方式。张典兵(2008)通过调查发现，目前主要的园本培训形式是听课评课、经验交流、专家引领、师徒结对、课题带动、个人自学等，他倡导应该推广自主反思模式、问题情景模式、合作互助模式、案例研究模式、园际协作模式以促进教师专业发展。夏宇虹(2006)提出利于教师专业成长的园本培训模式一般有：交流互动式、计算机网络式、主题核心式、“菜单”点击式、案例分析式、园际协作式、诊断反思式、合作研究式、研训一体式、城乡交流式、自我发展式等。白爱军、罗晓红、尹小平(2004)认为除集中培训讲授外，还应该拓展如任务驱动式、实践反思式、观察借鉴模式、信息技术教育模式、技能技巧提升模式等园本培训形式。

二、园本培训的主要形式

(一)根据培训对象分类

园本培训根据培训对象规模可以分为集中式全员培训，分年级组分领域进行的有针对性的小范围培训和参与式培训。集中式全员培训常用于需要全体教师共同关注的共性问题，请有关专家、教授讲解一些科研理论和案例分析，传达一些教育教学的基础知识，初次接触一些新课程、新理念等等，通过全员培训可以很快将这些知识和内容传达给幼儿园全体教师。在此基础上，可以有针对性地分年级组分领域进行培训，培训根据教师的特点可以更加具体，发挥教师的主动性，将吸收到的理论落到实践之中，再用实践经验去理解理论知识。

(二)根据参与方式分类

园本培训根据参与方式可以分成讲授式、体验式、参与式三种形式。

1. 讲授式

讲授式通常是指教育专家、幼儿园领导围绕某个主题开展的讲座。讲授式通常用于专业知识的学习，它是一种一对多的信息传达方式，可以在一定时间内向教师大规模集体传达大量信息，帮助教师树立专业理念，夯实专业知识，有助于使幼儿园教师形成统一的认识。但是这种形式的缺点也是明确的，传达方式通常为单向，会缺乏互动和交流，容易造成被培训者的疲劳而影响培训效果。

2. 体验式

通过教育情景的亲临或再现，体验式园本培训让教师能够获得切身体会，促进教师在体验中对培训内容进行思考，并将思考在学习共同体中进行分享和交流，思维之间碰撞出新的火花。例如《3—6岁儿童学习与发展指南》园本培训中通过合作游戏，让教师去更好地体会社会领域的合作指标的内涵。这种互动游戏是可以迁移到幼儿的学习过程中的，游戏的设计也调节了培训的气氛，可以作为引入用在培训开始，或者用于培训中期以吸引教师的注意力，提高对园本培训的专注与投入程度。

3. 参与式

参与式园本培训是一种集教师培训、教学与研讨于一体的方法，包括案例研究、观摩活动等。在参与式园本培训中，教师的积极性和主动性在极大程度上被调动了，通常是抛出某个跟教育教学有关的典型案例或中心问题，分成小组去展开集体讨论，为教师提供了较充分的表达思想、观点的机会，让思想和观点在不断交流的过程中得到提升。接下来通过互动交流展示出不同小组的观点，形成共识，再由培训组织者进行小结。同时参与式培训使得培训者不再限于教育专家或者幼儿园领导，骨干教师、教研组也成为培训的主体，有了身份的转换。这种参与式的形式能展现出不同教师的观点，通过参与培训主动思考和反思，开拓了教师的思考方式，锻炼了教师观察、研讨与反思能力，达到将教育理念进行内化、习得教育策略的目的。

园本培训的形式并没有一个优劣等级划分，更不是一种固定的、程序化的模式。不同的园本培训形式之间并不是对立排斥的，有其中的共性。根据不同的培训对象、不同的培训内容，结合幼儿园实际情况，可以有选择地采用某种方式或者将某几种方式相结合去开展园本培训。通过多元适宜的方式呈现的培训内容，能够激发教师学习兴趣，使教师充分参与到培训中，促进教师理论和实践水平的发展。

三、园本培训形式的运用原则

园本培训虽然有多种形式，但在实践过程中切勿流于形式，忽视教师的学习需求，应坚持以教师的发展为本，从教师的学习特点入手，将培训内容渗透融合在多元培训形式中，让园本培训“润物无声”，达到培训绩效的最大化。培训形式的运用应关注以下原则：

(1)情景性原则——强调情景在认知过程中具有重要作用，通过情景创设，既要发挥物化环境的熏陶作用，又要利用非物化环境的育人作用。

(2)实践性原则——注重创设以实践为导向的专业互动氛围，让教师在多元的体验与参与中，把知识点及专业技能及时通过实践性的反馈，不断得到巩固和深化。

(3)整合性原则——培训过程中要从各种教师教育资源的相关性和均衡性出发，追求最优化的资源组合。并关注教师的研究性学习，重视不同水平层次教师的合作和互动，构建教师专业发展成长共同体。

(4)互动性原则——一是教师与教师教育资源之间的互动，要通过“从做中学”内化为自身的实践智慧；二是教师群体之间的互动，包括思维、智慧、知识、技能等碰撞产生的超越个人智慧的集体智慧，这是教师专业成长的有力支持。

第四节　园本培训的设计与实施

一、如何设计与实施园本培训

针对园本培训的设计和实施问题，朱燕(2011)认为幼儿园应该立足园本培训，坚持以需求为导向，重视可操作性和形式多样化的原则，将教学和研讨相结合，课程实施和专题培训相结合，师德培训和教学技能培训相结合，将多种培训方式相结合。吴荔红、曹楠(2017)主张要开展科学规范的培训需求分析研究，落实以受训者为主题的具体明确的分层、分岗、分段的培训目标，增加参与式、体验式的培训过程，发挥鉴定、诊断、反馈、激励的培训评价功能。张典兵(2008)提倡要纠正偏差，提高园本培训的实效性，建立园本培训的专业指导机构，改革并丰富园本培训的模式。结合上述观念，园本培训的设计与实施可遵循以下方法和策略：

(一)落实建立分岗、分层、分段的园本培训目标，支架教职员工成长

园本培训对象是幼儿园全体教职员工，包括教师、保育员、后勤工作人员等，指向的对象是多样化的，并且统一岗位的教职员工发展水平和发展需求也不尽相同。因此园本培训要落实以受训者为主体的分层、分岗、分段培训目标。针对不同类型的培训主体预设不同的培训目标，为幼儿教师提供形式灵活、针对性强、实效性高的教师培训，让不同起点的幼儿教师都能在培训中真真正正地提高理论水平，提高案例分析能力，实现教师的专业成长。同时，园本培训要立足于教师原有的水平，将理论与实践进行有机结合，让前沿的教育理念以渐进的方式与教师原有的经验发生碰撞，促进教师对自身理念的不断更新。例如，幼儿园的老教师经验丰富，他们更需要创新意识的园本培训，要提高理论水平，从实践走向研究；幼儿园新教师更强调适应性、

基础性的园本培训；保育员相对来说文化和水平较低，需要通过园本培训帮助其树立正确的育儿观，理解保教并重的含义。

(二)兼顾发展需求，确立预设和动机调整相结合的园本培训内容

园本培训以幼儿园发展和教师的实际需求为出发点，有全局规划意识进行提前计划，又以具体实践问题与需求为落脚点。

幼儿园园本培训要以教育政策、幼儿园需要、教师需求为出发点，根据培训的资源、幼儿园的特色，紧紧围绕着幼儿园发展和教师个体的专业发展需求来确定。要有全局规划意识，在学期初拟订本学期园本培训计划，例如某幼儿园某学期的园本培训的规划包括开学和期末的安全培训、幼儿和教师的健康教育讲座、分区域和领域组教研(4 次)、政治学习、科研培训(2 次)、技能大赛培训与实际(5 次)、区域案例展示(2 次)，囊括园本培训的专业理念与师德培训、专业知识培训、专业能力培训等方面。但园本培训计划并不是一成不变的，要以具体实践问题与需求为落脚点，及时调整培训内容，解决实际问题。

(三)建立多元的园本培训形式，激发教师主动性和参与热情

园本培训形式的选择需要立足于培训内容、时间和教师需求。总体上需要建立多元的园本培训形式，而不是单一枯燥的灌输式培训，通过情景创设、问题式引入等方法，实施案例研讨、现场观摩、教师工作坊等培训形式。例如，当利用中午时间进行园本培训时，教师们容易感到疲惫，那就要增加互动环节，问题导入的开场、观看案例视频、培训中提问等等设计都能调动教师参与培训的积极性。多元的园本培训形式激发了教师主动性和参与热情，促进了培训者与受训者、受训者之间的互动。

(四)建立多元评价体系，发挥园本培训评价的鉴定、诊断、反馈和激励功能

为了更好地检验园本培训的效果，需要建立多元评价体系。

第一，发挥园本培训评价的鉴定功能，园本培训评价能从宏观层面鉴定本次培训目标的实现情况，例如教师培训者通过培训评价鉴定受训者的培训效果；教师培训管理者通过培训评价鉴定培训目标的实现情况；受训者通过培训评价鉴定自己通过培训所达到的水平与情况。

第二，发挥园本培训评价的诊断功能，通过培训后的教师学习效果评价

可以诊断受训者的进步和不足，为往后的园本培训提供参考依据和方向。

第三，发挥园本培训评价的反馈功能，园本培训评价能向不同评价主体反馈有效信息。一方面，教师培训组、教师培训管理者根据培训评价的收集、整理和分析结果，获得关于培训目标是否达成、达成程度的反馈信息，为培训工作的进一步开展提供决策依据；另一方面，受训者根据培训评价反馈，了解自己在知识、技能以及情感等方面的不足，以提高教师学习与发展的针对性。

第四，发挥园本培训评价的激励功能。不管是以何种评价主体发起的培训评价，其最终目的都是促进教师的内生性发展。受训者感知着来自各方的评价，通过培训评价对受训者在知识、技能和情感等方面发展情况的肯定，激发教师学习与发展的内在动机，不仅为教师的学习与发展提供方向，也不断激励着教师朝着方向不断努力。

(五)建立保障机制，保障园本培训积极有效开展

为了更好地提高园本培训的质量，建立和完善园本培训保障机制是必要的，包括加大对园本培训的资金支持力度，利用可以利用的社会资源如联系专家学者为园本培训提供支持，有充足的时间保证，提供更多的外出学习机会，等等。

二、案例分享

【案例 6-1】

师德专题活动“崇尚榜样，我心向阳”

1. 培训背景

师德培训是幼儿园园本培训常见且必备的培训内容，这是因为师德是教师在从事教育活动中必须具备的良好品质。要想传递师德的理念，光靠说教是无法达成目的的，需要通过实践感悟而内化成自己的态度和价值观。结合以上特点，师德培训应该选择体验式的形式，通过了解自己身边的事例来置身于情境中，感受师德的伟大。

本次培训选取了“榜样的力量”这个主题，设计了圆桌派、主题演讲、诗朗诵和园长致辞 4 个环节。4 个环节之间是层层递进的，先用圆桌派这种新奇

有趣的现场访谈的形式引起兴趣，再用主题演讲分享榜样的事迹，用诗朗诵来表达教师自身在师德中的所思所想，最后由幼儿园领导的讲话来进行总结提升，号召大家都以身边的师德榜样为目标，修炼自身的师德职德。

2. 培训目标

讲述人民的榜样、身边的榜样，用榜样的光辉焕发全园教职工对生命价值和师德职德的深刻思考。

3. 培训流程

(1)诗歌导入：有榜样的地方就有奋斗的方向，有榜样的地方就有前行的力量。

(2)圆桌派“心中的偶像”：通过圆桌采访的形式，请教师代表描述榜样的力量，分享自己心中的偶像以及偶像的简短事迹，表达自己的偶像观。

(3)主题演讲：请3位教师分别讲述他们身边的榜样故事。

(4)诗朗诵《假如生命有颜色》。

(5)院长致辞。

4. 培训效果

本次师德培训采用了新颖的环节设计，通过多种形式的环节衔接吸引了教师的注意力。从教师撰写的感悟中感受到了他们内心所受到的震撼，有的分享了自己心中的榜样的故事，有的就此树立了向榜样学习的目标，师德不只是一个标准、一个口号，需要通过案例内化于受训教师的内心。

（来源：广东省育才幼儿院一院教师组）

【案例6-2】

围绕“基于关键发展性指标的幼儿园区域游戏实践与探索”课题研究的系列培训

1. 培训背景

园本培训中存在系列培训的形式，通常在某一阶段内围绕某项中心培训任务而开展深入持续的主题活动式系列培训活动，培训之间既有平行也有递进关系，层层深入，最终达到培训目标。本案例为围绕着幼儿园课题“基于关键发展性指标的幼儿园区域游戏实践与探索”展开的系列培训。

2. 培训目标

本系列园本培训活动需要根据发展的不同阶段分层确定培训目标：①在

活动初始，通过专家培训使教师具备基本的理论知识，使教师在参加专家培训时能够理论联系实际，深入思考教学实践中的问题；②然后在理论指导的基础上开展实践，收集教育案例，将教学与研讨相结合；③在实践的基础上学习理论，进而指导下一步实践；④实现实践—理论的循环往复，螺旋式上升，达到园本培训的成效。

3. 培训内容

培训一：专家讲座

邀请教育专家举办“如何在区域游戏的现场进行幼儿行为的观察与评价”的讲座，向教师介绍幼儿行为的观察与评价的基本方法，从而能在实践中进行运用。培训内容包括幼儿行为观察及评价的意义、幼儿行为观察及评价的最佳场所——区域游戏、幼儿行为观察的基本策略、幼儿行为观察的基本指标、幼儿行为观察与评价记录(案例)5 个方面。

培训二：区域游戏现场观摩

在区域游戏开展过程中，幼儿园组织教师进行了区域游戏现场观摩，通过观摩获得直接经验和一手资料，从而指导教师的实践。

培训三：案例分享

随着区域游戏实践的开展，教师们将幼儿游戏和教师指导策略进行了经验的总结，并在园本培训时选取代表进行分享。这种由一线教师进行的案例分享培训，对分享教师而言能通过分享梳理自身经验及其存在的疑问，对聆听的教师而言他们在有相关实践经验的基础上，再去学习优秀案例，调动了他们的学习积极性，通过对比思考提出自己的见解，影响自身理念和实践策略。

培训四：图书共读、关键发展性指标培训

从理念学习到实践分享的路径并不是单向的，实践为理论学习给予了丰富的案例，促进教师对理论的理解，再次开展理论学习来推动下一阶段的发展。幼儿园开展了与主题有关的图书共读、邀请专家再次开展理论培训等等方式来解决问题。

4. 培训效果

专家讲座让以课题开展为基础的园本培训仿佛有了一个开幕仪式，教师们了解了基本的理念和做法，各自在多种区域中开展自身的实践。因为一次性地大量输入了某些新理念新观点，在实践过程中，大家还是存在很多困惑的，而这个时候就需要及时开展区域现场观摩和案例分享的培训，同伴之间相互研讨、学习，碰撞出思维的火花，通过培训，教师们在实践层面又一次明确了方向。而针对待解决的共性问题，可以反馈给教育专家，通过再次开展集体培训进行答疑解惑。系列园本培训给了教师动态的支持，每次培训后，教师能够明确方向，对自己的实践进行调整，培训对教师理念和实践的影响也是持续性的。

（来源：广东省育才幼儿院一院总课题组）

【拓展阅读】

推荐图书：

中华人民共和国教育部制定：《3—6 岁儿童学习与发展指南》，首都师范大学出版社，2012 年。

北京市教育委员会编制：《北京市贯彻〈幼儿园教育指导纲要（试行）〉实施细则》，同心出版社，2006 年。

国务院颁布：《关于加强教师队伍建设的意见》，2012 年 8 月 20 日。

中共中央、国务院颁布：《国家中长期教育改革和发展规划纲要（2010—2020 年）》，人民出版社，2010 年。

中华人民共和国教育部制定：《教师教育课程标准（试行）》，北京师范大学出版社，2011 年。

教育部教师工作司：《幼儿园教师专业标准（试行）解读》，北京师范大学出版社，2013 年。

推荐理由：

这些纲领性文件，是幼儿园开展园本培训工作的行动指南，为幼儿园不断积累园本培训经验，为研发和构建园本培训课程、形成园本培训特色奠定基础。

推荐图书：

尹坚勤、管旅华编：《〈幼儿园教师专业标准（试行）〉案例式解读》，华东师范大学出版社，2013 年。

推荐理由：

本书依照《幼儿园教师专业标准（试行）》的 3 个维度 14 个领域 62 项基本要求做政策实现的拓展，并配合典型案例进行评析，有助于幼教工作者全面理解和准确把握《标准》的精神实质，切实把先进的教育理念和科学的教育方法落实到幼儿园保教工作的各个环节。

推荐图书：

张燕：《幼儿教师专业发展》，北京师范大学出版社，2019 年。

推荐理由：

本书从幼儿园教师专业化的基本概念、幼儿教师的成长历程、教师的职业道德规范与职业关系、教育活动的设计、课程开发等角度进行了理论探讨，为教师专业发展提供指引。

推荐图书：

[美]莎朗·卑尔根著，李淑芳等译：《专业幼儿教师培训指南》，北京师范大学出版社，2016 年。

推荐理由：

本书介绍了一系列实用的幼儿教师培训方法和策略，可以帮助教师培训者设计和实施能有效提高幼儿教师知识、能力，改善幼儿园教育环境的教师培训方案。

推荐图书：

吕洪波：《新时代教师教育科研素养提升——校本培训课程案例》，上海教育出版社，2020 年。

推荐理由：

本书结合教师发展和学校改革项目推进的需要，围绕促进学校教师教育科研素养提升这一目标，由“真实问题驱动下的循证设计”“单项能力驱动下的专题设计”“综合素养驱动下的整体设计”三大专题，共 10 个学校个性化教育科研培训课程案例组成，对提升教师的教育科研素养大有裨益，对园本培训的开发、设计，实施学校培训课程也有一定的借鉴意义。

【本章小结】

教师的专业成长，需要实践经验的积累，科学的自我反思，以及外部的支持与协助，是内外因素相互作用的结果。这就需要幼儿园有计划、有目的地组织系列园本培训，将教师发展的内部和外部两方面因素有机联系和统一起来，引导教师把教育与自我教育统一起来，实现自我发展。本章阐述了园本培训的意义与价值，帮助幼儿园管理者和教师明确园本培训的重要性和必要性，在此基础上，通过了解园本培训的内容和组织形式，使管理者和教师对园本培训的实施有了全面科学的概念和方向，重视园本培训的基础性、全面性、灵活性，避免与园本教研混淆。第四节通过案例解读和分析，帮助管理者和教师掌握园本培训的设计原则与实施方法，让管理者肩负起园本培训的职责，让教师主动大胆成为园本培训的主人，持续推进园本培训的开展，提高师资队伍的水平和保教质量，增强幼儿园的特色建设。

【讨论与思考】

1. 如何充分发挥教师在园本培训中的主体地位？

2. 如何选择园本培训的内容？依据是什么？

3. 如何使《幼儿园教师专业标准(试行)》在教师的实践培养环节发挥引导作用？可开展怎样的园本培训？

第七章　幼儿园教研管理

【本章要点】

- 明确园所教研目标；
- 构建园所教研制度；
- 了解幼儿园教研活动的开展应遵循哪些原则；
- 思考教研活动的组织应凸显哪些特点，有哪些形式；
- 从案例中感受不同教研活动设计的程序和重难点把握，挖掘可借鉴的方法和策略，思考如何以研促思，以研优教。

【本章关键词】

教育活动；目标定位；制度建立；组织原则；方法与策略

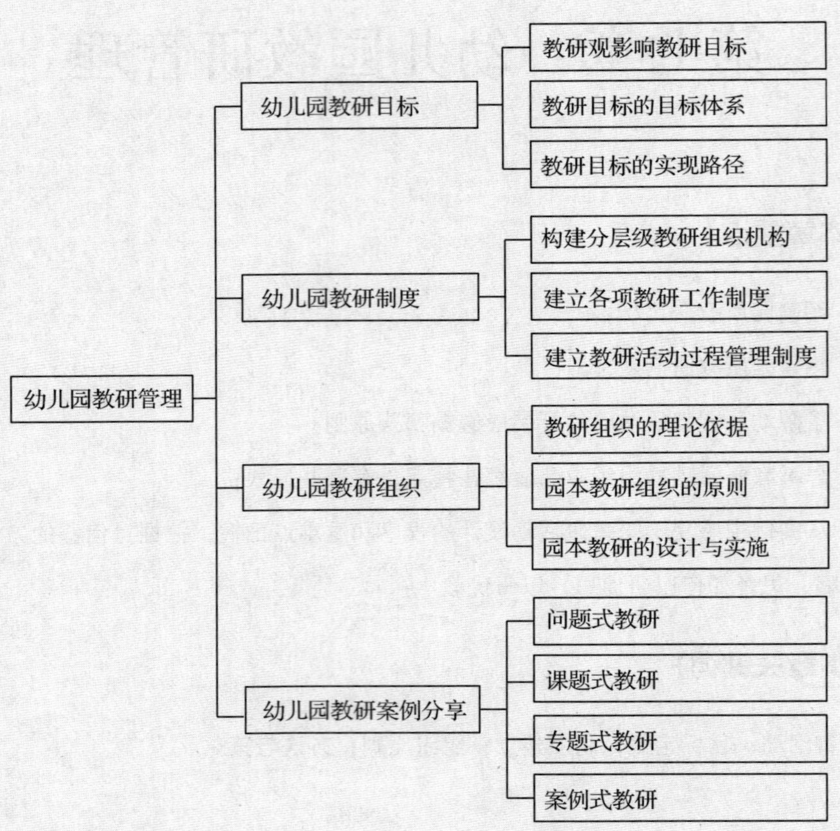
幼儿园教研管理
幼儿园教研目标
教研观影响教研目标
教研目标的目标体系
教研目标的实现路径
幼儿园教研制度
构建分层级教研组织机构
建立各项教研工作制度
建立教研活动过程管理制度
幼儿园教研组织
教研组织的理论依据
园本教研组织的原则
园本教研的设计与实施
幼儿园教研案例分享
问题式教研
课题式教研
专题式教研
案例式教研

苏霍姆林斯基说：“如果你想让教师的劳动能够给教师带来一些乐趣，使天天上课不至于变成一种单调乏味的义务，那你就应当引导每一位教师走上从事研究的这条幸福的道路上来。”

我国幼儿教育改革与发展的深入推进对幼儿教师素质提出了更高的要求，要求幼儿教师从单纯的实践工作者向研究型教师转变，一线幼儿教师教育研究的能力和权利逐渐得到承认和尊重，这就意味着幼儿教师要懂得基本的教育科学研究理论，能发现幼儿园教育教学中的实际问题，还要善于选择最优方法，制定最佳方案，改进幼儿园教育教学实践。

幼儿园教研活动是幼儿园保教工作必不可少的一部分，是幼儿教师将教育研究与具体的保教工作紧密结合的一种有效方式，指幼儿教育工作者采用科学的方法，有目的、有意识、有计划地对幼儿园的教育现象和教育情况进行了解、收集、整理和分析，以达到科学探究幼儿园教育教学活动过程、揭示和发现幼儿园教育领域内各种错综复杂的关系、有效指导幼儿园教育教学实践的目的。它是一项带有研究性质的活动，应该有所探索、有所发现、有实质性研究(研究的问题、研究的目的、研究的过程)，具有创造性、针对性、实践性、研究性的特点。

幼儿园教研活动旨在提高幼儿园保教工作的质量和效率，着力于解决教师保教工作所面临的实际问题，提升教育教学水平，促进专业发展。对幼儿教师而言，成功的教研活动应该让教师从中享受到“好处”——解决实际问题，提高专业能力，让工作变得更加轻松，增强职业幸福感和价值感，进而从别人“叫我成为‘研究者’”变成发自内心的“我要成为‘研究者’”。

第一节　幼儿园教研目标

幼儿园教研活动的目标是教研主体对教研活动结果的预期设想，贯穿教研活动的始终，对教研活动的设计、组织和实施具有导向性。幼儿园教研目标具有维系组织各个方面关系、构成系统组织核心方向的作用。幼儿园教研目标体系的明确和建立是保障幼儿园教研活动价值得以体现、幼儿园教研活动产生效益的首要前提。

一、教研观影响教研目标

教研观是人们关于教研的看法的总和。史贵权(1998)认为，树立教研观是搞好教研工作的前提，因为思想观念上的朦胧必然导致行动上的迟疑和盲从，多一些理性思考，就会减少一些盲目实践。当教研活动组织者树立科学的教研观，在教研目标、教研视角、教研范式、教研情怀等方面形成共识，能促使参与教研活动者围绕幼儿园教研实现和谐共振。因此，科学的教研观是制定科学的教研目标的前提。

(一)教研观影响教研目标的倾向性

当前各个幼儿园的工作繁重，不同工作方面的目标与计划较多，但计划再多并不能保证目标的达成与良好的实施效果。造成教研活动实施效果不理想的原因有以下两方面：一是对于教研活动意义认识不到位，导致为教研活动而进行活动，为了计划而计划；二是目标的制定宽泛，不清晰明确，充满理想化却忽略教师的现实需求和幼儿园的基本情况。理念决定着行为的倾向性，主导着人们对于行为的选择。因此，保障教研活动的有效性必须明确教研活动的意义，在坚持科学的教研观的基础上制定合时宜、接地气的教研目标。

(二)教研目标要聚焦人的发展

侯嘉梅和薛继红(2015)提出要树立以教师为主体、促进教师成长的教研观。一线名师任勇(2011)的教研观为“一所学校，有坚持不断提高教育科研品位，能有长远的发展；一个教师，只有走教学与教研相结合之路，能将教育教学工作提高到一个新的境界”，能给我们确定教研目标带来启发。教研目标是为了提升教师专业水平、提高学校教育教学质量，从而促进学习者的全面发展。具体到幼儿园教研领域，幼儿园的教研目标围绕教师发展、幼儿园教育质量提升和幼儿发展三个层面展开。这三个层面的目标的实现始终聚焦于个体的发展。

通过前面的论述，幼儿园教研目标的建立需要基于对于教研活动的理性思考、以教师为主体的教研观，最终实现教师的发展、幼儿园教育质量的提升和幼儿的发展。教研目标的实现实质上是处于幼儿园系统的不同个体的成长与发展。

二、教研目标的目标体系

通过上述论述，我们了解到教研目标的目标体系包含两个作用主体：幼儿园(园所)与教师。教研目标达成的最终服务对象是幼儿，教研活动通过促进幼儿园与教师的发展从而实现促进幼儿个体的发展的效果。幼儿园教研活动的目标应包括园所建设和教师个体两个层面的目标体系，并按学年有序、有侧重点地分解与逐步推进。同时，在幼儿园教研工作和教师个人计划中也应有明确的目标。

(一)以解决教师的实际的教育教学问题为教研目标

1. 以教师为教研活动的主体

教师在幼儿园的管理指导下，按照一定的教育程序完成教学任务。教师是教育活动具体组织者和完成教学目标的具体操作者，是幼儿园实施教育活动的主体。《中华人民共和国教师法》中明确规定教师具有参与学术教研的权利：教师享有“进行教育教学活动，开展教育教学改革和实验”，“从事科学研究、学术交流，参加专业的学术团体，在学术活动中充分发表意见”的权利。教师不应单纯是“执行者”“操作者”，更应该是“教育研究者”和“实践者”。同时，教师是教育教学问题的发现者，也是对教育教学具有更替创新作用的推动者。因此，教师应是幼儿园教研活动的主体。

2. 以解决教师实际教育教学问题为教研活动的目标

教研活动应以教师这一教研活动主体的需求为首位，以解决教师所提出的问题为目标，帮助教师解决实际的问题，以推进教师的专业性发展。教师的工作任务是教育儿童。教师需要围绕自己在工作中遇到的实际问题，如教育内容、教育的形式和方法、家园共育问题、幼儿园管理体制与保教工作等，进行研讨、探究从而找到解决的办法，使得自己的教育工作得以顺利进行。因此，幼儿园的教研活动应以行动研究为主，将行动与研究相结合，从而解决实际的教育教学问题，改进教育实践，而非建立新的理论。

3. 以教师教研需求为目标制定的出发点

幼儿园在制定教研目标时需要考虑教师群体的教研需求，同时也需要制定针对教师个体的教研目标，旨在教师明确自身在参与教育活动中的教研目标，从而实现自身的发展。例如，教师需积极融入“园本教研”建设活动中，执行好“园本教研”的各项制度和要求，制订好自身发展目标和自我学习、自我专业发展的计划；个人认真参加各种“园本教研”活动，通过教研活动和教学实践，使专业意识不断提高，业务素质每学期也都有进步，成为让家长越来越认可和满意的老师。

(二)以提高幼儿园保教效率为教研目标

当前学前教育发展的困境是民众日益增长的对高教育质量的要求与教育发展水平低下与不均之间的矛盾。具体到幼儿园发展当中，则是大家对于高质量的保教效果与教师的教育专业水平之间的差距问题。教研活动是以提升教师专业水平为目标，从而提高幼儿园教育质量的主要途径。因此，提高幼儿园保教的质量是幼儿园教研活动的最终目标。幼儿园开展教研活动主要是解决幼儿园保教工作中的问题。在研究和解决保教工作问题的过程中促进教师的保教能力和研究保教工作的能力的提高，从而提高幼儿园的保教质量。

1. 减少不必要的教研成本投入，以提高保教效率为教研目标

提高幼儿园的保教质量的关键是提高幼儿园的保教效率。提高幼儿园的保教效率强调的不是在单位时间内教给幼儿更多的知识或技能，而是投入的人力、财力和物力与幼儿的发展(身心的发展)之间的比率。比如，一位教师经过长时间的准备，向大家展示一节观摩研讨课，经过大家的一致观摩都认为这个课非常精彩。这节课虽设计完美，但是这节课所耗费的成本过高，不仅上本次课的教师耗费了大量的时间，与她一同教研的教师也为此付出了大量的时间成本和人力成本。将教师在研磨一节观摩公开课所消耗的成本，与针对幼儿教育教学当中所存在的教育困惑与问题进行研讨所投入的同等的时间单位和人力资源投入成本相对比，针对在教育教学当中的教育困惑与问题

的研讨与解决更能保障教育的效果，更能体现教育的价值。幼儿园开展的每个教研活动都应以提高保教效率作为教研实现的目标；幼儿园教研活动的水平应该体现在教研活动后的保教工作的改进与幼儿发展的教研成果上，不仅仅是以相关研究论文质量和数量作为评价教研活动水平的重要标准。

2. 根据不同教研内容细化教研目标，提高落实教研目标的效率

幼儿园在制定园所教研目标时可以结合教师的专业性发展的需求进行细化，如针对教育教学相关专业知识的基础教育，针对解决具体问题的应用教研，针对不同领域教学的个性教育，针对幼儿园正在探索的特殊模式的特色教研等。可根据不同的教研内容制定具体的教研目标，具体的教研目标实施起来更具有针对性，从而促进目标的达成。

三、教研目标的实现路径

教研目标的实现依托于教研的行为方式。教师的个人反思行为、教师群体之间的互助行为、专业研究人员的指导是幼儿园教研活动三种基本的行为方式。教研目标的实现路径基本上通过以上三种教研行为方式得以实现。

(一)教师自我反思

教师的自我反思指的是教师在教研过程中对自己或目睹他人的保教行为进行事后的思考与分析，以批判性的视角对自我的保教活动进行回顾和修正的过程。教师在教研活动中以自主性研究为主，关注自身的教育教学需求，是自己的引领者和评价者，从而促进自己专业性的提升。

教师自我反思的基本方法有：反思总结法、对话反思法、教育活动实录反思法、教后记录反思法、教育活动后备法、阅读法等。教师的成长依靠的是经验加反思。没有经过反思的教师在教育教学活动当中所获取的经验是狭隘的，产生不了积极的教育价值。没有问题的教研活动就会流于形式化，无实质意义。因此，教师在教研活动当中需要秉承不断反思进取的教研态度和行为方式，教研的活动才具有推动性，教师的专业性目标才得以实现。

(二)同伴互助

同伴互助是在两个以上的教师之间发生的。同伴互助可以帮助教师在相互合作与进步中实现可持续的发展。根据群体动力学理论，幼儿园教师的专业性发展不仅受教师个人因素的影响，还受制于所处幼儿园环境的群体心理

动力场。幼儿园环境的群体心理动力场是指教师群体的人际互动、社会地位、专业认同等构成的群体心理动力场，它影响制约着教师的教育教学行为。因此，当在教研活动中形成开放包容、互助、共同进步的教研氛围，聚焦于问题解决等教研内容时，教师对教研活动更抱有热忱与积极性，在教研活动中更容易敞开心扉，将自己所遇到的教育教学问题表达出来，主动向同伴寻求帮助。反之，在教研活动中，上级领导将教研作为评价教师工作成绩，形成以一方言论为主导的氛围时，教师在教研活动中则倾向于自我问题的隐藏，或者表现出更多的沉默行为，削弱了教师参与教研的积极性与热情。因此，幼儿园需要营造开放包容的教师互助氛围，加强教师之间的沟通，给予教师之间学习的空间与时间，让教师的专业性在同行互助当中得以发展。

教师同行互助的基本形式有以下三种：①专业对话，是指教师在专业领域内对教学活动所涉及的教育问题进行切磋和交流，促进教师的学习与实践的进步；②协作，是指充分发挥教师的所长，让教师在相互合作的过程中完成教研实践活动任务，实现共同进步的过程，比如集体备课、共同完成教研项目、相互观摩点评学习等；③帮助，是指新老教师之间的合作。经验丰富的优秀老教师通过发挥带头作用，指导带领新老师针对某一领域、某一教学过程等具体教育教学问题进行研讨和学习，从而帮助新老师更快地适应工作环境，更快地提升与成长。

(三)专业引领

园所教研不仅仅只局限于园内人员的参与，它参与的活动主体虽是园内教师，但园外的专业研究力量可以作为园所教研得以持续发展的有力支撑。专业引领，指的是理论对时间的制定，是理论与实践之间的相互交流与提升。对于专业人员而言，参与园本的教研能够重建或更新教育理论，从而促进学科的发展；对于幼儿园而言，专业人员的参与可以让园所教研走向更具有深度。园所外专业研究人员包括科研人员、高校专业教授等。专业人员进入幼儿园教研活动可以给教师提供系统的教育理论、前沿的教育思想和教育理念，紧跟教育的发展趋势。专业人员的参与能够让园本教研更具有理论深度和前瞻性。

专业引领的形式主要有以下几种：学术专题报告、理论讲座、教育教学问题解惑、教育活动现场指导、教育项目共同研究等。但专业教研人员参与到园所的教研活动时应该以平等对话的方式进行，建立平等的合作研究关系，大家的目的都是指向专业性的发展、学科的进步与幼儿的发展。专业人员在教研活动过程中与教师相互交流，共同促进，建立相互陪伴、沉浸式的教学相长的平等关系。

第二节　幼儿园教研制度

教研制度是幼儿园教研管理的“法”。有效而健全的教研管理制度，是幼儿园教研工作规范化、常态化的有力保障，是教研工作正确、有效、持续开展下去的长效机制。因此，幼儿园要建立完善的以园为本的、合理的、有利于园所教研工作开展的教研制度，才能确保教研工作正常高效运转，提高教研运行质量，增强教研管理效益。

一、构建分层级教研组织机构

组织机构是幼儿园教研管理工作的主轴，对于园所教研活动的开展有着重要的导引作用。为了更好地组织和开展幼儿园教研活动，幼儿园应该建立和健全相关的组织机构，形成园长总负责、业务副园长领导、保教主任负责、教研组实施的教研活动管理体制，构建园本教研运行格局，将园本教研工作任务层层落实和推进。

教研组为幼儿园教研活动的基层单位，幼儿园应建立分层级的教研组团队。按幼儿年龄班来划分，可分为小班、中班、大班教研组，分别研究不同年龄班的保教工作中存在的问题；按学科领域来划分，可分为健康、艺术(美术、音乐)、科学(数学、科学)、社会、语言、生活教研组，分别研究不同领域的保教工作中存在的问题。园长和主任根据各教研组反馈出来的问题进行分析归类，聚焦全园急需解决的共性问题，组织相关内容的培训，进行导向和教育策略上的把持。

除了以上主要的划分方法外，还有一些补充方式，如名师工作室——由专业上较有影响力的教师领衔主持形成的一个保教研修组织，目的在于“扬名师之长，传名师之优”，它能很好地发挥名师的专业引领作用；项目或课题组——以某一研究项目为载体，以团队为抓手，自我结伴构成学习共同体，在共同的研究目标下实现资源的优化和共享，团队成员互为同盟，集思广益，形成集体共同进取的协同研究模式，具有灵活性和阶段性的特点。这些补充的划分方式，在更大程度上尊重了教师个人的研究意愿，教研组呈现出更大的活力和更强的团队协作性，有利于教研工作的持续推进。

二、建立各项教研工作制度

建立各项相关制度，能使幼儿园教研活动逐步走上系统化、科学化、规范化的轨道。教研活动制度主要包含以下方面的类型和内容：

(1)园本教研组织制度，包括教研组工作制度、教研人员工作制度、教研组织工作制度等，规定教研活动的内容、要求、程序、人员的职责等。

(2)教研项目管理制度，规定教研项目的申报、评审、实施、推广的程序与规范。

(3)教研指导制度，包括园内、园际、专业带头人制度和专家专业引领制度，后者包括专家聘任制度、专家工作报酬制度、专家参与教学诊断与评价制度等。

(4)教研交流制度，包括日常教研活动制度、信息共享管理制度、网络教研制度、园际教研制度。

(5)教研服务制度，包括教研时间规定、经费保障制度、智囊团制度、各部门配合制度、信息支持制度、教研档案服务制度等。

(6)园本教研激励制度，包括名师工程方案、教研绩效方案、教学成果奖励制度等，规范对教研活动的激励措施。

在教研制度建设中，幼儿园应有一个正确的价值取向。它不以约束教师行为、强制教师服从为目的，而以激发教师的专业探索兴趣、帮助教师建立专业自主、促进自我反思为主旨。制度的建立，并不是要对教师有行政性的惩戒作用，而是通过一系列引领性、诊断性、激励性的措施，让教师们体验到职业的乐趣与专业的进步，从而产生更强的内在行为动机。它不强调通过检查与考核等行政性手段来明确教师的教研行为，而是通过建立一种合作、探究、反思的教师群体文化，不断完善教师的实践行为，促进教师的专业发展。科学的教研制度，让教师体验到的不是对他们的管制，而是专业研究和专业成长的自信与快乐。

三、建立教研活动过程管理制度

(一)教研计划的制订

为了使教研活动能有目的、有计划、高效地进行，幼儿园教研活动必须制订科学合理的活动计划，包括全园教研计划、教研组计划、个人教研计划。

如全园教研计划应根据上学期教研工作中发现的问题和积累的成果，阐明本学期教研工作的总要求，同时对各教研组提出具体的研究方向和要求。教研组计划主要是根据全园教研计划和本教研组人员在实际工作中面临的共性问题，制定研究工作任务与内容、活动安排等。个人教研计划是根据本园和教研组的教研计划和本人工作中面临的问题、幼儿的发展需要，制定个人主要研究内容和时间安排等。

教研活动计划是否科学合理，可以从以下几方面进行评价(见表 7-1)。

表 7-1　教研活动的元素、内容和评价指标

元素	内容	评价指标
教研背景分析	对原有教研情况或基础的阐析，是制订教研计划的基础	体现承上启下；凸显问题或困惑
教研目标定位	基于教研背景基础上对教研要求与方向上的较高定位，在教研计划中具有统领地位	与情况分析匹配，符合本园或本教研组情况；有明确的完成目标，具有现实性、可操作性和达成性
教研内容确立	是教研目标得到落实的载体，直击教师当下需求的、亟待解决的实际问题或困惑	针对教师工作实际问题；符合幼儿园发展方向；注重教师研修能力的提升；能引起教师研究兴趣
教研活动安排	对计划执行的安排和推进规划，决定了计划的目标与内容是否能够被贯彻执行，是教研计划中最具有操作性的部分	主题内容有具体的细化；形式丰富而实际；进程安排科学有条理，能理论联系实际

(二)教研计划的落实与监督机制

教研活动计划制订出来后，就要组织力量、布置任务、实施。幼儿园应该采取有力措施，经常了解、监督、协助各教研组、个人按计划做好各项教研工作。

教研活动正常运行起来后，管理者应该检查、反馈教研活动计划的执行和落实情况，对存在的问题及时给予指导，促进各项教研工作有效、有序进行。

(三)教研活动的总结

总结是幼儿园教研活动运行的终端环节，也是下一阶段的起点。首先，各教研组要对照工作计划对本阶段的教研工作进行总结，总结经验和发现不足，分析原因，并对下一阶段的教研活动开展有明确的方向。其次，通过举行成果展示会，分享经验，交流智慧，明确教研工作的具体实施路径。最后，重视教研档案的整理，为未来的教研活动积累经验，奠定基础。

教研工作制度不是张贴上墙的纸，它是一种文化，在长期的教研实践中，制度应该和很多教研观念、行为一样，植入教师心中，成为照耀教师自觉研修、不断进取的一盏明灯。

第三节　幼儿园教研组织

教研是幼儿园的常规研学活动，无论是管理岗位的领导还是身处一线的老师，都有以研促思和以研优教的需要。但是，教研活动又常成为大家叫苦连天的“指定项目”，问题出在哪里呢？问题在于教研活动的选题远离了老师们的实际需求和实践困惑；教研活动中涉及的理论知识或实践思考，难以和老师们的教育实践相结合，缺乏与老师的已有教学经验做多元的碰撞；教研活动中缺乏广泛的对话和有质量的互动，难以激起老师的思考与参与的热情。久而久之，教研活动成为任务式活动，而不是一个对话的、思辨的、倾听的学习场。

那么，教研活动应如何设计并开展，才能走进老师们的心坎里呢？

一、教研组织的理论依据

我们总说，幼儿园设计任何的教学活动都要以幼儿为中心，时刻关注到幼儿的学情和已有经验。同样道理，要提高教研活动的学习质量，教研活动的设计和实施既要思考有效的团队建设方式，也要关注教师的“师情”和“学法”，了解教师团体在研学活动中的相关学习理论，才能让教研团体运作良好，园所教研的组织与实施切实有效。

（一）学习型组织理论

园所教研是教师们专业进步的“能量加油站”。园所教研团体实际上是一个学习型组织，在教研过程中，全体教师都应作为研究主体，通过互助互动和思考学习来解决教学实践中的困惑。

美国的“学习型组织之父”彼得·圣吉（Peter M. Senge）在《第五项修炼——学习型组织的艺术与实践》中提到，每一个个体或组织机构都应完成五项修炼：“系统思考（Systems Thinking）、自我超越（Personal Mastery）、心智模式（Mental Models）、共同愿景（Shared Vision）、团队学习（Team Learning）”。这是一种科学有效的管理方法。在学习型组织这样的理论框架下，园长和老师之间不再是上下级关系，而是同行的学习者角色。同时，学习过程也不是孤立独行，而是形成了学习共同体，彼此在同一系统中互相影响，互相激发。

系统思考是一个概念框架、认知系统，是团体建构的核心内容。人类的活动总是互相关联的，但有时我们身陷各种系统之中，过分执于微处或盲点之中，难免“不识庐山真面目”，容易因看不清整个系统的演变、发展模式和发展方向而有所局限。同样，教研团队的构建也需要领导者能用系统的观点来看待组织的发展，从整体和动态的角度把握、分析和解决问题。

自我超越是一种持续集中自身能量、增强毅力对事物进行客观观察和探索分析的修炼。有了个人追求卓越的学习与成长，才有组织地持续学习与进步。园所教研时，管理者也应该鼓励每一位老师用这样的方式去提升自身的专业素养，钻研教育教学工作中遇到的问题，不断为自己真心追求的生命成果而扩展自身的能力。有了这样的精神动力，教研组织才能有生生不息的发展动力。

心智模式是我们认识世界稳定固有的思维方式和行动模式。这种根深蒂固的力量时常影响着我们的观察角度、感知方法和行动模式。好的教研组织，应该能鼓励每一位老师用开放的心态去表达和思考，倾听并欣赏他人不同的想法；用一种成长型的思维去看待变化和探究的过程；鼓励老师不断反思自己的思考视角和模式；营造能探寻挑战团队思考方法的文化氛围，觉察造成我们的“理想”和“实践”之间差距的原因；当教研团队每个成员的心智模式改变了，老师们更能看清教研的意义，看清我们围绕儿童而研讨的种种话题和主题的长远变化规律、核心问题和新理念产生和发展的深层原因，因而促成整个教研组织更有效地运作。

"愿景"对于现代团队来说一点也不陌生。人本主义心理学家亚伯拉罕·马斯洛(Abraham Maslow)晚年曾经对高效团队进行研究，发现其最关键的特征就是共同愿景和志向目标。共同愿景是整个团队的蓝图和方向舵，能让团队的活动保持连贯性和一致性，让团队中的个人勇于承担风险和任务，乐于沟通和合作，改善个人和团队的关系。因此，教研团队也应该激发和创建让每位老师产生归属感和成就感的共同愿景，行政领导和一线老师在教研之中，应形成平等的伙伴关系，保持真诚有效的沟通，让老师在教研组织之中感受到成就感和幸福感，相信自己能在团队研讨过程中成为更专业的教师，成为更好的自己。

团队学习是发展团队成员整体协作、思考创造的过程。强调每一位成员的合作参与和集体智慧的养成，通过深度讨论与厘清、全情投入的倾听达到深层共鸣。教研团队也应该不断学习，改变原有固化的思维和行动模式，以共同愿景把老师们凝聚起来，整合个人教育教学上的专业发展需求，实现园所组织的使命和发展。

(二)教师专业学习共同体理论

"教师共同体"和"一群教师"之间是有本质区别的。佩里(Perry)指出，"教师专业共同体"是在教师专业发展过程中建立起来的，有共同目标，共同参与专业发展的计划、实施和反思的智慧团体(Intellectual Group)。雪莉·霍德(Shirley Hoder)认为教师专业学习共同体具有支持性和共享型的领导，需要团队创造力、共享价值与愿景、支持性条件、共享个人实践的特征。一个优秀的园所教研团体也应该是这样的学习共同体，在这样的组织里，学习发生于行动之中，专业智慧被广泛传播，知识通过社会性的途径建构出来。

(三)成人学习理论

教研是一种学习型组织，而老师参与教研则是一种成人的学习。马尔科姆·诺尔斯(Malcolm Knowles)的成人教育理论指出了成人学习者的五大假设：第一，随个体成熟，成人的自我概念从依赖转向自我指导的导向。所以，独立的自我概念是成人学习者参与学习的内驱力。第二，成人丰富多样的经验库，是其参与学习的丰富资源和启发网络。第三，成人的学习准备程度和积极程度，与其社会角色的发展任务和职责需求紧密相连。第四，成人学习更倾向“以问题为中心”的学习，更重视学习的价值。第五，内在因素更能持续不断地驱动成人学习。

因此，要想提高教研中的学习有效性，要紧紧把握住成人学习中的关键词：“自主”“经验”“问题”“角色”。组织者要考虑到老师们是否能用自己喜欢的、多样的形式参与到研讨活动里，自由地表达自己的思考和发现，是否能给教师主动构建个人知识体系的机会，而非生硬灌输；考虑教师对研讨问题的已有经验和最近发展区；考虑教研的选题是否贴近不同层次的教师的实践困惑和诉求。有了这样的考量，才能让教研变得更高效、更走心，不至于沦为形式主义或行政任务。

二、园本教研组织的原则

组织一场高质量的园本教研应遵循以下原则：

（一）全员参与

参与即是学习。建构主义理论强调学习是在社会情境和文化背景下，在互动中建构自身认知体系的过程。因此，一场高质量的教研里，每一位老师的参与都能为集体贡献自己的思考和视角，为凝聚集体研讨奉献自己的智慧。有时，老师会担心自己说得不标准，担心自己挑战了权威，或者与“标准”答案相背离，则在教研中默不作声。还有些老师觉得教研和自己的实践工作联系不紧密，所以在活动中“沉默是金”。这样的教研无疑是低效的，因此一场高质量的教研，应该注意贴近老师们的需求和经验，有足够的开放性，鼓励老师们在对话中互相激发，体现“人人为我，我为人人”的理念。

（二）聚焦问题

“研”字，在《新华字典》中指细磨和深入探求。不少老师误以为教研就是讲座培训，其实不然。教研是一项研究性的活动。没有真实研究问题，没有开放切实的研究过程，没有明确研究目的的活动都不能称为教研活动。

例如，某幼儿园组织老师们一起学习某种幼儿教育理论或者某教育文件精神，这类没有实质研究过程的活动则不是教研活动。又如，某幼儿园组织教师开展赛课活动或班级环境创设比赛，这类活动有较统一的评价标准，却没有研磨和探寻的过程，也不是教研活动。如果改为教师们通过观摩集体教学活动，来研讨一个优质的集体教学活动应该有哪些特点，梳理出一些公认的原则和评价要点，作为本园老师开展集体教学活动的参照标准，这样的活动则是一个关于研讨集体教学的组织要点和原则的教研活动了。

从上述例子中，我们能发现教研活动必须要聚焦真实、具体、共性、实践性强的问题。教研的价值就在于利用团队智慧来解决大家共同的难题。无论是多细小的问题，只要是大家能齐心协力地探索问题的来龙去脉、症结所在，探寻解决问题的各种可能性，这样的教研活动才是有价值的探究和思考过程。

(三)结果明确

有效的教研应该做到选题有价值、教研有聚焦、探寻有碰撞、分析有逻辑、研究有结果。教研要有广泛参与的过程，但不能忽视教研的效益，忽视教研和实际教育教学工作的紧密关系。每一次教研都应得出明确的结果，如在集体碰撞下梳理出来的新的认知或做法，新评价维度和视角、解决方案等。由此出发，作为下一轮行动研究或教育教学改进的新起点，螺旋上升地在探究中提升教师的专业素养，在行动中提高园所的教学质量。

三、园本教研的设计与实施

园本教研设计和实施可以按“收集问题”“分析选题”“制定方案”“组织与实施”“评价与反思”五个步骤来进行。

(一)收集问题

教师们在日常教学中常会遇到不少问题或困惑，教研活动的主题一定是老师们在日常工作中遇到的真问题，如一日生活的教学实践、家园共育、班级管理等，这些问题必须是共性而具体的，还要是可操作和实践性的。所以，园所应在学期初和日常工作中，多到幼儿现场“采风”，听一听老师们的心声和疑问，看一看老师们的带班过程，才能收集到老师们真心希望得到改善的“真问题”。

(二)分析选题

教研的主题必须真实具体，来自老师们的日常保教工作之中，但不是每个问题都能成为教研活动的选题。在广泛收集问题以后，我们还应该对问题做进一步的甄别和诊断。以下列举几个需要考虑的方面。

1. 问题是否具有普遍性

园本教研的选题要体现普遍性，必须是大多数老师都存在的亟待解决的问题，且与老师们每天的教育教学工作紧密结合。对于这样的教研选题，老师们都有较丰富的素材经验和感受，能够积极主动地参与到研讨过程中。

2. 问题是否具有可操作性

研磨可操作可实践的问题，其研究结论和成果能直接与老师们下一步的教育行动相结合，非常有利于老师检验教研中的所见所闻、所感所悟是否能真正解决园所教学困惑。如若无法解决，则可以成为下一次教研的出发点。如此循环往复、螺旋上升式的教研活动，能促进园所不断改善本园的教育教学工作，也能激发教师思考、探究的热情。

3. 问题是否可具有发展性

教研的选题既要切中教师教学中的瓶颈问题，又要考虑长远发展性，要与国家文件精神，如《纲要》《指南》相一致；还要与国家政策文件中对学前教育的矛盾与发展方向、课改的主流的阐释和指引相契合。教研的选题、研究过程与结论具有一定的推广意义，能对本园教师或同行的教育教学工作起借鉴作用。

(三)制定方案

教研方案的制定主要包括教研目标确定、教研参与范围确定、教研活动筹备。

1. 教研目标确定

根据对教研选题深入清晰的甄别和定位，充分考虑教师的“最近发展区”来设定教研目标，例如：

本次教研，老师们有哪些已有经验和盲点？呈现为哪些教育教学工作上的困难状态？

教师们是否尝试其他解决方式？效果如何？

我们期望得到什么样的结果？视角和观念上的转变？某教学环节的变化？知识技能上的更新？

该教研目标是否能通过研磨探讨得出？是否和园所长期教研发展规划紧密结合？

我们期望的教研成果的内在逻辑递进关系是怎样的呢？放进教研目标中应如何解构？

教研得来的新经验是否能迁移到老师的实践工作中？

教研目标能否让教师们积极参与，体验探寻和教研的乐趣？

2. 教研参与范围的确定

不少园所的教研组结构除了有全园教职工参与的大教研组之外，还会按幼儿年龄段、学科领域、项目、名师工作坊等做特定范围的小教研组，大小教研组直接是一个经纬交错的组织系统，既有重合交织又有侧重点，各教研组彼此之间互相影响互相促进。因此，园所应该针对全园发展的需要，整体布局、合理规划各教研活动。如研磨和思考共性的理念和选题，可以由全园大教研组来开展。针对更细微具体的主题做理论落实，探究实践层面中的遇到的具体问题，可以考虑问题的受众来组织相应的教研，如选题“如何做好新生入学的情绪安抚工作？”则更适合小班级教师或者新教师教研组来进行研磨。

3. 教研活动的筹备

教研活动前的准备需要考虑物质准备和经验准备两个方面。物质准备主要包括文具、道具、桌椅、场地、电器设备等。而经验准备往往容易被忽略，包括对教师已有经验的了解、相关理论的查阅、话题预热、体验准备等。

(四)组织与实施

教研的组织与实施是教研活动中的关键环节，只有通过教研活动的组织与实施，日常的困惑才真正能放在同一平台下研讨，教研的过程才真正对教师产生影响。在设计和组织教研时，应当考虑时间安排、流程简单、互动方便、经验和问题探究的逐层递进、利于老师们在教研中积极主动参与，保证教研效益。

不同的教研活动，其核心问题的不同，教研环节设计和组织策略的选择也不尽相同。在策划时，我们应解构教研问题涉及的维度和内在逻辑递进关系，再设计不同的教研环节，选择恰当的策略帮助教师环环相扣、逐层递进地探究问题。

如教研主题“区域活动中应如何投放合适的材料支持幼儿游戏”，选题可以分为以下维度：感受幼儿在自由自主的游戏中成长的重要意义、探究区域材料有哪些特点和学习机会、认识到环境与材料对幼儿游戏学习的促进作用、探索投放何种区域材料才能更有效地促进幼儿在游戏中深度学习等。很明显，我们看到这些维度之间是有明显逻辑递进关系的，也就是说，教师必须先获得前一个维度的经验和认知，才能更好地参与到下一维度的研讨和思考之中。

所以，在策划组织教研活动时，先对问题中涉及的核心经验做维度和递进关系分析，能帮助我们更好地设计教研内容的先后顺序，把握住教研每个环节要达到的效果和目的并选择合适的教研策略。

在教研实施过程中，首先要注意营造平等不批判的氛围，鼓励老师积极参与，敢想敢说，勇于质疑批判。还应形成相对明确的教研结论，并将结果推动到下一步的教育实践中去应用和检验，以此建立教研和教育行动之间的滚动前进的联系。另外，在实施过程中还可以注意以下要点：

1. 善用开放性引导语

教研的引导语中，提问和小结是至关重要的策略。好的问题能够促进教师乐于表达，积极碰撞，逐层深入地探讨。主持人的提问应以开放的问题为主，从而引发参与者多维度、多视角地思考和讨论，激发教师探讨的热情。而简明扼要的小结则能起到承上启下、提纲挈领、画龙点睛的作用，让在场的老师的研讨能持续深入、有条不紊地进行。

2. 巧用谈话技术

在心理咨询中，谈话的技巧至关重要。事实上，在教研活动中，参与者之间也有大量的沟通表达内容，主持人如能善用谈话技术，结合各教研环节的目标，倾听和分析现场大量的语言和非语言信息，对各种信息做出及时的反映处理和传递，则能起到拨云见日、推波助澜和穿针引线的作用，更好地把握教研的进度和效果。如当现场教师讲述了大段关于教育现场的描述性语言时，主持人可以进一步地澄清和询问该教师表达之中聚焦的问题所在；如现场教师表达了一些自己在教育实践工作中碎片化、感性的感受和思考，主持人可以通过提炼关键词的方法来确定该教师的困惑所在。总之，主持人善用倾听和谈话的技巧，能帮助参与者们“说清楚”“听明白”“讨有方”“研有道”，让教研过程始终聚焦在问题之中，把握教研方向和进度，推动教研活动有条有理地开展。

3. 注重体验感悟方法的使用

建构主义认为，学习是个体在一定情境下，在与他人的互动和协作和学习资源中，自主建构自身认知和知识的过程。可见，社会文化环境、情境、协作、对话、意义建构对学习的重要意义。因此，在园本教研中，如能创设各种情境体验或者还原现场的环节，能使参与者更直观地感受幼儿所思所想、所急所需，帮助教师们更好地以儿童视角来思考问题。

(五)评价与反思

教师是园本教研活动的发起者、实施者、受益者，自然也应该是园本教研的评价者。客观真实的评价和反思，能促使教研质量不断提升，其效益既是园所的成果，也是教师的智慧体现。在评价中应遵循支持鼓励、客观平等的原则，以自评和他评相结合，过程和总结性评价相结合的做法，激发每一位参与教师对探究的兴趣，对专业成长的追求。

第四节　幼儿园教研案例分享

近年来，幼儿园越来越重视教研活动的有效开展，希望以研促教，以研优教。而在教研活动中，我们发现教研呈现以下的新动态：从“经验型”教研转向了“实证型”教研，从“权威式”教研转向了“学习共同体”教研。教研选题更加聚焦在“幼儿”身上，教研更优先研讨幼儿如何学，再研究教师如何教；先研究幼儿日常游戏经验和发展需要，再研究教师各类教学如何组织；先研究如何为幼儿游戏提供适宜的环境和材料，再研究教师的后继教学策略和课程的建构等问题。

从研究内容来看：教研内容依然聚焦在解析理论、解读幼儿、研读教材、探寻教学法、园本课程构建等方面。根据不同性质的工作、不同难度的问题以及不同层次的老师，教研活动的类型也各有不同。

一、问题式教研

顾名思义，问题式教研是从老师们在日常教育实践工作遇到的具体的、细微的问题入手，以解决问题和改进工作为目标的探究活动。例如：

小班：如何看待玩玩具后“一地狼藉”的场面？

中班：告状王们的心思？你来猜！

大班：如何有效组织幼小衔接家长会？

问题式的教研常发生在全园培训或年级组备课、班会之中。组织问题式教研要善于透过问题的各种表象来剖析问题，抓住问题要害以寻求解决方案。因此，“发现问题—剖析问题—寻求策略—付诸行动”成为问题式教研的基本环节。

【案例 7-1】

小班：如何看待玩玩具后“一地狼藉”场面？

步骤	环节目标	引导语	要点点评
发现问题	发现幼儿玩游戏制造的各种乱象	新生入学，老师们能分享一下本班小朋友玩玩具以后的场面吗	开放式而贴近教师日常的引导语，能迅速打开老师的思路，发现玩玩具乱象存在哪些具体情形，有利于后继按不同情形探寻原因
剖析问题	剖析幼儿玩玩具各种混乱场面背后的原因	是什么原因导致了各种玩玩具以后的混乱场面呢	在老师们充分分享玩玩具混乱现象后，我们需要引导老师们透过表象分析原因。五花八门的“乱”背后的原因一定是多维的，应鼓励老师从不同维度去剖析和探究乱象背后的原因
寻求策略	寻求解决玩玩具混乱场面的有效策略	针对不同的混乱原因，老师们有哪些好的解决方法呢	混乱原因可能涉及幼儿年龄特点、经验水平、用物习惯，还可能涉及老师的材料投放、环境创设等，解决方案也应有的放矢地针对不同原因来做探究
付诸行动	尝试梳理各种解决方案，付诸行动，并及时反思调整	今天老师们从幼儿年龄特点、经验水平、用物习惯，老师的材料投放、环境创设等角度来分析了玩玩具以后的混乱场面的原因，也有针对性地找到了一些解决方案，我们一起在班级里试一试这些方法是否有效，如果有不合理的地方，我们可以在下一次教研里调整	通过总结再次梳理本次教研的脉络，提炼教师们的策略成果，并鼓励老师们在工作中检验策略是否有效，提出持续针对本问题做下一步教研的想法。让教研和实践之间形成循环往复、螺旋上升的状态

（来源：广东省育才幼儿院一院　王彤莉）

二、课题式教研

课题研究有其固定的框架模式，幼儿园的课题要紧扣实践、逻辑严谨、切实可行，做好课题教研是必不可少的环节。课题式教研可以按课题研究的过程“选题—析题—定题—做题—结题—用题”来开展。在每个环节中，还需要再针对该环节中具体的、阶段性的问题来开展相应的教研，以确保课题研究工作能科学有序、扎实稳步推进，达到以课题带动园所科研能力，提升教师专业素养的目的。

三、专题式教研

专题教研是指围绕某一教育专题或话题，收集相关资料和理论知识，围绕该内容进行学习讨论的教研活动。如“区域游戏的组织与指导”“关键发展性指标中的评价和意义”“学习故事理念下的自主游戏”等。专题研究常用于针对某一主题进行深入研究，持续时间一般比较长，在一个专题下往往可以分阶段、分小主题地进行研讨，通过剥洋葱式的教研帮助教师建构知识概念、理念视角、态度情感、方法策略等方面的新认知。在开展专题式教研时可以按“确定专题—收集资料—解析专题—探索研讨—建构迁移”的流程来开展。

【案例 7-2】

给孩子的情书

——学习故事视角下的评价

1. 确定专题

学习故事是一套有明确教育价值观引领的学习评价体系，也是一套用叙事方式进行形成性学习评价的体系，还是一套能够帮助儿童建构学习者自我认知的学习评价体系。不少老师觉得学习故事高深莫测，望而生畏，对学习故事不甚了解，无从下手。

2. 收集资料

收集有关学习故事相关理论资料；了解教师们对学习故事评价体系的已有认知、经验和感受；了解教师们对“情书”这一喻体的经验等。

3. 解析专题

我们用“情书”这样一个常见的词汇来比喻学习故事，揭开学习故事神秘的面纱，让老师们初步感知故事给人带来的感受，随后再进一步感知故事是什么，它评价什么，如何评价，为什么评价。

4. 探索研讨

教研目标	1. 在互动中感受学习故事是一种温暖的评价 2. 理解学习故事是一种叙事性、取长式、关于“我怎样参与学习”的评价体系 3. 感受与教研组成员交流的信任和愉悦感

教研准备	网络和教学设备(线上教研)、纸笔、PPT等
教研过程	1. 体验——给自己的情书：请各位老师给自己写一封有具体细节描述的情书吧 2. 讨论——什么是一封好的情书 3. 小结——学习故事是温暖、积极正面的评价体系 4. 班级案例分享——大声说出你的爱、来自爸爸妈妈的爱 5. 讲解——学习故事是一种叙事性的评价 6. 讨论——学习故事在教学中的使用

5. 建构迁移

经过研讨，老师们对学习故事的理念和评价特点有了初步的感知，鼓励老师们在各种教学环节或教育工作现场中尝试使用学习故事，进一步体验学习故事的特点，构建自己关于学习故事评价方式的知识体系并迁移至自身的教育工作中。

（来源：广州市越秀区学习故事教研组　王彤莉）

四、案例式教研

案例式教研是围绕一个具体的行为、现象、事件等，进行分析和深入研讨的活动。幼儿园里每天都会发生各种真实直观而细微具体的小故事，在典型的案例中，洞悉故事背后涉及的模式、规律和理论，这种教研方式比较适合针对幼儿的社交情绪行为、角色游戏、自主游戏进行研磨。

案例式教研是围绕案例而开展的教研，可以围绕“案例引入—诠释案例—解剖分析—感悟借鉴”的环节来开展教研活动。

【案例 7-3】

情景剧《密友风波》

环节	环节设计	要点点评
案例引入	教师情景剧《密友风波》剧情简介： 中班A和B是形影不离的好朋友，某天放学，A家长和B家长看见两个孩子在模仿对方的某一坏习惯，双方家长均指责对方孩子有坏习惯，教坏了自己的宝贝，要求自己孩子不要再和对方做好朋友，于是引发一场口角	通过录像、现场观摩、戏剧表演等形式来引入案例，能让老师们对研讨话题产生浓厚兴趣，了解事件的来龙去脉

续表

环节	环节设计	要点点评
诠释案例	分组讨论： (1)A、B为什么会成为密友？他们为什么要模仿对方的坏习惯 (2)家长为什么要求孩子不许再和对方做好朋友 (3)如果你是A/B家长，你会怎么做？为什么	在讨论中探寻案例中孩子、家长的行为原因
解剖分析	讨论： (1)密友的心理特点 (2)为什么孩子喜欢互相模仿 (3)当密友之间相互“学坏”时，大人如何看待	梳理出学龄前幼儿的社交特点。家长和老师如何恰当引导
感悟借鉴	(1)你的班级里是否也有密友互相学坏的情况 (2)看到密友之间的相互模仿你有新的发现吗 (3)今天的教研内容帮助了你的哪些方面	鼓励老师梳理小结自己今天在教研中建构的新“知识”，并在后继的教育实践中加以检验

（来源：广东省育才幼儿院一院名师工作室）

除了上述介绍的4种教研形式，还有其他各式各样的教研形式，如现场观摩式教研、诊断式教研等，它们各具特点又可融会贯通地灵活运用。在使用时，我们应当按教研的目的和规划，选取合适的教研形式，才能达到以研促教的效果。

【拓展阅读】

推荐图书：

杨香香编著：《幼儿教师专业发展》，东北师范大学出版社，2014年。

推荐理由：

该书结合具体的案例，为教师的专业发展提供具体可操作的指导建议。

推荐图书：

美国高瞻教育研究基金会编著：《学前教育机构质量评价系统》，教育科学出版社，2018年。

推荐理由：

该评价系统一共有 63 个评价项，主要通过观察真实的课堂活动和访谈教师等考察幼儿园教师日常教学工作和机构管理的质量。全书全面呈现该系统的内容及其实施，非常具有借鉴意义和可操作性。

推荐图书：

福建幼儿师范高等专科学校附属第一幼儿园：《幼儿园管理实用手册》，福建教育出版社，2020 年。

推荐理由：

该书是福建幼儿师范高等专科学校附属第一幼儿园各种管理制度规定的合集，体现了幼儿园制度的沉淀，其中幼儿园教研管理的制度体系，可为幼儿园开展幼儿园教研管理提供借鉴，也可为一线教师、保教人员的具体工作提供直接的参照标准。

推荐图书：

崔岚、黄丽萍等：《如何当好教研组长》，华东师范大学出版社，2010 年。

推荐理由：

本书从教研组组长工作实际出发，站在同行者角度，与组长探讨组织好园本教研的观点、所需要考虑的种种技术，同时思考成为一名优秀的教研组组长应具有哪些人格魅力。

推荐图书：

苏婧等：《基于幼儿园课程实施的园本教研活动指导手册》，北京出版社，2018 年。

推荐理由：

本书是北京教育科学“十二五”规划 2015 年度重点课题《国际视野下北京市幼儿园课程的实践与创新研究》成果之一，书中基于各种常见教育问题列举大量园本教研案例的选题设计和过程实录，对各地幼教组织本园的教研活动有重要借鉴意义。

【本章小结】

园所教研是教师专业发展的“能量加油站”。在教研活动中，教师团队作为一个学习共同体，通过互助互动和思考学习来解决教学实践中的困惑。通过本章的学习，幼儿园教研管理者和教师能从根本上理解教研工作的意义和对教师专业成长的重要性，了解教研工作的目标体系和构建路径，知道如何制定园所教研工作制度。同时，在“怎样的教研活动才能走进老师们的心坎里呢?”问题驱使下，思考明确幼儿园教研活动的开展应遵循哪些原则、教研活动的组织应凸显哪些特点、有哪些形式，并在从案例中感受不同教研活动设计的程序和重难点的把握，有利于幼儿园教研管理者和教师找到教研工作的核心和追求，明确教研的方向和实施策略，进一步推动以研促思，以研优教。

【讨论与思考】

1. 监管型教研与发展型教研的区别是什么？如何使被动教研变为主动教研？

2. 怎样的教研制度有助于服务教研工作的开展？

3. 怎样的教研组织形式和内容能激起教师的思考与参与热情？

第八章　幼儿园科研管理

【本章要点】

- 了解幼儿园科研管理的内容及意义；
- 理解幼儿园科研管理的基本原则；
- 掌握幼儿园科研管理的制度建设要求；
- 掌握幼儿园科研计划的制订与实施；
- 掌握幼儿园科研成果的形式及推广方式。

【本章关键词】

科研管理；制度体系；科研文化；教师共同体；教师专业发展

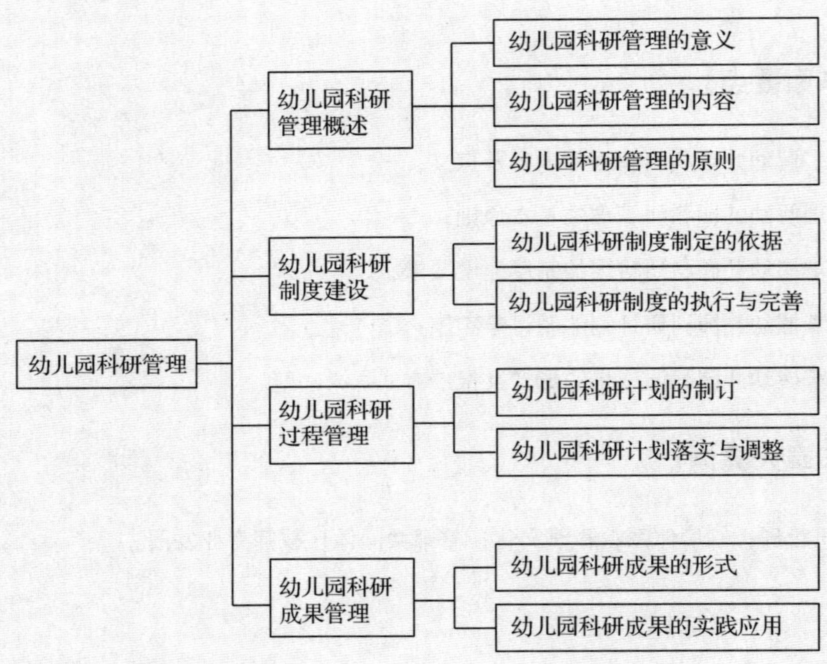
幼儿园科研管理
幼儿园科研管理概述
幼儿园科研管理的意义
幼儿园科研管理的内容
幼儿园科研管理的原则
幼儿园科研制度建设
幼儿园科研制度制定的依据
幼儿园科研制度的执行与完善
幼儿园科研过程管理
幼儿园科研计划的制订
幼儿园科研计划落实与调整
幼儿园科研成果管理
幼儿园科研成果的形式
幼儿园科研成果的实践应用

随着国家和社会对学前教育质量提升的重视程度的提高以及投入的增多，幼儿园的科研工作得到了前所未有的重视，幼儿园科研管理已经成为幼儿园管理中的一个基础性内容。幼儿园科研工作的引领性和研究性特点决定了它在幼儿园整体工作中的“龙头”地位，科研管理在探寻幼儿教育规律、推动教师科研素养提升、促进幼儿全面发展、提升幼儿园整体质量等方面起着积极的引领作用。科学的幼儿园科研管理有利于形成良好的科研氛围和科研文化，并有助于建立和谐专业的教师发展共同体，推动幼儿园教师队伍的专业化发展。同时，幼儿园科研管理通过对园所科研成果的物化、宣传与推广，能够推动科研成果的影响力和辐射作用的发挥，从而有利于成果的转化与实践应用，对同行产生积极的借鉴和示范作用。本章通过对幼儿园科研管理工作的概述、制度建设、过程管理以及成果管理进行说明和介绍，帮助教师整体认识幼儿园的科研管理工作，并掌握科研管理的基本模式，提升科研管理水平。

第一节　幼儿园科研管理概述

科研虽已成为日常工作中不可或缺的内容，是幼儿园质量提升和教师自身专业成长的重要“抓手”，但科研工作自身的专业特性和高标准，对教师而言极具挑战性。随着我国幼儿教育改革的不断深入，科研对幼儿园的可持续发展、教师专业成长、办学质量的提升及幼儿发展等多方面的影响不断增强，越来越多的幼儿园开始重视这项工作，越来越多的教师也开始迈出走向科研的第一步。

幼儿园科研与教研是既有联系又有区别的，它是一种强调理念引领与实践应用相结合的更高层次的研究活动，能够帮助幼儿园有效地把握幼儿园发展的时代要求，探寻和遵从幼儿园发展的规律，从而实现幼儿园的科学管理。随着科研工作在幼儿园的积极作用越来越凸显，幼儿园加强了科研管理的力度和投入，通过设置专门的科研室或部门，配备专业素养高（甚至是高学历）的教师来全面负责幼儿园的科研工作。一般来说，幼儿园的科研管理内容主要涵盖幼儿园承担或参与的各类课题以及各类项目。科研管理强调要遵循科研活动的规律，通过对各项课题及项目的研究过程以及成果的系统科学管理，积极营造基于幼儿园文化基础之上的科研氛围，发挥科研工作在幼儿园各项工作中的引领作用。因此，幼儿园科研管理的质量对幼儿园的整体工作有着直接的影响。

一、幼儿园科研管理的意义

（一）为幼儿园高质量发展提供保障

科研在幼儿园质量提升方面不可替代的作用已经得到广泛的认同，很多幼儿园提出了“科研兴园”“科研引领”“科研为龙头”的幼儿园发展思路。越来越多的幼儿园管理者意识到并重视科研的引领作用：幼儿园整体教育质量的提高，不是凭借教师日复一日简单、低层次的重复工作，而是需要在一定科学的理论引领下进行的科学的教育实践行为，需要新的科学的教育理念指导教育实践行为，帮助教师科学地认识幼儿的年龄特点和学习规律，更深入、更科学地理解幼儿，从而提高各类教育教学活动的设计和组织能力。

幼儿园科研管理工作承担着对幼儿园科研方向、任务提出指导性建议的责任，对制定幼儿园科研规划、组织项目申报、协调科研各阶段任务、落实和推广科研成果起着直接的导向作用。幼儿园科研是衡量幼儿园教育水平的核心指标，也是提高幼儿园日常保教质量、培养高质量教师队伍的基础，更是促进幼儿全面发展的关键。高质量的教育科研离不开高水平的科研管理，幼儿园高质量的科研管理不仅能够通过科研工作来培养具有科研能力的骨干教师队伍，而且还能够借助科研提升幼儿园的质量，形成科研引领下的幼儿园科学发展之路，提高幼儿园的影响力和知名度，更直接地促进幼儿园的示范和辐射作用的发挥。

（二）有助于提升教师的专业化水平

教师是科研活动的主体，是科研活动的具体实施者和研究者。2012 年教育部颁布的《幼儿园教师专业标准（试行）》中明确提出，幼儿教师的专业能力包括“针对保教工作中的现实需要和问题，进行探索和研究”的反思能力。幼儿园科研是提高教师的学术水平和教学质量的基本路径。教师通过科研活动掌握最新的科学教育理论、科学方法和科研手段，扩大自己的专业视野，科学理解和解释规律性的现象和问题的本质。科研工作的开展也利于教师在日常的教育实践中拥有一双不断发现问题的慧眼，学会用科学的态度与方式去观察、学习、分析、交流和思考，形成科学的教育理念，丰富对幼儿的认识和理解，并将理念与实践结合进而运用到日常工作中，提高自身的教育实践能力。同时，教师在撰写研究报告、研究论文、进行数据分析以及成果物化的过程中不断提升自身研究能力，促使自己成长为专家型、研究型、应用型的教师，形成幼儿园结构合理的科研骨干梯队，营造良好的健康的科研氛围。

（三）有益于幼儿和谐发展

幼儿园教育要“遵循幼儿身心发展规律，促进每个幼儿富有个性地发展”，幼儿园科研是探寻幼儿发展规律的专业性研究活动，是为解决幼儿教育问题、寻找幼儿教育规律的创造性活动，它的最终落脚点是为了促进幼儿全面协调发展。幼儿园规范系统的科研管理工作，能够帮助教师更多地关注幼儿，观察并思考幼儿一日教育活动的现状及幼儿表现，使用科学、严谨的方式方法进行长期的连续的研究，从而形成更加科学合理的教育方式，有效地解决教育实践中的问题，最终促进幼儿全面而有个性地发展。

二、幼儿园科研管理的内容

幼儿园的科研管理主要是对科研相关的人、财、物等的管理，考虑到幼儿园这个组织的特殊性，通常情况下，幼儿园的科研管理内容集中体现在幼儿园科研组织、幼儿园科研制度、幼儿园科研文化等方面。

(一)科研组织建设

幼儿园科研管理的组织建设是幼儿园开展课题研究和项目活动的基础，没有建构科学合理的科研管理组织建构和管理体系，就会导致科研工作的无序与混乱，影响科研工作的质量。科学的科研组织体系能够为幼儿园课题研究和项目活动的有序、顺利开展提供组织保障。幼儿园科研组织建设可以围绕科研管理组织架构和课题组(项目组)管理等方面进行。

1. 科研管理的组织架构

是否成立专门的科研管理部门，取决于幼儿园管理的需要和人员条件。幼儿园可以根据实际情况与需要，设置专门的科研组织机构——科研室，也可以将其挂靠在保教管理部门。通常情况下，科研管理的第一责任人由园长承担，幼儿园可以由业务园长兼任科研管理的具体负责人，也可以由专人来担任科研室的主任。在此基础上，幼儿园根据实际需要和人员条件组建相应的课题组或项目组，吸纳园内有一定教学经验与研究能力的教师担任组长负责全组的整体管理。同时，根据人员规模和专业水平，鼓励组长组建对应的课题组或项目组，从而形成相对稳定的和完备的教育科研组织架构(见图 8-1)。

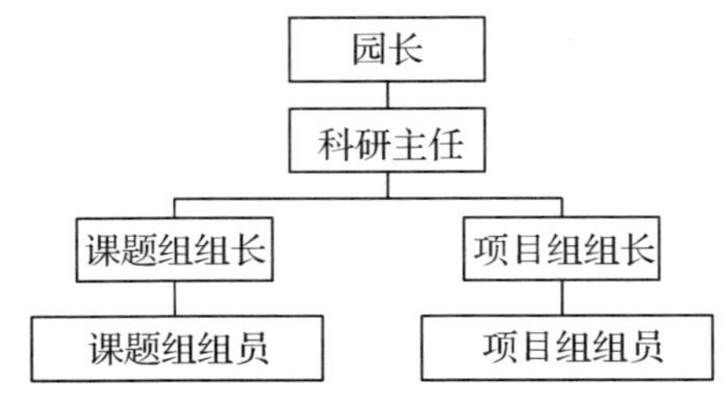

图 8-1 幼儿园科研组织架构图

幼儿园的科研管理部门的主要职能就是在园长的领导下，根据幼儿园的整体工作计划和安排，完善幼儿园的科研管理组织体系，开展各类调研活动，负责幼儿科研工作计划的制订与落实，承担各类课题或项目的选题、申报、立项、方案制定、实施、培训、阶段总结以及成果的梳理与宣传推广等相关工作，指导和引领幼儿园各项工作的科学开展。

【案例 8-1】

某园科研管理部门人员职责

园长

1. 领导副园长和教科研主任制订切实可行的教科研计划。

2. 对教科研工作给予一定的支持、指导和监督、检查，为教科研工作提供资源和平台，保证教科研工作的顺利开展。

副园长

1. 在园长的领导下，指导教科研主任制订切实可行的教科研计划，并积极参加园内的课题研究、项目活动和园本教研活动。

2. 及时关注和监督教科研工作的日常开展，对于其中存在的问题进行跟进和具体指导，提供人员、时间、资源、场地等保障。

教科研主任

1. 负责全园课题研究、项目活动、园本教研等工作的具体执行和指导。

2. 负责传达上级各类课题管理部门的课题(项目)管理精神和要求，整体负责全园各类课题(项目)申报、立项、实施、成果物化及统筹工作。

3. 负责全园教科研计划的制订和落实。

4. 指导各园区教研组长、项目组长和课题组组长做好园本教研计划、项目活动和课题研究方案的制定和实施工作，并对园区执行园长、园区保教主任、课题组长、项目组长和教研组长进行专业指导，提升其科研意识和能力。

5. 负责对各教研组、项目组和课题组的园本教研活动、项目活动和课题研究活动进行监督、指导。

6. 切实把握课题的研究方向，并在研究方法和信息提供上给予支持。

7. 结合教研、项目和课题研究的需要，适时提供专业培训、外出学习或各类交流分享活动。

8. 负责向园长汇报全园教科研工作进展情况，并听取园长意见。

园区执行园长

1. 在幼儿园教科研工作计划的指导下，指导园区保教主任具体落实园区教科研工作计划。

2. 参加园区教研活动、项目活动或课题组活动，支持和指导园区教研组长、项目组长和课题组长落实教研工作计划和课题研究计划。

3. 对园区教科研工作的组织和实施情况进行监督、检查，保证教科研活动的有效开展。

园区保教主任

1. 根据幼儿园保教工作情况，从教科研内容和教研方法上为教科研工作提供意见和建议，保证教科研工作的内容和形式符合本园区保教工作实际。

2. 做好时间、人员的协调工作，从时间和人员上保证教科研工作和保教工作的完成。

组长

教研组长、项目组长和课题组组长是教科研主任在园区开展教科研工作的助手和所负责的教研组、项目组和课题组的直接责任人，对本组教研质量负责。主要负有以下职责：

1. 在教科研主任、园区执行园长和园区保教主任的指导下，根据幼儿园保教工作计划、教科研工作计划和园区计划制订切实可行的本组工作计划。

2. 带领本组教师认真执行教科研计划，保证计划的落实和实施。

3. 带领教师收集尽可能详细的相关资料，并对其进行总结、提升。

4. 带领教师开展本组的各类研究活动及各种观摩活动。

5. 帮助本组教师不断提高理论及业务水平。

6. 有效调动教师、家长参与教科研的积极性，重视教科研成果的物化和宣传，提高教科研工作的成果意识和成果水平。

7. 组织本组成员根据教研专题，撰写相关的论文，并积极参加各类征文活动。

8. 每月末向执行园长做教科研活动开展情况汇报，每学期末向园长及全园教师做教科研活动成果汇报。

教师

教师是教科研工作的最终实施者和受益者。主要负有以下职责：

1. 积极按时参加园区各类教科研活动。

2. 积极参与研讨活动，勇于表达自己的观点、看法和意见，并耐心倾听他人的观点、想法和意见。

3. 认真实践教科研计划、方案，注意收集相关信息和研究成果并善于对其进行总结。

4. 定期和组长交流教科研成果实践情况，随时反映实践中的经验和问题。

5. 及时将教科研工作的学习收获、经验进行物化，撰写成论文、感想、研究报告等。

6. 积极参加教科研部门组织的各类论文征集、活动评选等活动。

（来源：北京市朝阳区劲松第一幼儿园）

2. 课题组(项目组)管理

课题组（项目组）的成立能够确保科研工作的顺利进行，是幼儿园课题研究和项目活动开展的核心力量。无论是课题组还是项目组，其成员最好不要随意安排，要在尊重教师个人意愿的基础上，遵循自荐与推荐的原则，由具有一定研究能力、对课题或项目感兴趣的研究型教师以及实践型教师共同组成。

通常情况下，课题组或项目组的组长是各组能否顺利高效开展工作的前提，其中，对课题组与项目组的组长要求是不太相同的，一般来说，课题组的组长人选更强调其研究能力，而项目组的组长人选更强调其组织能力，当然，如果组长既有较高的研究能力又有很好的组织能力是最理想不过的。因此，在课题组和项目组的管理工作中，幼儿园要重视组长的选拔与培养。在课题组和项目组成员的选择以及人员结构方面，幼儿园可以在整体统筹的基础上，放权给组长，由组长结合课题或项目的需要，在征求教师意见的前提下，结合不同教师的能力和经验，完成本组人员的甄选。各组在组建完成后，组长要在科研部门负责人的直接领导下，对成员进行明确分工，充分激发每个组员的主动性，发挥他们的优势和特长，细化并明确各个阶段的任务与要求以及每位教师的职责，从而保证课题或项目的正常开展。此外，课题组或项目组还可以邀请来自幼儿园外部的教研部门、高等院校或研究机构等的专业研究人员作为专家进行指导，借助专家们的深厚理论基础与研究经验，为园所把握科研方向提供支持和帮助。

(二)科研制度建设

制度是一个组织管理中非常重要的因素，科学的制度是幼儿园科研工作有效运行的保障。幼儿园的科研制度是在幼儿园整体的组织制度框架下，基于科研工作的特点和内容，由一系列内在相关的科研规则和规范而构成的系统。因此，幼儿园应结合自身的实际情况和科研工作的内容制定科学合理的科研管理制度。通常情况下，幼儿园的科研制度包括科研部门岗位职责、课题管理制度、项目管理制度、科研考核评价制度、科研经费管理制度、科研成果推广制度、科研学习制度、科研培训制度、科研档案管理制度等。科学完备的科研制度能够保证幼儿园科研工作从课题或项目的立项到成果的物化推广等都有完整、详细的操作流程及规范化的过程管理，从而使教师们在开展课题研究和项目活动时有法可依，有章可循，助推幼儿园科研工作实现甚至超过预期目标，最大化地实现科研工作在幼儿园中的示范和引领价值。

（三）科研文化建设

文化是一种无形的、内生的力量。对于任何一个组织来说，文化渗透于组织的产生和发展的全过程，是一种日常性和根基性的产物。

随着幼儿园科研工作的开展及价值的体现，作为幼儿园文化的一个重要组成部分，幼儿园的科研文化对教师科研意识和科研能力的提升，乃至价值观、职业观、儿童观、教育观等起着潜移默化的作用，科研文化往往能为教师的研究活动提供精神动力和智力支持。科研文化的建立有利于推动教师参与科研的主动性，激发教师自主成长的内在动力，提高科研活动的效能，从而提升幼儿园教育科研整体水平。因此，营造“人人是研究者”的园所科研氛围，加强幼儿园的科研文化建设，必然会成为幼儿园科研管理的核心，甚至是最终的落脚点。

（1）幼儿园科研文化的性质。园所文化是幼儿园立园之本，科研文化则是在与园所文化发展方向保持一致的基础上，逐步形成的符合幼儿园实际的科研工作发展愿景与文化理想。科研文化是一种动态的文化，是活的文化。也就是说，科研文化不是静态的，一成不变的，在幼儿园科研工作的不同阶段，都要根据现状及需求形成特有的文化形态，层层推进，最终形成可持续性发展的文化体系。其内部有着课题组或项目组成员共同认可与自觉遵守的精神价值及行为规范体系，能够体现出每个成员在组织内的状态与方式。有益于提高教师科研专业素养，可以说是幼儿园教育科研管理能力的核心力量。

（2）科研文化的形成与发展。科研文化是基于幼儿园科研工作的开展而形成并发展起来的。从对教师群体的影响来说，科研工作的最终目标并非仅仅是促进教师个体的专业发展，而是要提升整个教师群体的专业素养与能力。在这样一个集体化的群体组织中，要形成自身的科研文化就必须建立一个能够给予教师进行“专业对话”的平台。在健全的机制与制度的保障下，通过课题组或项目组的各种活动以及活动过程中各成员的互动与对话，营造出一个和谐健康的科研氛围，形成人人都是参与者、人人都是研究者的学习共同体，从而逐渐形成良好的科研文化环境，并在每个成员的共同努力下不断地丰富科研文化的内涵，推动科研文化的发展。

(3)科研文化管理的价值追求。民主、健康、和谐的科研文化氛围有利于发挥教师的主动性，最大化实现教师共同体的价值，凝聚成强大的科研力量。幼儿园的科研文化首先应该是强调求真的，遵循科研的本质要求，鼓励每个教师大胆表达和创新，追求真理和教育教学的规律；其次要营造有利于培养教师勇于挑战和尝试、团结协作、主动发现的科研氛围；再次是要形成并完善有利于教师发展的学术环境，形成一种宽松、自由、和谐、民主的学术氛围；最后，要形成鼓励教师参与科研、乐于科研的舆论氛围，增强教师的责任感与使命感，在科研中获得成就感和荣誉感。

三、幼儿园科研管理的原则

(一)集体管理原则

幼儿园科研仅仅使个体成为研究型教师还远远不够。在这个以集体为单位的工作环境中，要将教师及各个部门的力量凝聚起来，发挥各自的优势与特长，形成一个为达成共同愿景而努力的学习型、研究型团队，实现在园长的统筹带领下，科研团队及各部分各司其职、相互配合、共同合作的集体管理模式，最终使科研工作达到事半功倍的效果。

(二)内外结合原则

科研是严谨的、有明确意识与指向的、以探索教育规律为目的的活动。对于幼儿园教师，尤其是对年轻教师来说，在课题研究进程中总会遇到问题与困惑，这就需要幼儿园内部骨干型教师等专业人员及时指导与帮助。此外，也可以有效利用外界“专家”资源，邀请幼教领域或相关领域的权威专家、骨干教师等进入幼儿园亲临指导，为教师答疑解难，消除教师心中的困惑，保证课题研究的顺利开展。另外，家长也是幼儿园科研工作的合作伙伴，有效利用家长资源可以为幼儿园科研研究提供新的视角与落脚点，拓宽幼儿园科研的范畴，提高科研工作的实效性。

(三)教师本位原则

教师是科研活动的主体，是科研工作的主要承担者，幼儿园整体教育质量与水平在很大程度上取决于教师的专业能力。科研管理要为教师服务，要维护和激励教师的科研主动权、积极性与创造力。要调整以行政管理为主线的科研管理模式，转变到“以师为本”为核心的主线上。在科研制度建设、科研团队建设、科研组织规模、科研活动形式等设立时都可以与教师共同协商制定，充分给予教师科研自主权与空间，激发教师科研工作的主观能动性，提高自主意识，鼓励教师做科研的主人。

【案例 8-2】

教师到底想要什么样的教科研活动

——在调查的基础上成立教科研小组和确定组长

为了避免问卷内容太多而影响教师填写问卷的真实性，这次的调查问卷就主要围绕教师参加过的教科研小组、幼儿园应该成立的教科研小组、自己想要参加的教科研小组、自己希望由谁担任自己想参加的教科研小组的组长进行了问题设计，并基本以选择题的方式让教师选择。本次调查有 74 名教师参与，结果发现，教师想要幼儿园成立教科研小组的有 13 人，这也充分地表明了教师个人专业发展方向的广泛性。同时，两个园区在教科研小组的选择上虽然表现出了差异性，但也存在着明显的共性，因此，在综合分析两个园区的调查结果的基础上，确定了两个园区分别成立教科研小组，为了保证教科研小组的规模和人员的稳定，在结合原有课题组和项目组的基础上，劲松园区选择了排名前三的教科研小组，华纺园区选择了排名前四的教科研小组，同时加上原有的面向新入职教师的保育组，这样整个幼儿园就有了 8 个教科研小组。教科研小组确定后，基于调查结果的统计，明确了各个小组组长的人选，让我们觉得有些意外的是，有个别组的组长的人选与我们原先设想的完全不一样！我们还是遵从了教师的选择，除了原有的课题组组长(课题负责人承担)外，其他各组由教师选出的组长承担本组的管理工作。结合教师的选择，分别明确了各个组的组员，并在沟通的基础上，对个别教师进行了调整，既保证能够参与活动，又不影响班级的日常工作。

（来源：北京市朝阳区劲松第一幼儿园　于渊莘）

（四）连续性与阶段性原则

科研活动为了解决教育教学中的实际问题，对教学现象与教学规律进行探讨。因此，要将科研活动“常态化”。通常情况下，幼儿园开展的课题研究和项目活动本身就需要通过长期的研究过程来推进，也就自然具有连续性和阶段性的特点。幼儿园要定期根据课题研究和项目活动的阶段工作内容和要求进行阶段性的汇总、反思与调整，并保留过程性及成果性的资源，从而有步骤地推进科研活动连贯性的开展。

（五）研训一体化原则

在大部分幼儿园里，经常是将培训、教研和科研放在一起的，共同纳入到幼儿园的教科研工作之中，这其实也体现了研训一体的特点。培训、教研与科研可围绕共同研究的问题发挥各自的优势，适时地转换、对接，提高教师参与科研的积极性，提升教师整体的理论与实践结合的能力和水平。因此，教研、科研与教师培训工作也能够相辅相成，形成三者之间的对接和融通，真正实现幼儿园教育管理研训一体化，满足教师专业发展诉求，促使教师在参与的过程中获得专业提升。

（六）正向激励原则

有效发挥幼儿教师参与科研积极性，调动其内驱力，是提高幼儿园科研工作质量的有力武器。在科研管理过程中，应合理运用激励机制，以正向激励为主，结合“考勤”“考核”等规范化的制度要求，让教师积极投入到自己感兴趣的课题研究中；另外在物质奖励与精神激励中，也要着重加强精神激励，从教师专业发展需求出发，引导教师重视自身专业素养的提升与自我价值的实现。

【案例 8-3】

科研效果如何评价

——日常考核与学期末展示双结合

在各组刚开始开展科研活动时，虽然每个组都会按照教科研制度和基本要求进行，但是，由于各种原因，教科研主任、业务管理人员不能保证参加每个组的每次教科研活动，因此，为了保证教科研活动的效果，加强对各个组教科研活动开展情况的监控，我们结合幼儿园的考核要求，在充分调研的基础上，实行“日常考核＋学期末考核”的考核模式，从计划的制订与执行、活动的组织与实施、成果的宣传三个维度出发，并对每个维度进行细化，制定了具有可操作性的考核标准。日常考核主要集中在活动的设计、管理人员的指导、资料的整理、过程中教师的参与情况、成果的宣传方式与频次等方面，强调的是活动的整体性和全面性。而学期末的考核则以小组展示的方式进行，小组展示不但是各个组整个学期活动成果的展示，而且还是本组成员参与情况的展示。同时，在展示活动中，突出了评价主体的多元化：管理人员、教研组长、教师代表、家长、专家、外园同行等。更重要的是，展示也提供了各个组相互交流和分享经验的平台和机会，各个组采用的活动方式可以相互借鉴，从而丰富各组活动组织的方式和形式。通过这样的考核，各个组在规范本组活动的过程的同时，也会注重日常活动成果的梳理和对效果的思考。更重要的是，每个教师能够积极参与本组活动，获得专业成长。

（来源：北京市朝阳区劲松第一幼儿园　于渊莘）

第二节　幼儿园科研制度建设

科研管理工作需要“有则可用”、“有序可循”与“有法可依”，科研管理既要符合上级相关部门制定的法规政策，又要按照相关业务管理部门科研管理的监督和管理要求、约束和规范园内的科研管理工作。这就要求幼儿园制定健全的科研管理制度，避免无制度化的经验性管理导致科研管理低效的问题的出现。

幼儿园科研制度，是幼儿园为维护科研工作的正常秩序，并保证幼儿园各项工作的正常开展，而建立的具有法规性或指导与约束性的规章制度。幼儿园科研工作的稳步有序开展，需要建立科学规范的制度体系。通过科研制度来明确责任部门和人员、具体分工、科研的工作机制（责任人、时间、形式、监督、考核、成果展示等）、过程性档案管理机制等，形成常态化的科研过程管理模式，从而实现幼儿园的科研工作有法可依，实现幼儿园科研工作的规范化和常态化。

一、幼儿园科研制度制定的依据

幼儿园科研制度的制定是有章可循的，不能因为领导和管理者的主观意见或因为上级检查需要而随意拼凑而成。总的来说，幼儿园的科研制度制定的依据主要源于国家、地方、幼儿园以及教师需求四个层面。

（一）国家相关制度和政策

作为基础教育的一个重要组成部分，幼儿园在制定相关制度时，要从国家层面来整体确立制定的依据。首先要从国家和教育部对于科研管理的相关要求中，参照其中的内容并明确幼儿园科研制度的指导思路和内容，比如依据和参照《教育部关于进一步加强高校科研项目管理的意见》（教技〔2012〕14号）来明确幼儿园科研管理的基本要求；依据和参照《教育部关于进一步规范高校科研行为的意见》（教监〔2012〕6号）来制定幼儿园科研管理的行为规范；依据和参照《教育部财政部关于加强中央部门所属高校科研经费管理的意见》（教财〔2012〕7号）和《国务院关于改进加强中央财政科研项目和资金管理的若干意见》（国发〔2014〕11号）来制定幼儿园科研经费的管理制度；依据和参照《国务院关于优化科研管理提升科研绩效若干措施的通知》（国发〔2018〕25号）来制定幼儿园科研成果考核制度等。同时，我们还要依据《幼儿园管理条例》（国发〔1989〕4号）、《幼儿园工作规程》（国发〔2016〕39号）等文件明确幼儿园科研管理中的基本指导思想和相关内容。

（二）地方科研管理政策

幼儿园科研制度还需要结合当地的教育主管部门或相关业务部门（比如规划课题管理办公室、教育科学研究院等）针对科研管理的相关政策文件来制定。地方会根据国家的整体要求，结合当地的教育管理的需要以及对科研管理的整体要求，制定具有针对性和地区适宜性的科研管理政策。比如，我们可以根据《北京市教育委员会关于印发北京市教育科学规划课题管理办法和管理细则的通知》（京教策〔2020〕13号），制定幼儿园的规划课题管理办法和管理细则，将规划课题管理落实到幼儿园的课题管理工作之中。因此，幼儿园在制定科研制度时，也要认真地学习和理解这些地方上的科研管理政策文件精神和具体要求。

(三)幼儿园制度

幼儿园都会建立整体的制度体系，特别是会针对保教管理制定切合幼儿园实际的系列制度，幼儿园科研工作与日常保教管理是分不开的，且大部分幼儿园是归保教部门直接管理的。因此，幼儿园的科研制度不能脱离幼儿园的制度而单独建立，需要在幼儿园整体的制度体系和框架之下，根据部门的职责和实际情况，制定体现部门特点的、具有可行性的、规范性的制度。

(四)面向教师的调研结果

制度最终是要落实到“人”身上的，幼儿园的科研制度不能忽视制度规范的对象——幼儿园的所有人员，特别是直接参与科研工作的一线教师。因此，要保证幼儿园科研制度能够真正地落实下去，就需要幼儿园科研部门在制订计划前进行针对性的调研，通过问卷、访谈、观察等方式来了解参与课题研究和项目活动的教师的实际需求和期望解决的问题。在整体了解和把握的基础上，制定能够真正符合幼儿园实际的、规范幼儿园科研工作的制度，实现幼儿园科研管理的规范化。

二、幼儿园科研制度的执行与完善

幼儿园制定科研制度并不只是为了保证幼儿园制度体系的完整，制度是要在实践中真正发挥作用的，特别是其在规范科研工作和引领科研方向的作用是不可替代的。因此，在制定了科研制度的基础上，幼儿园的科研管理要关注这些制度的落实及其作用的发挥，并且在实际的执行过程中及时根据实施效果和实际需要进行调整和完善。

(一)科研制度的执行

科研制度的制定只能说是为幼儿园科研管理提供了制度文本层面的保障，但是制度如果只是停留在文字层面，那么它对于幼儿园科研管理将没有任何实质性的价值和意义。

制度能否得到执行并产生实效，首先取决于这个制度是否被所有的教师了解，也就是说，教师要知道并清楚制度的内容，明白制度中明确了“做什么”“怎么做”“做成什么样”等科研相关的要求。如果教师并不知道有这样的制度，或者仅仅知道有但并不清楚具体的内容，那么这样的制度也就无从得到执行和落实。因此，从制度的制定开始，就要让教师们参与其中，并通过集体宣讲、专题介绍等方式帮助教师了解并清楚其中的内容要求。其次，制度能否得到执行，还受到科研管理者执行力的影响。管理者是制度执行的一个关键角色，如果在制度执行过程中，管理者不能做到严格按制度开展科研工作，对科研工作中存在的违反制度的行为或人员不做出回应，或者带头违反制度，那么制度将形同虚设，无法产生应有的作用，制度也就成为一纸空文。最后，制度的执行效果还取决于制度执行过程中的监督是否到位。在科研管理工作中，如果不重视制度落实过程中的监督，那么会容易导致不同阶段、不同教师执行效果不同的问题，比如在科研工作中因为个人懈怠或不重视，且没有人去监督，课题负责人或项目责任人存在侥幸心理，可能会造成课题或项目研究滞后，甚至导致课题无法结题或项目无法结项。这样的话，制定的科研管理制度也就没有发挥应有的作用，无法约束并规范科研过程。

因此，为确保科研制度的顺利执行，需要我们明确制度建立的初衷和意义，在科研过程中强调制度的约束作用、规范作用和引领作用，避免因为制度执行不到位而造成资源浪费，影响科研任务的完成和最终成果的质量。

(二)科研制度的完善

幼儿园的科研内容和要求不是一成不变的，它会随着幼儿园的发展以及各级管理部门工作要求的变化和调整而出现“不合时宜”的情况，这就需要幼儿园对科研制度进行相应的修改、补充和完善。

幼儿园科研制度是需要相对稳定的，如果经常变化和调整，就会影响制度的权威地位，因此对科研制度的完善是需要条件和时机的。通常情况下，幼儿园应该定期对原有的制度进行审议，利用全园教师大会、教师代表大会等契机，由教师集体或小组审议制度的内容，并对过时的、不符合实际的、无法满足幼儿园科研管理需要的条目进行删除、修改和完善，同时结合新的要求增加相关的内容，从而保证科研制度的科学性和针对性。

第三节　幼儿园科研过程管理

幼儿园科研工作是一个长期进行的过程性活动，是一个有规范程序的反思探究行为。只有经过科学、合理、深入的思考与探究，才能够发现问题、研究问题并找到解决问题的方法策略，形成新的教育规律。科研管理是一个随着课题和项目的不断推进而起作用的活动，伴随课题和项目开展的全过程，即便是课题和项目结题之后，还需要继续通过成果的物化、宣传和推广来发挥科研的作用。因此，科研管理就需要强调在课题和项目开展的全过程进行监控，通过课题和项目的计划、立项、阶段检查、成果评估等环节的管理来实现科研工作的稳步开展。科研管理的过程中既有因为阶段和时间的推进而进行的动态管理，又有对于空间、人员、经费、设施设备等静态要素的调控。因此，在科研管理的过程中，科研管理者需要不断地根据各项课题和项目的进展情况，及时进行调整和变化。

一、幼儿园科研计划的制订

（一）科研计划制订的作用

科研工作成功的前提之一是要做好前期准备工作，即制订切实可行的科研计划。科研计划的制订是研究者对整个科研活动时间、内容、资源和进度等进行统筹安排的过程。科学、全面、细致的研究规划有助于引导教师在一个可以传递教育理论的平台上，有目的、有效地实施科研活动，并保障科研活动的质量。同时应注意在制订科研计划时要考虑实施过程的一致性、阶段性以及可行性，确保教师在参与科研活动的过程中环环相扣、有条不紊地开展各项工作，避免出现无从下手的现象。

（二）科研计划制订的主要内容

科研计划的内容主要包括研究内容、研究方法、研究程序、人员分工、预期成果等，只有将这些内容内化于心、外化于形，科研工作才能起到事半功倍的效果。

1. 研究内容

幼儿园科研工作承载的是一个大的研究主题，是一个庞大的研究项目。从实践层面来看，一个课题和项目本身就是一个研究内容，它们最终也会分解为几项具体、详细的研究内容，帮助研究者与实施者一目了然应该做什么、怎么做。因此，在制订计划时就需要将研究内容进行分解，并保证小主题内容间的内在联系。在分解过程中可以从行动研究的步骤角度进行分解，例如在每个阶段、步骤下应进行什么工作。也可以从研究内容的要素角度进行分解，例如将内容进行分级、分类处理，便于教师研究者进行操作与实施。

2. 选择研究方法

科研的目的是解决一定的问题。而科学地解决问题就需要采取相应的措施、手段或工具，也就是选择合适的教育科研方法。正确地运用研究方法可以提高科研结论的准确性与可信度。一般来讲，研究方法可分为量化研究、质性研究、行动研究这三大研究范式，幼儿园科研工作中最常见的是行动研究范式。在选择科研方法时，切忌盲目和随意，或仅用一种单一的方法就认为能较好地完成科研工作。相反，应该全面考虑研究目标与研究需要，综合多种研究方法的优劣，采取多种适宜、科学的研究方法。

3. 规划研究程序

研究程序即科研实施过程中的研究步骤、研究流程与时间安排。规范的研究程序可以使研究者严格按照步骤与时间要求进行研究，不断督促自己，反思、检查每一阶段的进度，并及时做出相应调整，保证科研工作的稳步开展。一般来说，科研流程可以分为准备阶段、实施阶段和总结阶段。在研究过程中，应合理分配好每项内容的研究时限，且尽量将大量的时间安排在实施阶段，通过在实施过程中反复地实践与验证，帮助研究者获得想要的研究资料、成果与结论。

4. 明确人员分工

幼儿园科研组织中每位教师都扮演着不同的角色，课题组和项目组成员之间各司其职又互相配合，共同协作完成科研工作。其中有的教师是整个课题和项目开展的组织策划者，主要负责课题和项目的选题、申报与立项，把握总体课题进展，不断调整和完善研究方案；有的教师是子课题和项目某个阶段工作的主要承担者，具体负责子课题和某个项目内容的实施与管理；有的教师只是课题和项目的参与者，是课题研究和项目活动具体问题的实践者；等等。总之，科研计划中要尽量明确教师自己的角色及岗位职责，充分地结合教师自身的优势与特长，共同为科研工作贡献自己的力量，保障科研工作的高效开展。

5. 预设研究成果

科研计划的制订不只有过程性的计划，同时也要有结果性的预设，即课题研究和项目活动最终呈现的成果，以及用什么形式呈现结果。科研计划中对成果的预设可有效帮助教师建立目标意识，养成及时收集、归纳研究资料的习惯。尤其是在大的课题和项目之下有许多小课题和子项目时，可形成阶段性成果，最终汇集成总的成果。通常情况下，课题研究报告、论文、案例和项目结项报告等是最常见的科研成果的载体，此外还可以采用著作、教材、手册、研讨会、成果交流会等其他形式来呈现。

二、幼儿园科研计划落实与调整

幼儿园科研工作中，制订科研计划是顺利开展课题研究和项目活动的第一步。一般来说，幼儿园科研计划的落实主要体现在选题(立项)、申报、开题、实施、结题(结项)以及成果应用推广等环节。

(一)选题

1. 选题的要求

选题决定着科研工作的主要方向与目标，一个课题和项目内容的好坏直接影响科研工作的成败。因此，在选题时应把握以下特点：首先，选题要具有价值。要考虑选择的课题和项目是否能解决教育实际问题、是否能发现教育规律、是否能促进教师专业发展等。其次，选题要明确具体。课题和项目的选题切忌过大，要根据幼儿园的实际需要，聚焦某一个问题或某系列专题，具有可操作性，切忌把课题和项目定得过于笼统、宽泛。最后，选题要具有可行性，即适合操作。即选题在研究者的知识、能力、经验等范围内，又能有时间、资料、经费等客观条件支持。

2. 选题的来源

科研工作源于教育教学实践，因此，教育实践是科研选题的重要来源之一。选题可以基于我们对国家和地方关于学前教育方面相关政策的理解与落实而确定，也可以基于实践中教师遇到的共性问题或困惑而定，同时也可以基于已有研究的成果或提出的问题而确定。对于幼儿园的科研管理者来说，更多的是要基于教师在实践中遇到的现实问题来确定选题，选题要直接指向教育教学实践，要解决实践中的问题，要澄清教师对某个问题或领域的认识。

3. 选题的大小

无论是课题还是项目，在确定选题的时候，要考虑选题的大小，因为它将直接影响研究的过程和最终的研究成果能否实现。通常情况下，在确定选题的大小时，会从两个方面进行：一个是课题研究的内容和范围；另一个是研究者的研究能力和研究条件。

（二）申报

确立了合适的选题后，就可以本着自愿、自主的原则，以集体或个人的名义，向负责课题和项目管理的主管部门进行申报。在申报过程中，要严格按照课题和项目主管部门或机构的要求填写相关材料和信息，阐述开展该课题和项目研究的意义和目的，以及研究的可行性，同时还包括研究的整体设计、对成果的预期以及能够完成研究的已有条件。

一般情况下，课题研究在申报时需要填写申报书和论证材料，除了基础信息之外，要按照要求完成课题论证及说明完成课题研究所具备的条件。项目相对课题来说是比较大的，项目比较注重项目的最终绩效，因此，项目申报要重点阐述开展项目的背景、目标、意义、可行性报告、项目绩效申报等内容，呈现项目研究的可行性和必要性。

（三）开题（立项）

课题和项目通过申报审核被批准后，便可以进入开题（立项）答辩和论证环节。在这个过程中，课题负责人和项目负责人要面向专家就课题研究和项目活动的背景、已有研究综述、研究设计、预计成果、人员构成、研究条件等内容进行汇报，并请相关专家、资深研究者等对汇报内容进行审议和研讨，提出调整策略与意见。开题（立项）工作有助于课题负责人和项目负责人厘清研究思路，进一步思考、明确研究问题，调整完善科研计划，制订切实可行的研究计划，以保证科研活动的顺利开展。

（四）实施

科研计划实施的环节即落实和执行科研计划的过程。课题负责人和项目负责人带领成员各司其职，落实研究方案，按照先前制订好的计划稳步展开科研工作。在计划实施过程中，课题负责人和项目负责人要按计划定期开展科研活动，及时沟通交流、探讨疑惑，并及时进行阶段性资料的收集整理工作。同时，在课题和项目实施过程中，要注意进行及时的监督和跟进，特别是要了解不同的阶段应该完成的任务以及完成情况。

（五）结题（结项）

科研工作到了后期，就要在前期阶段性成果的基础上进行整体的梳理，并对研究的过程进行总结，直至完成所有的科研任务。课题组和项目组就可在准备的过程性资料的基础上，向课题和项目管理部门提出结题和结项申请。

在经过课题管理部门和项目管理部门审议鉴定后，对课题和项目研究提出评价，并给予一定的建议。

（六）成果应用与推广

科研工作最终必然要形成一定成果，这既是课题研究和项目活动的结果又是科研管理工作质量的直接体现。科研成果的推广应用其实就是将科研工作的最终成果落实到幼儿园的教育教学实践之中，继续指导教师的实践。同时，优质的科研成果也可以通过推广，对同行和别的幼儿园产生借鉴作用，体现科研成果的辐射影响作用。

第四节　幼儿园科研成果管理

幼儿园科研成果是在经过科学性、系统性和连续性的课题研究后获得的新的幼儿教育观、教育方法或教育理论等。它是对课题探究工作系统性的总结，需要对大量的材料进行归纳、梳理、提炼和概括等。科研成果一般具有理论上的创新意义或实践上的应用价值，有助于提高教师教育教学能力及教育科研水平。

一、幼儿园科研成果的形式

科研成果是科研工作的充分体现，是对一所幼儿园科研工作取得的成绩的肯定。科研成果体现了一所幼儿园科研的水平，幼儿园科研工作内容的丰富性与研究方法的多样性决定了科研成果的多种表现形式。通常情况下，科研成果主要以文本类为主，例如，教育案例、课题论文、研究报告（结项报告）、著作等。当然，科研成果也可以通过现场会、推广会、专题报道、线上论坛等形式呈现。

（一）教育案例

教育案例是教师用叙述的方式生动、形象、全面地将具有典型性、教育意义的真实案例描述出来。其中包括情境性描述，帮助教师记录教育历程；也包括从教育理论、教学方法等角度进行的概括、归纳和总结，帮助教师不断反思，从而达到提升教师教学能力的目的。

（二）论文

论文是科研工作常用的一种成果表现形式。它是基于课题研究和项目活动，围绕其中的某一个主题或某阶段的研究重点，进行系统、专业的研究所形成的文本性的成果。

（三）研究报告（结项报告）

研究报告（结项报告）是课题和项目整个研究过程和最终成果的整体呈现，具有系统性、规范性等特点，它是对课题和项目的总结和梳理，既有理论成果也有实践成果，体现了理论与实践相结合的基本要求。

（四）著作

著作是对课题进行深入研究后，撰写或翻译的较系统、规范的公开出版发行的书籍，其中包括专著、编著及合著等。

（五）作品

幼儿园科研成果可以以作品的形式呈现。幼儿园科研工作立足于教育教学实践，因此，不仅可以以教师的作品来呈现科研成果，还可以将幼儿的作品进行收集整理呈现出来。同时，幼儿的作品还可以用来进行持续的分析，进一步丰富对幼儿的理解。

（六）电子资料

随着电子信息技术的发展，幼儿园科研成果的方式也有了多样的选择，各种电子资源库可以更好地帮助教师及时保存研究资源。例如视频资料、电子文稿、教学课件或软件、科研论坛网站等，这些都可以有效拓展科研成果收集的路径与方式。

【案例 8-4】

某园“角色性主题游戏课程平台”

北京市朝阳区劲松第一幼儿园的“角色性主题游戏课程平台”，是北京市学前教育研究会“十二五”课题研究成果。通过信息技术的应用与融合，形成了集互动性、系统性、趣味性于一体，囊括幼儿园小班、中班、大班三个年龄段的数字化互动课程。课程通过 3D 动画、Flash 互动游戏、音乐声效、直播互动、AR 技术等多元化的教育形式，内容丰富、色彩鲜艳、变化多样、生动活泼的交互式活动，激发幼儿学习的兴趣，培养幼儿的想象力和创新力。

同时也真正把学习的主动权和收获知识的乐趣交给幼儿，让他们在独立操作的活动中获得成就感和自信心，促进幼儿社会性发展。

（来源：北京市朝阳区劲松第一幼儿园　张伟利）

教师可以根据科研内容的特点，灵活选择与运用以上几种科研成果形式。当然也不仅限于此，幼儿园可以根据实际情况与需求不断丰富、创新研究成果形式。

二、幼儿园科研成果的实践应用

幼儿园科研成果最终是服务于实际教育教学的，因此要重视科研成果的推广与应用，普及教育研究理论知识，将优秀的科研成果转化为教学实践经验，同时吸引更多志同道合的同行、专家加入探讨，丰富研究内容，共同促进幼儿园科研工作的高质量开展，实现科研管理的价值最大化。

(一)成果推广的形式

课题研究成果的推广是充分体现研究价值的最佳途径，是将研究成果如思想理念、方式策略、实践成果等采用报告会、现场会、专题论坛、媒体报道等形式进行推广。

1. 成果报告会

成果报告会是课题组和项目组相关人员用汇报的形式将科研的主要历程、解决的教育问题、更新的教育理念、探索的新策略等向同行进行宣传、报告的过程，这种形式可以直接有效地引起同行的兴趣，并尝试应用此研究成果。

2. 现场观摩会

现场观摩也是科研成果推广常用的形式之一。通常情况下，幼儿园在园内已进行了较为扎实的科研成果实践应用，积累了一定的实践应用经验。因此，可以邀请同行或专家来园进行现场观摩或展示，这样不仅可以帮助参观者更直观地了解科研管理的成果，也可以帮助幼儿园借助外力对科研成果进行进一步扩充与发展，甚至引发新的科研方向和专题。

3. 公共出版

公共出版是将科研成果进行物化的一种形式，如教育教学专著、论文、成果汇编等。此种形式的推广需要借助于媒体介质作为载体，例如期刊、图书等，可以有效拓宽成果的宣传途径，扩大成果的影响范围，方便教师借鉴与学习。

4. 信息技术媒体

随着信息技术在幼儿园科研工作中的应用，除了传统的成果载体之外，可以使用美篇、视频号、网络电台等形式和平台呈现科研成果，也可以通过公众号的方式，将课题研究和项目活动的不同阶段的成果有计划地发布出去。

（二）成果推广的过程

科研成果的推广是一个有目的、有计划、有组织的过程，将优秀的科研成果进行推广需要遵循一定的步骤，主要有以下三个阶段：

1. 准备阶段

在成果推广之前，要做好成果推广的计划与准备。首先，课题组和项目组基于成果特点和展示形式，成立科研成果推广小组，做好人员分工，例如成果报告人、现场介绍者、成果演示者等。其次，做好成果推广计划，即何时推广、以什么形式进行推广、周期多长等，这些内容都需要进行统筹安排。

2. 实施阶段

科研成果推广的实施阶段一般包括传播—感知—接受—内化—应用—产生效益等几个环节。这样的环节安排明确了科研成果从传播到认知再到最后的应用的过程，符合我们接受新经验的输入与输出过程的习惯。在此阶段可以运用多种推广形式进行成果的宣传与展示，最终吸收优质经验并运用到自身教育实践中去。

3. 总结阶段

在将科研成果进行推广之后，后期也要对其进行总结、反思。主要有两条思路可供选择：一是科研组进行工作总结，全面总结和反映成果推广应用的过程和情况，包括成果推广目的、推广过程、推广效果以及存在问题的解决思路等；二是内容导向的总结，包括案例、专题、教学实录等，全面梳理科研成果中的内容，为后续进一步的研究提供新的思路和方向。

（三）幼儿园科研成果的应用

幼儿园科研成果的应用是科研成果推广的落实与深化，是体现科研成果价值最关键的过程。它强调在科研取得一定成果的基础上，教师结合自身的理解与经验，将成果转化为实践教育指导。科研成果的推广可以帮助幼儿园在教育实践中发现成果的基本规律或问题，为幼儿园的科研管理提供参照和借鉴。

科研成果的推广与应用并不是一蹴而就的，也不是任意而为的。只有那些有利于解决共性问题的、有一定前瞻性、易于操作与应用的成果，才能使大家受益。第一，科研成果推广的内容需要经过缜密的思考、选择与准备，避免盲目、随意进行；第二，在推广过程中也要考虑其规范性，注意保护、尊重知识产权，要做好推广前的知识产权认证工作，避免后期发生纠纷等现象，当然对他人成果引用借鉴的部分也要规范标明出处，避免被误解为抄袭等；第三，幼儿园在引导教师借鉴使用科研成果时，要遵循灵活运用的原则，切不可“囫囵吞枣”，鼓励教师结合自身及班级实际情况，灵活调整，有效地发挥科研成果的应用价值。

【本章小结】

幼儿园科研管理工作是幼儿园常规管理工作中的一个重要组成部分，此项工作的质量会直接影响到教师队伍的整体素质，甚至会关系到幼儿园质量的提升。

幼儿园科研管理主要涵盖了科研组织建构、科研制度建设、科研文化管理等几个方面。高效专业的科研管理组织体系可以为幼儿园科研工作提供组织保障，明晰不同人员和部门的职责。幼儿园科研制度可以为科研管理提供制度依据和“法规”，保证幼儿园科研工作的顺利开展。科研管理需要营造良好的氛围，由教师共同组成的课题组(项目组)形成一个专业学习共同体，这样的共同体有助于幼儿园科研氛围的营造，最终形成一个和谐健康的学术性与应用性结合的研究团队。

幼儿园科研过程管理旨在加强课题组(项目组)研究过程的监督和指导，制订科学合理的计划，并将计划落实到位。开展科研活动，必然会带来研究成果，幼儿园科研成果的表现形式是多样的，要根据科研成果的形式和具体内容进行宣传推广，扩大科研成果的辐射面和影响力。

【讨论与思考】

1. 幼儿园科研管理的作用体现在哪些方面?
2. 结合实际，谈谈您对幼儿园科研管理的理解。
3. 在幼儿园科研过程管理中，如何制订幼儿园科研工作计划?
4. 幼儿园科研成果都有哪些呈现形式?

第九章　幼儿园教育评价管理

【本章要点】

- 理解幼儿园教育评价的价值和意义；
- 掌握幼儿园教育评价的主要内容；
- 理解幼儿园教育评价的基本原则；
- 明确幼儿园教育评价制度建立的依据和基本内容；
- 了解幼儿园教育评价管理的过程及基本要求；
- 能在实践上选择适宜的评价工具并应用幼儿园教育评价的结果。

【本章关键词】

幼儿园教育评价；评价主体；教育活动评价；幼儿发展评价；评价结果应用

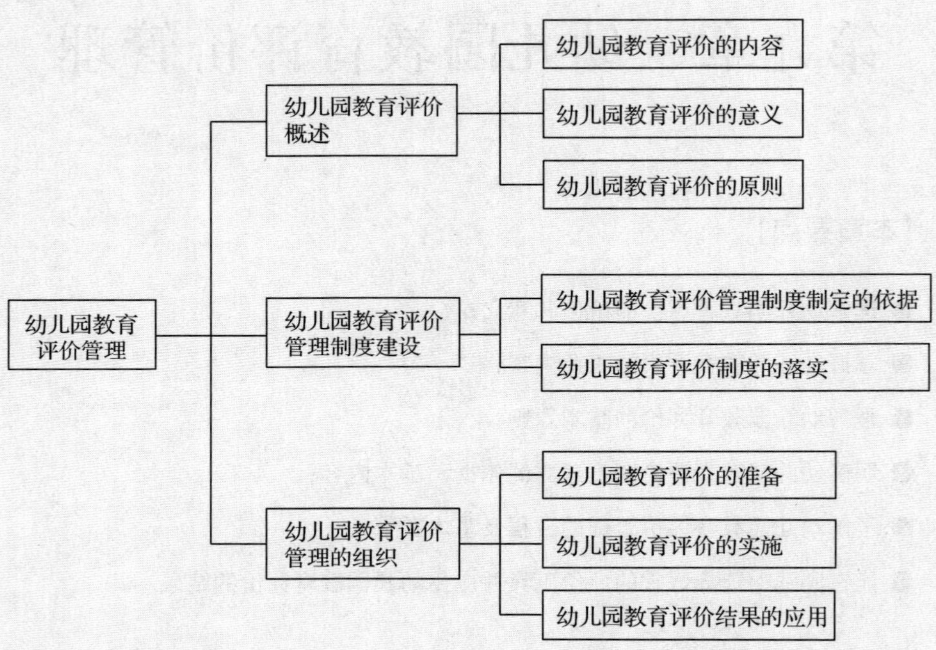
幼儿园教育评价管理
幼儿园教育评价概述
幼儿园教育评价的内容
幼儿园教育评价的意义
幼儿园教育评价的原则
幼儿园教育评价管理制度建设
幼儿园教育评价管理制度制定的依据
幼儿园教育评价制度的落实
幼儿园教育评价管理的组织
幼儿园教育评价的准备
幼儿园教育评价的实施
幼儿园教育评价结果的应用

学前教育质量已经成为国际社会关注的焦点问题，世界各国都从国家战略的高度，将建立学前教育质量监测制度、开展学前教育质量评估作为提升本国学前教育质量的重要举措。当前，我国学前教育的发展也开始强调质量，国家出台了一系列相关的文件和政策来推动学前教育质量的提升，幼儿园教育评价自然成为相关政策的焦点。

幼儿园教育评价是幼儿园评价主体依据一定的教育理念或目标，运用科学的方法收集信息，对幼儿园教育的过程、结果进行价值判断的过程。教育评价是幼儿园教育工作中的重要部分，由于幼儿园教育评价的复杂性和幼儿教师专业能力的不均衡，当前的幼儿园教育评价工作表现出参差不齐的现象，而且还出现很多违反评价科学性的乱象，这在一定程度上反映了幼儿园对评价工作的重视不足。幼儿园教育评价工作的管理水平直接影响着各项评价工作的质量，因此，真正重视幼儿园教育评价工作、明确评价目的、制定科学评价标准、规范评价过程、强调多元评价主体的共同参与，成为幼儿园质量提升和教师专业发展的一个重要课题。

第一节　幼儿园教育评价概述

一、幼儿园教育评价的内容

《纲要》中指出，幼儿的行为表现和发展变化具有重要的评价意义，教师应视之为重要的评价信息和改进工作的依据。因此，在实践层面，幼儿园教育评价主要包含两部分内容：一是幼儿园教育工作评价；二是幼儿发展状况评价。

从教育活动的组织与实施角度上来说，幼儿园教育工作评价可以从以下几个方面来着手分析：①教育目标是否适宜；②教育计划是否既有围绕幼儿个别化需求的针对性，又能体现幼儿发展的全面性；③教育活动内容是否在幼儿原有经验基础上，丰富幼儿新经验；④教育活动组织形式、组织策略、提供操作材料等是否能有效支持幼儿的主动学习、深度学习；⑤教育环境条件是否安全、丰富，有利于幼儿自主学习，并具有一定的挑战性等。

幼儿发展评价是依据幼儿教育目标以及与此相适应的幼儿发展目标，运用教育评价的理论和方法，对幼儿身体、认知、情绪情感与社会性等方面的发展进行价值判断的过程。

二、幼儿园教育评价的意义

(一)幼儿园教育评价是教育改革发展的核心和必要手段

2020 年 10 月，中共中央、国务院印发的《深化新时代教育评价改革总体方案》明确强调："教育评价事关教育发展方向，有什么样的评价指挥棒，就有什么样的办学导向。"其中也提到了要"完善幼儿园评价"。在幼儿园教育改革中，幼儿园教育评价工作起着监控、检测、导向与促进的重要作用。随着社会的发展和家长对高质量教育需求的增强，幼儿园教育质量成为全社会关注的热点，提升教育质量成为我国幼儿教育发展的重点任务之一。《幼儿园教育指导纲要(试行)》强调了教育评价工作的重要性，指出"教育评价是幼儿园教育工作的重要组成部分，是了解教育的适宜性、有效性，调整和改进幼儿园工作，提高教育质量，促进幼儿发展的必要手段"。

（二）幼儿园教育评价促进教师专业发展

近年来，随着国家对幼儿教师专业发展的重视程度不断加深，各级政府以及园所加强了教师的专业培训力度，幼儿教师获得了越来越多的培训机会，幼儿园教育评价也成为各类培训的核心内容之一。幼儿园教育评价涉及的是幼儿园的各层面的内容，无论是对幼儿园日常的教育教学工作的评价，还是对幼儿发展水平的评价，均对教师的专业素养提出了相关的要求。同时，由于幼儿园教育评价是一个专业性的工作，因此，教师的专业水平也必然对评价工作产生着直接的影响。教师和幼儿园管理者一起运用专业知识来审视教育实践过程，不断发现、分析、研究和解决教育工作中的问题，并在此过程中引导教师提高自身的业务能力与教育智慧，使评价工作不仅作用于幼儿的学习与发展，还作用于教师的成长，从而真正促进幼儿园办园质量提升。

（三）幼儿园教育评价促进幼儿全面而有个性地发展

幼儿园教育评价最终的目的是要落实到幼儿的发展上的。幼儿园教育质量的核心指标之一就是幼儿的发展，因此，在幼儿园评价工作中，幼儿发展评价对提高幼儿园教育质量具有非凡的价值和意义。从当前学前教育发展的趋势来看，幼儿发展评价依然是核心和焦点，幼儿发展评价工作要求我们要把幼儿园的工作重点转移到研究和促进幼儿发展上来。

幼儿发展评价是对幼儿各个方面发展进行观察、分析和判断的过程。这就要求教师在一日生活之中要有意识地观察幼儿，增强观察和评价的计划性，减少随意性，要开展形式多样、有利于幼儿身心全面发展的各类型活动。幼儿园通过对全园幼儿的评价，可以了解幼儿整体发展情况，便于幼儿园调整和完善整体的教育教学计划和工作安排。班级教师通过对班内幼儿发展的评价，可以了解班级各项工作开展的质量，了解班级幼儿发展的整体情况以及不同发展水平的幼儿的表现，认识到日常教育教学工作中存在的问题，便于及时调整教育内容和方向，提高教育教学的实效性和科学性。同时，教师对每个幼儿的评价也能够为家长提供具体翔实的幼儿发展建议，有助于建立高质量的家园关系，实现有效的家园共育。

国家、政府和幼儿园对教育评价工作的重视反映了评价工作的重要性和在幼儿园各项工作中的核心地位。但是，也从某个层面上说明我们的幼儿园教育评价依然存在着各种问题，比如，评价方法重选拔轻识别、评价内容与教育内容相脱节、评价过程与教育过程相脱节等。因此，我们要引领幼儿园教师理解教育评价工作的重要性，用科学、全面、正向的态度来对自身教育活动与幼儿学习发展进行评价，对教育评价目的、评价内容、评价过程开展、评价结果的作用进行追本溯源，使得幼儿园教育评价工作真正促进幼儿和教师的成长，为幼儿园办园质量的提升提供保障。

三、幼儿园教育评价的原则

(一)主体性原则

在传统的保教管理模式中，幼儿园教育评价工作的行政意味很强，更多是领导、专家来评价教师的行为。评价标准一般是由上级领导制定或按照上级的标准结合幼儿园的实际情况进行细化或调整；评价过程往往采用自上而下的模式或由领导牵头来具体实施；对评价结果的解释或说明主要由上级领导或工作小组来进行；评价结果也经常与教师的职称评定和荣誉评比直接挂钩。作为幼儿园教育工作主体之一——教师，其在评价工作中的主体地位并不能得到充分的尊重和体现，经常处于一种被动的地位；教师只能根据既定标准去判定自己是否做到并呈现相关的工作内容和效果，缺乏对自己日常教育工作背后的理念与逻辑的不断深入追问与反思。在实践中，我们经常会遇到这样的现状：老师只做领导要求的、考核标准里有的显性的工作内容，而标准里蕴含的教育理念无法得到落实和真实的体现。这种教师评价主体地位被弱化的幼儿园教育评价，难以培养出具有反思精神与探究精神的幼儿教师，更无法培养出主动学习、自主探究、批判性思维的幼儿。

教师不仅是日常工作的组织者与实施者，更是研究者与学习者。传统的评价模式已然适应不了当前社会对教师培养与幼儿发展的需求。因此，保教管理者需要及时调整评价工作管理理念，“梳理正确的评价观，多关注评价过程给教师带来的学习和提高”，重视教师自评工作。自评工作是教师主体自我意识的体现，在自评工作中体现出来的自主研究态度和能力才是教师专业成长最重要的部分，保教管理者应该最大限度鼓励教师主动、大胆地自评，相信教师反思自我、探究学习的决心与能力，通过反思日记、教师成长档案、教育自传等形式，倾听教师、读懂教师，从而能及时给予教师适切的支持，有效促进教师专业化成长。评价的过程是引导教师与自我对话、与他人对话的过程，因此管理者在给予教师评价反馈时，也应该本着理解、尊重的态度，重视教师对评价结果的理解与认同，保持双向沟通，引导教师通过评价过程，发现自己的优势与问题，从而实现自我推动、自我成长。

在尊重和强调教师为幼儿园教育评价主体的同时，为保证评价结果的客观性、全面性，还要强调评价主体的多元化，尽可能将与幼儿园教育相关的其他主体，如幼儿园的管理者、家长以及幼儿纳入幼儿园教育评价之中。教育评价的过程应该是幼儿、教师、幼儿园、家长、社区等多方面共同参与、相互合作的过程。无论是对幼儿园整体教育工作的评价，还是对教师工作、幼儿发展的评价，都需要管理者、教师、家长以及幼儿的共同参与，从不同角度、不同方面进行审核，使评价的过程更加完善、评价的内容更加全面、评价的结果更加客观、评价的效果更能体现到实践中。

在幼儿发展评价工作中，依然要遵循主体性原则，强调与幼儿发展相关的多个主体都能参与到评价工作之中。在实践中，我们一般认为对幼儿发展的评价主要由幼儿教师来完成。教师通过对幼儿的评价来评判幼儿的发展状况，调整教育内容和活动方案或将评价结果作为与家长交流的具体内容。但是，以教师为主体的评价弱化了幼儿和家长这两个非常关键的角色，而家长参与幼儿发展评价和幼儿自我评价是学前教育评价主体多元化的必然要求，因此，在幼儿发展评价管理工作中，我们要强调教师、幼儿、家长的评价主体地位，科学合理地发挥三者的作用，从而将幼儿发展评价真正地体现到服务于幼儿发展这个根本目的上来。

(二)发展性原则

教育评价是评价主体根据一定的教育价值或教育目的，运用科学手段，系统地收集和分析信息，对教育过程和结果进行价值判断的过程。随着《国家中长期教育改革和发展规划纲要(2010—2020)》《国务院关于当前发展学前教育的若干意见》《幼儿园教师专业标准(试行)》及《3—6 岁儿童学习与发展指南》等一系列国家政策文件的颁布与实施，国家把提升学前教育质量摆在了更加重要的位置，对教育评价的内容和体系提出了更高的要求，强调了教育评价在幼儿园质量提升、幼儿发展等方面的积极影响。幼儿园教育评价的科学性在实践中有所提升，比如：观念上，从幼儿园的管理层到教师的一线教学层逐渐认识到评价的重要性；内容上，评价范围更具全面性，更加关注幼儿全面发展，重视教师专业能力，斟酌教育实施的各个环节；方法上，注意将观察、谈话、作品分析等多种方法相结合等。总体上，幼儿园教育评价，从重甄别优劣的“鉴别性”评价向促幼儿、教师、课程发展的“发展性”评价转变。

同样在幼儿评价中，也要重新审视幼儿观察评价的出发点与落脚点。《3—6岁儿童学习与发展指南》《幼儿园教育指导纲要(试行)》所倡导的幼儿发展评价是一种形成性评价。它不以评判好坏优劣为目的，而是以解读幼儿发展需要，力争为幼儿提供更适宜的支持为目的。因此我们要始终把儿童的发展放在第一位，使得儿童观察评价由“发现问题”“找不足”转向“发现潜能”“挖掘优势”。

(三)灵活性原则

儿童的发展与教师的专业发展从来不是一蹴而就的。《3—6岁儿童学习与发展指南》强调：“要充分理解和尊重幼儿发展进程中的个别差异，支持和引导他们从原有水平向更高水平发展，按照自身的速度和方式到达《指南》所呈现的发展‘阶梯’，切忌用一把尺子衡量所有幼儿。”因此，为了更好地评价幼儿与教师的成长与发展，我们要做到评价形式灵活、评价标准灵活。

比如，在对集体教学活动进行评价时，我们要结合教师自身专业背景、工作经验、个人优势等方面来进行评价，切忌用同一种标准来评价新入职教师、骨干教师、专家型教师的教育活动质量。对幼儿的评价也是一样的，我们要充分尊重每个孩子的个体差异性，从每个幼儿的成长特点出发，建立立足于个体发展的评价标准。

【案例9-1】

录像评课

本次活动全体27名一线教师参加，教师自选领域内容，涵盖了五大领域7大学科。分别是5节健康领域体育教学活动、9节语言领域活动、4节艺术领域音乐活动、3节科学活动、2节数学活动、2节美术活动、2节社会活动，内容全面，能够体现我园的整体教学活动水平。从领域选择来看，本次活动中改变以往的偏向美术、科学等这类动手操作较多的情况，老师们开始敢于在各个领域中体会和研究集体教学的价值，大胆地尝试社会活动、音乐活动、体育活动。活动中注重游戏化教学方法的运用。

通过最初的方案制定，考虑到园所幼儿的整体发展，我们本次活动以上交录像课作为评价方式，每位老师在规定时间内组织一节集体教学活动并进行录像，由评价小组对录像课进行评价，根据评价标准进行打分。从评价环节来看，此方式有效地缓解人员、时间的紧张情况，而且能够充分地观察到教师的集体教学活动的质量。

（来源：北京市朝阳区定福家园幼儿园　刘静）

目前，在对幼儿的评价中，全国各地幼儿园都在探索不同的评价方式，如作品分析法、图片记录法、学习故事、观察记录、轶事记录、观察表格等等，每种评价方式的优势不同，适合的评价内容不同，因此教师要灵活运用多种评价方式对幼儿进行评价。对教师教育工作评价同样如此，保教管理者要与教师一起共同开发多种评价方式来对教师进行评价和支持，以确保更全面、客观、有效地了解教师发展的需要，及时提供适宜的支持。

(四)客观性原则

管理者和教师在进行保教工作评价时，特别容易借助通用经验、主观感受来判断。虽然也能得到评价的结果，但难保公正和科学；走了评价的过场，却达不到发展的目的。因此，为了保证评价结果的客观、科学、具体，保教管理者首先要注意引导教师利用多种方式科学客观地记录儿童发展的真实状态，不揣测、不渲染。其次，要通过园本教研等形式帮助教师认识和理解科学的评价理念、学习各个年龄阶段下幼儿的发展特点，用专业的理论知识去分析、解读儿童，从而提供适切的支持策略。最后，保教管理者和教师应当在观察行为表现的基础上，与教师和幼儿展开深入对话，从而保证自己对幼儿的分析更加客观。

幼儿园教育评价的客观性与主体多元性相辅相成。保教管理者在对教师、幼儿进行评价时，为了保证评价标准的可行性、评价结果的客观性，需要与多方参与者展开深入对话，交流想法，在与多方交流和对话的过程中，确保评价结果是相对真实的，能够真正地作用于被评价者的发展。

(五)研究性原则

科学的教育评价体系不是凭空构思的，更不是亘古不变的，而是要在园所理论研究与实践行动相互促进、相互作用的过程中形成、完善和发展的。不同理念背景与评价方案下评价的关注点不同，因而形成的指标体系也不尽相同。《幼儿园教师专业标准(试行)》中关于教师的素质的规定和要求，能够为教师评价提供多维度的参考；《3—6岁儿童学习与发展指南》等政策文件传递的正确的幼儿教育理念、各年龄段幼儿发展的基本规律和主要特点，可以作为幼儿发展评价的科学指引。

园长与教师应树立研究的意识，定期开展研讨会，在先进教育理念带动下更新评价理念，研究不同视域下的评价方案来拓展评价的多元维度。这就需要改变教师在评价研究中被动接受的地位，依托教研组组织教师开展诸如教学评价案例解析、幼儿评价适宜方法探析等活动，让教师成为研究者。幼儿园还要加强与相关科研人员的交流、合作，搭建专家指导平台，共同针对幼儿园的实际情况来建立评价体系，制定细化、可操作化的评价标准，提高评价的信度与效度。

同时，幼儿园管理者还要认识到评价是连续性的，要通过每个阶段的相关评价工作来最终实现幼儿园教育评价。在不同的阶段，要明确评价工作的要求和内容，以及是否完成的评判标准，对各个阶段的评价结果进行梳理和分析，并将结果应用到下一阶段的评价工作之中去，从而保证评价结果能够持续对教育工作产生积极的影响，真正地发挥评价的导向作用。

第二节　幼儿园教育评价管理制度建设

一、幼儿园教育评价管理制度制定的依据

幼儿园教育评价对幼儿园整体工作的开展所具有的价值和意义已经得到各级教育管理部门和园所的共识，因此，开展科学的幼儿园教育评价成为各级教育管理部门和园所进行幼儿园管理的重要手段。幼儿园教育评价是个系统工程，并不是临时性的事务性工作，因此，需要建立系统的、适宜的、科学的管理制度来进行规范和引导。由于各个地方和园所的实际条件存在差异，各个园所在制定相关的制度时，要因地制宜地制定能够有效地对幼儿园教育质量产生积极作用的制度。幼儿园教育评价制度要在国家和地方相关政策框架内制定，既要体现当前学前教育发展的趋势和理念，又要体现幼儿园课程发展、教师队伍基本条件、各年龄段幼儿生活经验和发展水平等现实情况，并重视制度的规范和引领作用，比如明确班级各位教师在主题教育活动中的具体分工来强化班级主题教育活动中教师的主动合作；明确个案观察记录的

内容和要求以及评价标准来规范教师对个别幼儿的观察与记录。

幼儿园教育评价制度的制定并不是想当然的，制度本身的规范性就要求我们在制度的制定过程中要严格守“法”，在国家和地方相关政策文件的整体框架下，基于幼儿园管理制度的要求，结合幼儿园教育过程中的经验和实际情况，明确相关要求，在制度的实施过程中及时进行总结和反馈，并在征求教师意见和建议的基础上，不断优化和完善。

（一）国家和地方相关政策文件

幼儿园教育评价管理制度是有“源头”的，这个“源头”就是国家和地方相关部门制定的政策文件以及各类管理办法等，因此，幼儿园管理者在制定制度时，要充分地学习和把握国家和地方的这些政策文件，比如中共中央国务院印发的《关于学前教育深化改革规范发展的若干意见》《幼儿园工作规程》《幼儿园教育指导纲要（试行）》《3—6岁儿童学习与发展指南》等，都是制定幼儿园教育评价制度应遵循的基本理念的重要来源与依据。除此之外，还要充分研读地方性要求与文件，比如《北京市贯彻〈幼儿园教育指导纲要（试行）〉实施细则》，其中就深入具体分析了各个年龄阶段幼儿心理认知与思维发展的特点，并梳理了各个领域下的发展目标，这也是教师开展教育教学活动以及进行幼儿观察评价的重要理论依据。2019年1月颁布了《北京市幼儿园办园质量督导评估办法（试行）》，该办法遵循的评估原则之一就是“聚焦质量”，强调幼儿园要“遵循幼儿身心发展规律，关注幼儿一日生活，关注师幼互动，关注家园共育，注重幼儿发展性评价，实施科学保教”，并明确了督导评价的具体内容和标准。因此，幼儿园管理者要依据这些国家和地方的文件，定期组织教师认真学习，深入领会其中的精神，统一思想，从而明确幼儿园教育评价的目的、原则、评价标准、评价实施流程、评价结果使用等，保证幼儿园教育评价制度的科学性、规范化、可操作性和实践应用性。

（二）幼儿园管理制度和保教管理制度

幼儿园教育评价工作是幼儿园工作中的重要组成部分，也归属于幼儿园的保教工作，因此，幼儿园教育评价制度的制定也要依照幼儿园的管理制度特别是保教管理制度来进行。幼儿园管理制度涉及幼儿园整体工作和所有人员，是面向幼儿园全体成员提出的需要共同遵守的规章和准则，幼儿园保教管理制度是幼儿园保教部门面向保教人员提出的教育教学、家长工作、幼儿发展、班级管理等方面需要共同遵守的要求，因此，幼儿园教育评价制度也必然要在幼儿园管理制度和保教管理制度的体系下明确幼儿园教育评价工作的相关要求，就幼儿园教育评价工作建立相应的规范性的体系化的规章制度。

(三)幼儿园发展的现实需要

幼儿园教育评价制度的制定还要考虑到园所自身发展的需要，每所幼儿园面临的教育资源、教育实际需要、教师专业素养、幼儿发展情况、家长需求等是存在差异的，这些现实因素都会影响幼儿园制定的教育评价制度的出发点、目标及内容。因此在幼儿园教育评价管理制度的制定上要考虑到制定的制度要解决幼儿园在教育教学工作上的什么问题，体现通过评价来推动园所发展的保教管理制度的核心追求和价值导向。

二、幼儿园教育评价制度的落实

幼儿园教育评价制度的价值不仅仅是保障幼儿园里有相关制度文本，而且体现在制度实施过程中能够落实到相应的工作上，在于其能够有效地推动幼儿园教育评价工作的实施，如果制定的教育评价制度无法落实和贯彻下去，那么，这样的制度只能是一个摆设。

幼儿园教育评价制度的建设目的在于制度能得到很好的贯彻落实，真正地发挥评价的引领作用和发展性价值，推动幼儿园教育工作的顺利开展，为幼儿的发展提供制度保障。因此，幼儿园教育评价制度在制定之初就要开始思考其落实的问题，要认识到幼儿园教育评价管理制度的落实是幼儿园管理者系统思考教育评价工作、组织多主体开展教育评价工作，并对评价结果进行反思总结、不断验证和完善制度的全过程。幼儿园教育评价制度的落实需要保证每一个环节都能够做到位。

(一)加强宣传，整体统筹

制度本身是有强制性的，因此，幼儿园在执行教育评价制度时，前期在开展宣传工作中，即便是教师全程参与了制度的制定过程，也要面向全体教师进行宣传和介绍。一项制度的出台，必须要与教师的日常工作相关，也必定会对教师的教育工作产生一定的影响，需要教师理解和适应制度内容，甚至需要教师调整原有的工作状态。如果宣传不及时不到位，可能会导致教师因为不清楚或不了解而出现工作冲突，甚至出现逆反心理，故意对抗制度的落实，从而影响制度的实施效果。因此，幼儿园要进行统筹安排，加强宣传，在制度实施前通过宣传和讲解，让教师了解幼儿园教育评价制度制定的背景和意义，知道制度的具体内容和要求，避免教师因为不熟悉不清楚制度的内容而出现“不知不觉”中“犯规”的情况。因此，制度实施的前提就是要让制度广为人知，使人人了解制度，人人落实制度。

（二）加强监督，确保公平

幼儿园教育评价制度已经告诉教师在教育工作中应该做什么以及不应该做什么，但是如果教师不能严格地按照制度规定的内容去执行，或者做了不应该做的事情也无人管理的话，那么，这样的制度必然会成为摆设。因此，在实施幼儿园教育评价制度时一定要加强监督，幼儿园可以让专门的监督小组或相关的管理者通过日常的指导和检查，了解制度的执行情况，特别是制度刚开始实施时，要经常性地提醒相关部门和人员严格按照制度执行，做到“事事有制度，人人用制度”，这样就可以让教师养成按制度开展教育工作的习惯和意识，保证制度的执行力和实施效果。

在幼儿园教育评价制度的落实过程中，要坚持公平性的原则。无论是管理者还是一线教师，都在严格地按照制度要求落实，特别是管理者更应该以身作则，不能破坏教育评价制度的公平性，更不能因为某个部门或某个人而弱化制度的权威地位。如果在幼儿园教育评价制度的落实中搞特权，那么，制度的严肃性和约束力将被弱化甚至荡然无存。

制度中必然会包含奖惩的内容和相关机制，但是，如果在制度的执行过程中奖惩不及时或奖惩不公，也会直接影响制度的落实和实施效果。因此，在幼儿园教育评价制度的实施中要做到公平奖惩、及时奖惩。对于模范遵守幼儿园教育评价制度的教师要及时表扬、奖励，并且要明确奖励的缘由，这样就会有利于调动教师遵守制度，同时，对于违反教育评价制度的教师要给予即时性的惩罚，并且同样要说清楚惩罚的依据，这样也能够提高教育评价制度的执行效果。如果在幼儿园教育评价制度的执行过程中不分好坏，遵守与不遵守结果都一样，那么，这必然导致制度流于形式，会让教师因为违反制度成本过低而直接削弱制度本身的权威地位。因此，在幼儿园教育评价制度的实施过程中要保证制度的严肃性，做到“违法必究”，真正体现教育评价制度在幼儿园教育工作中的规范性和强制性。

(三)科学反馈，完善调整

幼儿园教育评价工作的目的不在于“评优劣”，而在于“促发展”，幼儿园教育评价制度就是为评价工作的“发展性”价值提供保障的。因此，在幼儿园教育评价制度的执行过程中，要根据制度执行的效果及时进行跟进，了解制度在具体教育工作中的作用机制发挥情况、不同场景的实施效果、评价主体使用情况等，并进行记录和反馈。幼儿园教育评价管理是一个动态管理过程，是不断发现问题、解决问题，在问题的改进中不断促进教育评价质量提高的过程。因此，科学反馈教育评价制度执行情况，可以帮助管理者了解制度的实际效果，发现制度中存在的问题，及时进行补充和完善，按照幼儿园制度建设的程序和要求，进一步调整和优化幼儿园教育评价制度，为建立更加科学有效的幼儿园教育评价制度提供保障。

第三节　幼儿园教育评价管理的组织

幼儿园教育评价工作是一项复杂系统的工程，它不仅仅是一次或几次评价活动就能够完成的，它需要通过计划、组织、协调和控制等方式来进行系统规范的管理。幼儿园教育评价管理涉及幼儿园教育评价各个层面，因此，它需要进行科学的、规范的组织管理。

一、幼儿园教育评价的准备

(一)思想上重视幼儿园教育评价工作

幼儿园教育评价是幼儿园教育工作重要的组成部分。虽然在国家相关政策的引领下，各个幼儿园建立了相关的幼儿园教育评价工作机制，但是由于评价本身的复杂性，幼儿园的教育评价工作中依然存在着各种各样的问题，当然，这些问题的存在，一方面是因为幼儿园教育评价工作本身是有相当大的难度的；另一方面，也或多或少地反映了幼儿园对教育评价工作的不重视或者重视程度不够。在实际的工作中，我们经常会看到有的幼儿园仅仅把教育评价工作作为日常保教工作的“附带品”，是日常保教工作开展过程中或结束时为了保证其完整性而随意进行的一项保教管理工作的内容；有的甚至是因为上级主管部门的要求或检查需要而临时进行教育评价工作。这些做法都直接影响了幼儿园教育评价的客观性、评价结果的真实性以及评价主体的积极性，更严重的是有可能会造成教师对评价产生无所谓的态度而进行应付，甚至会抵触或主动抗拒评价工作。

因此，无论是幼儿园管理者还是一线教师，都应该从思想上认识到幼儿园教育评价的重要性，特别是幼儿园管理者更要重视，将幼儿园教育评价工作的导向作用放在重要的位置，成立专门的评价管理小组，并纳入到幼儿园的各项规划和方案之中，确保全体教师能够对幼儿园教育评价工作达成共识，从思想上重视其重要性并将其落实到教育实践之中。

(二)确定评价指标体系，为幼儿园教育评价工作指明方向

幼儿园教育评价工作需要有一套比较科学有效的评价工具，通过评价工具来明确相应的评价指标。幼儿园教育评价指标体系的建立将帮助教师清晰评价的方向和内容，以及不同评价内容之间的联系。幼儿园教育评价指标体系的建立，需要整合应用各种专业的有效的评价方法与工具，以此来收集相关的信息和资源，为科学评价幼儿园教育工作提供支持。

(三)强化专题培训，提升幼儿园教育评价水平

幼儿园教育评价是一项专业性非常强的工作，对于幼儿园管理者和教师来说，要在教育工作中进行科学评价，需要掌握评价相关的专业知识、技能和方法。因此，在幼儿园教育评价管理工作中，开展评价相关的专题培训，是幼儿园必须要长期进行的一项工作。由于幼儿园教师群体的特点，在开展培训活动时，要注意培训的形式和方法，尽量以案例的形式把评价理论融入其中，通过实际的案例来帮助教师理解评价的基本方法和操作技能。同时，在培训过程中，强调教师学习共同体的建构，以集体或小组的方式，发挥集体的智慧和力量，通过教师之间的相互交流和分享，澄清认识，掌握应用于日常教育实践的方法，调动教师的主动性和参与积极性，从而确保幼儿园教育评价工作能够顺利开展。

【案例 9-2】

按照我国的学年保教计划的安排，我们围绕“提升集体教学活动质量评价”，结合各班主题活动开展的实际情况，我们以“看课评课”的形式，借助区

教研中心提供的游戏化教学活动评价标准，以教师上交的录像课为评价对象，开展了专题活动。

为了帮助教师准确地理解评价标准的具体内容和操作要求，在评价前，我们组织教师以一个具体的教学活动为例，进行了评价标准的解读，保证每一位教师对标准的各个指标和评价要求的理解基本达成一致。在分组开展活动时，各组的教师结合录像的观看情况，对标评价标准，发现了教师在教学活动中的优势。比如，教师在设计活动的过程中注重了游戏性的内容，能够通过创设情境、说谜语、变魔术等多种方式来丰富游戏的形式和内容，提高幼儿参与活动的兴趣。教师们在前期准备和参与的过程中也表现出了积极认真的态度，从教案的书写到活动的准备，都在原有基础上有很大的提高。

这次活动不仅帮助教师进一步清楚了什么是“高质量”的教学活动，提高了教师组织集体教学活动的能力，而且让我们进一步明确了需要开展的针对性工作，比如：利用业务学习，有针对性地组织教师对幼儿五大领域的核心经验进行梳理和学习，提高教师的理论水平；保教管理人员根据本次评价结果，深入得分较低的个别班级，有针对性地指导班级教师进行集体教学的备课和设计，并在实施过程中现场反馈。

（来源：北京市朝阳区定福家园幼儿园　刘静）

二、幼儿园教育评价的实施

评价方法是指收集、整理、分析评价资料的办法和手段，它是解决“怎么评”的问题。与幼儿园教育评价相关的工具和方法有很多，比如说观察、行为检核、作品分析、档案袋法、课程故事等。评价方法本身没有优劣之分，只要我们科学使用，每种方法都能够提供幼儿园教育活动相关的信息，比如关于幼儿与材料互动的情况、教师与幼儿互动的情况等，但是，如果评价工具或方法使用不当，会造成评价过程的不科学，得出不客观不全面甚至是错误的评价结果。因此，幼儿园教育评价的实施首先要确定使用的评价工具或方法，评价者要熟悉和掌握评价方法的特点和使用要求，这样才能保证收集到的信息和资料是有用的、有效的。

1. 观察法

观察是指人们有目的、有计划地对自然状态下发生的现象和行为进行记录和考察，进而获得事实材料、掌握事实真相的一种方法。观察法是评价工作中评价者用来收集评价信息的重要方法，是对被评价对象在自然状态下的特定行为表现进行观察、考察、分析而获得第一手事实材料的方法。观察法既可以用于对教师教育活动的评价，又可用于对幼儿发展的评价。它是一种能够快速获取信息的评价方法，适用于了解被评价对象的行为、动作技能、情感反应、人际关系、态度、个性、活动情况等。特别是在幼儿发展评价活动中，由于幼儿的语言能力和自我表现能力有限，幼儿在活动中自然呈现出来的外部行为对于教师判断幼儿的学习与发展状态具有重要意义，因此，观察法也是幼儿园教育评价中最常用的评价方法。

通常情况下，幼儿园教育评价中使用观察法进行评价，主要是以观察记录的方式呈现的。观察记录根据评价主体的需要，通过对被评价者(群体、小组或个人)的基本信息、观察背景、观察内容、分析以及提出后续工作建议等内容的记录，在客观地记录观察过程中发生的事件的基础上，对被评价者进行评价并提出进一步的教育建议。

【案例 9-3】

幼儿守恒能力发展观察记录

观察时间	1 月 7 日	观察地点	数学区
观察对象	嘟嘟	年龄	5 岁
性别	男	观察者	褚娟娟
幼儿行为与表现	嘟嘟从数学区拿了“三只小猪造房子”玩具放到桌子上，他先将绿色积木一块一块摆放到红色房顶的房子里，接着把黄色积木摆放到蓝色房顶的房子里，最后把粉色积木摆放到黄色房顶的房子里。他停下来观察了一会儿，又把房子里的积木块倒出来重新摆放了三次，嘴里说着：“老师你看，房子已经盖好了，用不同颜色的砖盖起来的。” 我问：“你看哪个房子空间最大呀?”嘟嘟看了看三座房子，说：“没法比，因为盖房子的积木都是不一样的呀。”一旁的平安小朋友插话：“那要是用同一种颜色的积木盖房子不就知道了嘛!”嘟嘟立刻把蓝色房顶房子里的 24 块黄色积木倒出来，把红色房顶房子里的 6 块绿色积木通过移动、旋转摆放到蓝色房顶的房子上，说：“红色房子跟蓝色房子一样大，因为都是用 6 块绿色积木盖好的。” 接下来，嘟嘟把刚才盖蓝色房顶房子的黄色积木都放到红色房顶的房子里面去，说：“原来这两个房子真的一样大。”接着嘟嘟用同样的方法去比较黄色房子与红、蓝房子的面积大小。区域时间结束，嘟嘟快速收拾好玩具并将其送回玩具柜。		

续表

幼儿行为与表现	 
分析与解读	1. 嘟嘟能通过移动、旋转完成积木拼接，能在游戏中感知图形的多种变式，理解图形面积的守恒。 2. 嘟嘟能根据同伴的建议调整自己的数学思考，并调整自己的数学游戏策略，具备良好的反思品质。 3. 嘟嘟多次搭建房屋，每次都使用同样大小、颜色的积木与房子的形状来匹配，但未发现不同大小、颜色的积木之间的数量关系。
策略与措施	1. 给予幼儿足够的时间、耐心，鼓励幼儿自主探索房子面积的比较方法。 2. 引导幼儿使用玩具中的记录卡记录建造不同房子需要的“砖头”颜色、数量，通过观察、比较，发现不用形状的房子可以用相同形状数量的“砖头”来建造；同一栋房子可以用不同形状、数量的“砖头”来建造。

（来源：北京十一晋元幼儿园　褚娟娟）

2. 学习故事

“学习故事”是来自新西兰的儿童学习评价体系，是从相信儿童是有能力、有自信的学习者和沟通者这一视角出发，用叙事的方式对儿童的学习进行讨论和评议的形成性评价。

学习故事是一种理念，一种以儿童为中心、师生共同工作的思维和方式，而不仅仅是一种评价手段。从其本质上来看，“学习故事”是一种强调过程的形成性评价，具体分为注意、识别、回应达成三步，可简要地概括为“是什么”“为什么”“怎么做”三个关键词。首先是“注意”，教师要注意幼儿的行为，善于捕捉幼儿生活中的“哇”时刻，关注其情绪及行为。其次是“识别”，对于幼儿的日常行为，教师要积极思考，对其行为进行解读、评析。最后是“回应达成”，要重视评价的“落地”，把个人评价反馈落实到教学实践之中，落实到实际行动中。作为正在成长中的独立个体，幼儿的行为需要外部力量的引导和支持。在理解幼儿行为的基础上，教师应进一步支持幼儿深入学习，为他们接下来的健康发展夯实基础。

学习故事以第二人称的角度撰写，发现儿童的闪光点和各种未来发展的可能性，支持儿童的主动学习。它不仅客观记录了儿童的一日活动，而且也记录了儿童在学习过程中所表现出来的兴趣、能力、学习策略、学习品质和情绪情感等信息。由于学习故事从以往的“找不足”转向了“寻优点”的积极评价方式，因而更多儿童心情愉悦、充满期待地参与到评价过程中。家长也非常愿意以积极的心态来和教师一起见证孩子的成长经历，并且愿意一遍遍地在反复阅读与分享中进行“共创学习”。

【案例 9-4】

学习故事：“爸爸告诉我的”

诗语，今天在我们一起认识“稻子和麦子”时，我惊喜地看到你第一个举手回答问题，并用好听的词语“金黄色树叶的色彩”来描述你看到的秋天的色彩。你还跟我们分享了很多关于稻子的知识，你说，“秋天稻子丰收了，爸爸告诉我的”“稻子头上有个小缺口，爸爸告诉我的”；你也能很快区分出“稻子”和“麦子”，因为“稻子剥开来一粒粒就是米了”，我想这也是爸爸告诉你的吧！这让我想到，每次只要说到“我有一个‘什么都知道’的狱警爸爸”时，你的声音总是那么的响亮。有个能给你勇气，让你不再怕说错话的爸爸，真好呀！

我很好奇，你爸爸怎么知道我们要上这节活动课，提前跟你分享了那么多有关稻子的知识呢？你笑着说：“爸爸看了你发的朋友圈，然后就告诉了我。”哦！原来秘密在这里呀！在我们后来的交谈中，你勇敢地跟我分享了爸爸没有告诉你，但在我们共同认识“稻子和麦子”时你发现了“麦子”的特征，你说：“麦子身上有刺，那个叫‘麦芒’，这个爸爸没有告诉我。”你接着又说：“它们的家也不一样，稻子住在水田里，麦子住在旱田里，这个爸爸也没有说。”

● 什么样的学习可能在发生

诗语，感谢爸爸看了我的“朋友圈”。前期有了爸爸的支持，激发了你对“稻子”“麦子”这些我们生活中并不常见的东西的兴趣。我还要谢谢你带着从爸爸那里学到的关于“稻子”的知识来到幼儿园，跟我们大家分享，也让我今天“遇见”了一个不怕说错、勇敢表达想法的你。

我还发现，你能通过理解、迁移新习得的散文诗的经验来表达你的感受，感知秋天季节的特征。你认真倾听小伙伴分享的观点，在与稻子的比较中认识着麦子的特征和它们不同的生长环境，真棒！

●下一步的机会和可能——我有话对你说

征得你的同意，我已把这个学习故事发给了妈妈，让爸爸妈妈一同来感受你今天的勇气吧。我相信在“什么都知道的爸爸”的帮助下，你会越来越有勇气。

我也想和你一起完成你的“预约卡”，邀请“什么都知道的爸爸”走进幼儿园，走进我们班，这将是我们共同的下一步计划哦！

（来源：杨璐铭：《“遇见”每一个孩子——集体教学活动中的“学习故事”》，《学前教育》，2020 年第 11 期，第 11—13 页）

3. 课程故事

幼儿园课程故事是幼儿园教师通过回忆、整理、归纳、筛选幼儿园课程实施中真实发生的有意义的课程事件，通过叙述表达一定的主题及反思而形成的故事。课程故事至少具备以下三个基本条件：第一，真实性，即课程故事中的事件是课程实施中的真实事件；第二，故事性，即具备故事的基本要素，包括主题、事件、人物和环境；第三，反思性，即课程故事包含教师的反思。

幼儿园课程故事本质上是一种幼儿园教师的教育实践叙事。它通过教师对日常教育活动发生的事件的叙述，呈现幼儿学习的过程，在叙述的过程中，又体现了教师的反思。因此，课程故事不仅仅是一种幼儿园教育评价的载体，而且还是促进教师专业发展的方法。

【案例 9-5】

大班课程故事：水稻

9 月开学前，我们在园内进行资源调查时发现一个废弃的大铁锅里种着水稻，一番打听后了解到这是幼儿园的“种植专家”聂师傅种的。我们一致认为这里面蕴含很多科学探究的内容，于是开学后特地带幼儿从水稻旁边走过，不出所料，他们发现了幼儿园的“新物种”，由此开启了一场关于水稻的探究之旅。

是水稻还是小麦

一开始，看到大铁锅里绿油油的植物，孩子们有的说是水稻，有的说是小麦。我问道：“怎么才能确定它是水稻还是小麦?”博轩说：“可以问聂师傅，如果聂师傅也不知道，可以百度。”我希望大班幼儿在遇到问题时能先自己想办法解决，追问道：“聂师傅说是就是了吗？”他们迟疑了一会儿后决定请老师帮忙下载水稻和小麦的图片，然后自己对比观察。最后他们确认大铁锅里种的是水稻。

孩子们对水稻的热情持续不减，他们每天都会去大铁锅那里看看，还会主动了解关于水稻的信息并展开讨论。一天，逸言突然说：“我知道水稻为什么叫水稻，因为它长在水里。”我激动地接着问：“那‘稻’是什么意思呢？”逸言回答说：“稻就是米的意思。”我觉得这是幼儿了解水稻的好时机，特地去图书馆翻阅书籍，找到了《画说麦子》和《画说水稻》两本书，并把它们投放到语言区，期待幼儿有新的发现。

水稻开花啦

中午聂师傅告诉我稻子出穗开花了，于是我又带着幼儿来到大铁锅旁，希望他们能自己发现水稻的变化。

轩轩：哇，水稻结果子啦！

瀚瀚：水稻，水稻结果啦！

淏博：可是为什么叶子是绿的？

激动：可能还是生的吧。

熙熙：叶老师，这个白白的是米吧？

教师：你们觉得那是米吗？

逸言：是花！

幼儿集体：啊？水稻也会开花呀？好好看的花呀！

水稻有多高？从哪里开始测量

这段时间，幼儿常常来“看望”水稻。一天，可爱说水稻长高了，我想可以借此机会拓展大班幼儿测量的经验，于是问道：“你们知道它长多高了吗？怎么样才能知道它长多高了？”有人提议用尺子量一量，淏博跑去教室拿来尺子。可是应该从哪里开始量呢？（这是他们第一次竖着测量植物）

瑞瑞：把尺子放水里。

激动：不要啊，会弄脏尺子的。

瑞瑞：这又不是脏水……

最后大家决定在水面以上的地方找一株最高的水稻测量，最终量出水稻的高度约为35厘米。可是瑞瑞坚持应该把尺子的一端放在水里面量，因为根在下面……我没告诉他们测量的起点应该是哪里，我想这是值得让他们主动探讨的问题。

水稻长多高了

这天，小朋友们再次带尺子来到大铁锅旁，他们想量一量水稻是否长高了。和上次一样，大家在从哪里开始测量的问题上有分歧。

教师：应该从哪里开始量呢？

瑞瑞：应该放在水里去量。

可爱：不行，不行，这样会弄脏尺子的！

我能理解瑞瑞的想法，坚持测量规范，而且想知道水稻到底有多高。但是幼儿今天是想知道水稻有没有长高，比之前长高了多少，因此按照原来的测量方式再量一次也是可以的。于是我问："你们记得上一次是从哪里开始测量的吗?"轩轩回答："是在蓝色圈圈这里。"

于是轩轩和优优把尺子放在蓝色圈圈处，并且找了他们认为最长的稻叶进行测量，最终测得52厘米。他们很开心地说："哇，水稻长高啦!"

水稻什么时候成熟

幼儿通过测量与记录的方式发现了水稻的变化，这就是学习。此外，我们认为除了高度，大班的幼儿应该可以观察到其他的变化，于是提出"你们还发现了水稻有什么变化"的问题，引导他们仔细观察。

淏博：我发现它的米粒变了，变得胖胖的。

激动：我发现稻子变黄了。

轩轩：那它成熟了吗？

激动：还没有呢，有的米粒还没有变黄呢！

教师：那稻子什么时候成熟呢？

轩轩：我们问聂师傅吧！

我希望他们能够自己思考并解决问题，同时也想到这里面可以渗透数学学习，于是我说："聂师傅可能也没有办法知道，但是我们可以一起等水稻成熟的那一天。那到今天为止，水稻长了多少天呢?"轩轩说："不记得了，我回去拿日历来看一看。"(上次测量的时候有在日历上标注日期)轩轩拿来日历一看，在9月20日的地方，标记着水稻长了42天。于是幼儿一起从9月20日数到10月11日(当天)，发现水稻已经长了63天了。从日期和天数两个方面来运算，这对于他们来说是新的数学学习的经验。

水稻大丰收!

后来散步时，幼儿发现铁锅里没有水了，水稻也歪歪的快要倒在地上了，他们讨论要不要给水稻浇水。一番探究后，他们发现原来是水稻快要成熟了，于是开始期待水稻成熟的那一天。

一天，聂师傅告诉我可以收割水稻了，于是我请他带来一把镰刀，一场"丰收"活动正在秘密酝酿。

水稻成长了多少天

我把水稻成熟的消息告诉了幼儿，他们都兴奋不已，纷纷表示要一起去收割水稻。我问："你们知道水稻从聂师傅栽下秧苗到现在，一共成长了多少天吗?"有人说不记得了，有人说之前在日历上记过，可以看着日历再数数。拿来日历后，他们想起来在10月11日的时候数过，是63天，于是大家一起看着日历数，到"今天"一共是85天。

收割水稻啦

我们一直鼓励幼儿做他们想做的事，在教师陪同和足够的安全操作指导后，可以让他们尝试使用镰刀。我们把这个教育的机会交给了聂师傅。聂师傅是我们幼儿园的种植专家，在近3年的工作中也参与了很多班级的课程活动，对于如何和幼儿互动也很有经验。

聂师傅先示范了一次：左手抓稻子，右手拿镰刀，然后用力一割就好了。幼儿开始排队来体验收割活动，他们不太掌握动作要领，需要聂师傅在旁边手把手地教，但非常喜欢这样的体验，排了一次又一次，最后全班幼儿齐心协力完成了收割活动。在这场收割活动中他们感受到收获的不易，不由地说道："收割水稻好难呀!"

粒粒皆辛苦

水稻收割完了，接下来当然是让幼儿品尝米饭的味道，真正感受种植的意义。可是稻粒怎么变成米粒呢？有人提议可以自己剥。中午吃完饭后，幼儿尝试用不同的方式剥稻粒，有人用手剥，有人用瓶子碾压。他们还建议进行小组剥稻粒比赛，于是大家开始热火朝天地剥稻粒。剥着剥着，他们开始念昨天刚学的古诗《悯农》，后面还用自创的旋律唱起来，我很惊讶，这完全是他们自发的创作。结束之后，幼儿再次感慨："粒粒皆辛苦！"并表示以后吃饭绝不浪费粮食。

还可以种什么？

因为前期有关于水稻和小麦的讨论，且有相关书籍的支持，幼儿已初步了解了水稻和小麦的生长季节。收割完水稻后，他们又种下小麦，开始了新一轮的探索。第二年春天，小麦也收割了。还可以如何延续幼儿的活动与经验呢？我们开展了一次新的讨论。

教师：小麦已经收割了，你们觉得这口大铁锅还可以做什么事呢？

轩轩：种红薯呗！

辰昱：时间太长了(马上毕业就看不到了)。

激动：里面有水，可以种莲藕！

团团：那需要淤泥的，我们没有。

瀚瀚：可以种需要水的东西。

可爱：种水稻呗！

晨晨：现在不能种水稻了吧。

教师：为什么呢？

瀚瀚：水稻是夏天种的，现在是春天。

教师：聂师傅说了春夏之际可以种，所以现在可以种哦！

瀚瀚：可是原来种水稻的东西太小了。

教师：那怎么办呢？

涵涵：我们可以自己挖一块地种水稻呀！

教师：幼儿园可以随便挖吗？

幼儿集体：不可以，要问聂师傅，还要问园长伯伯和园长妈妈。

可见，幼儿对水稻种植的条件已有清晰的认识，也开始思考关于种植场地的问题。

我们来种水稻

确定要种水稻之后，我们观看了插秧的视频，幼儿表示很想自己插秧。

再次讨论后，他们认为还有两个问题需要解决：一是关于挖秧田的问题，二是关于怎么培育出秧苗的问题。

建秧田

幼儿决定分组行动，15 个人找园长，15 个人找聂师傅，从规则和可行性两个方面确定可不可以挖一块地种水稻。得到肯定的回答后，新问题又来了：稻田要挖多大呢？

等等：我希望要很大很大的秧田。

亦晨：4 米。

教师：很好，有具体的长度了。

瀚瀚：像我们现在围坐的半圆这么大。

淏博：长 4 米，宽 3 米。

辰昱：12 个平方米吧！

我惊讶于幼儿的认知经验，他们知道具体的长度、大概范围，甚至连面积也知道！

寻秧苗

讨论完秧田的面积后，秧苗从哪里来就成了我们关注的问题。

等等：跟聂师傅借秧苗？

教师：秧苗也能借？

逸言：聂师傅也有自己的事情，不烦吗？

教师：怎么办呢？

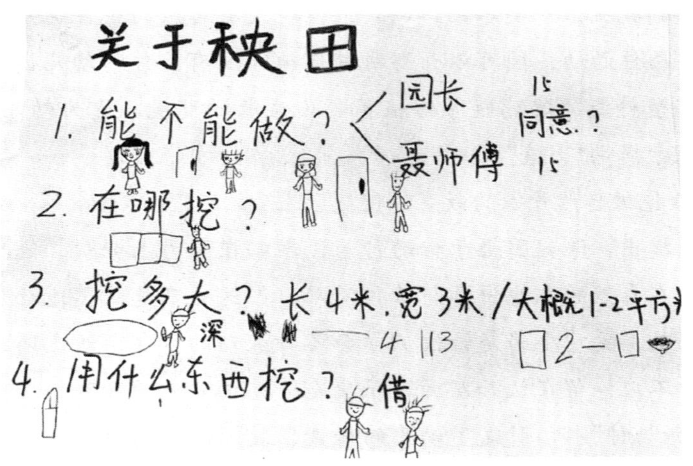

涵涵：我们借种子，自己养出苗呀！

蛋蛋：可是我们马上就要毕业了，怎么办？

团团：可以给中班的弟弟妹妹啊，我们也是到大班才开始照顾水稻的。

瀚瀚：可以多种一点。

在聂师傅的帮助下，幼儿成功挖出了一块水稻田。最后因为毕业时间临近，来不及培育秧苗，他们决定直接把种子撒进稻田里。他们毕业后没多久，幼儿园里的水稻田就出现了许多绿绿的秧苗。而新一轮的探索，即将在新的大班开始……

教师的思考

1. 创设自然的环境

刘晓东认为，儿童作为自然之子，保存着与鸟儿对话的天赋，与群山、田野、万物交流的能力，儿童是大自然娇宠的孩子，儿童与大自然可以水乳交融。儿童与生俱来拥有一种亲自然性、亲生命性。自然之于孩子，犹如氧气之于人，是不可或缺的。一口废旧的铁锅里种出的水稻为幼儿亲近自然创造了机会。虽然只是一点点水稻，幼儿却在探究水稻的过程中获得了观察、对比、测量、社会交往、语言表达等能力发展的机会。当幼儿再次思考铁锅里还可以种什么的时候，一句“原来种水稻的东西太小了”引发了就“如何扩大种植范围”的讨论。在讨论“能不能挖”“挖多大”“秧苗哪里来”等问题时，我们看到大班幼儿思考能力、对话能力的提升。

这是幼儿园的意外自然资源——水稻带给幼儿的惊喜与收获。从一口废弃的铁锅，到挖掘出一块水稻田，我们发现没有自然的条件也可以创造自然的环境。有条件的幼儿园可以开辟种植园地，没有条件的幼儿园可以利用废弃的铁锅、塑料瓶、玻璃瓶等为植物创设生长的环境，更为幼儿亲近自然、在自然中探索提供“土壤”。

2. 充分挖掘自然资源的教育价值

张雪门提出：课程固由于劳动行为，却需在劳力上劳心。他推崇让儿童亲近自然，在自然的怀抱中参与劳作活动，但这并不是简单地让儿童认识几种植物、动物，更重要的是让他们学会各种劳动的方法。幼儿园的资源利用更应如此，不应停留在认知层面，而应充分挖掘其中的教育价值。本案例幼儿园中的“新物种”水稻引发了幼儿的好奇，教师因势利导，从“水稻开花啦”到“粒粒皆辛苦”，不断挖掘水稻蕴含的教育价值，促进幼儿的探究。对于水稻田的探讨也让我们看到，创造自然环境的过程也可以成为重要的教育契机。即便幼儿园没有广袤的土地、丰富的自然资源，只要充分利用，依然可以让幼儿在亲近自然中获得无限的学习经验。

3. 让种植成为课程生发与生长的重要来源

张雪门先生提出“生活即教育，行为即课程”，而这种课程“完全根据于生活，它从生活而来，从生活而展开，也从生活而结束，不像一般的完全限于教材的活动”。幼儿在与水稻的互动中获得了许多经验，这些经验是在对水稻探究的基础上不断延伸与扩充的，这些经验就是课程。在对水稻的探究中我们看到，一个小小的种植活动引发了幼儿一系列的科学探究活动，让幼儿持续不断地探究，获得多方面的学习经验。课程由幼儿关注水稻而生发，也由幼儿对水稻的持续探究而不断生长，可见，种植是课程生发与生长的重要来源，幼儿园应重点关注种植活动，并注重种植活动与课程之间的联系。

（来源：叶屏屏：《幼儿园自然资源的开发与利用——大班课程故事〈水稻〉》，《东方娃娃·保育与教育》，2020 年第 6 期，第 53—56 页）

三、幼儿园教育评价结果的应用

幼儿园教育评价能否促进幼儿园、教师和幼儿的发展还受到一个关键因素的影响，它就是评价结果的应用。通常情况下我们花费了很多时间和精力，获得了大量的评价信息，却不知该如何运用这些评价信息，从而导致幼儿园教育评价没有发挥实际效用。这是目前幼儿园教师在幼儿发展评价过程中普遍存在的现象，这与我们就如何运用评价结果指导教育过程的探索还不够深入有直接的关系。

因此，要用好幼儿园教育评价的结果，首先，教师要分析和把握幼儿发展的整体水平，包括每一具体发展领域及其指标上大部分幼儿表现出的实际发展水平，以此作为制订教学计划的主要依据；其次，教师要分析个别幼儿发展的特点，为个别化指导提供依据；最后，教师还要全面、客观地分析影响幼儿发展的多方因素，为提升幼儿园教育质量提供依据。

【本章小结】

幼儿园教育评价对于幼儿园各项工作的开展具有重要的影响和价值，它不仅仅对教师和幼儿的发展产生导向作用，而且还直接影响着幼儿园的教育教学水平和办园质量。幼儿园教育评价的开展需要幼儿园依据相关的要求建立科学规范的制度，利用制度的规范和约束作用，通过制度的执行与落实，发挥制度在幼儿园教育评价中的引领和规范作用，为幼儿园教育评价工作提供制度保障。在制度的落实过程中，要注意了解制度执行的效果，并分析可能存在的问题，及时按照幼儿园制度管理的要求和程序，进一步优化幼儿园教育评价制度。在幼儿园教育评价管理工作中，要从思想上、制度上、培训上做好相应的准备，特别是要从思想上达成共识，认识到幼儿园教育评价管理工作的重要性，在此基础上，选择适宜的方法或工具，收集并获取相应的信息和资源，并在整体梳理和分析的基础上，得到相应的评价结果，将评价结果用于教育活动的完善和设计，也可以用到幼儿的个别指导以及家长工作等方面，发挥评价的综合价值和作用。

【讨论与思考】

1. 幼儿园教育评价工作的价值和意义体现在什么地方？

2. 结合工作实际，谈一下如何理解幼儿园教育评价的主体性原则。

3. 幼儿园教育评价制度制定的依据都有哪些？

4. 对比幼儿园教育评价的常用工具或方法，请选择一种方法应用到实际的教育活动评价之中。

5. 如何利用和发挥幼儿园教育评价的结果？

参考文献

[1]黎瑞娟．幼儿园教育教学管理的一般模式[J]．学前教育研究，1999(3)．

[2]杨天平．教育管理概念的跨文化语言学辨析[J]．浙江师范大学学报(社会科学版)，2005，30(6)：90-93．

[3]杜光强，何志伟．西方教育管理概念的多维辨析[J]．太原师范学院学报(社会科学版)，2012(6)：118-121．

[4]杨天平．教育管理概念的多维解析[J]．浙江师范大学学报(社会科学版)，2004，29(5)：95-98．

[5]陆雄文．管理学大辞典[M]．上海：上海辞书出版社，2013．

[6]顾明远．教育大辞典[M]．上海：上海教育出版社，2013．

[7]黄人颂．学前教育学[M]．北京：人民教育出版社，2015：348．

[8]徐碧贤．建构基于生态环境的园本课程[J]．学前教育研究，2009(5)：68-70．

[9]杨娟芳．浅谈幼儿园主体性教育理论[J]．儿童大世界(教学研究)，2018(8)：38-40．

[10]史林．浅谈幼儿园家园共育的有效策略[J]．课程教育研究，2020(43)：91-92．

[11]何桂香．幼儿园家长工作指导[M]．北京：北京师范大学出版社，2012．

[12]乔梅，沈心燕，陈立．幼儿园业务园长/保教主任工作指南[M]．北京：北京师范大学出版社，2017．

[13]上海市教育委员会．上海市学期教育课程指南[M]．上海：上海教育出版社，2004．

[14]上海市教育委员会教学研究室．幼儿园课程图景——课程实施方案编制指南[M]．上海：华东师范大学出版社，2013．

[15]冯晓霞．幼儿园课程[M]．北京：北京师范大学出版社，2001．

[16]教育部教师工作司．幼儿园教师专业标准(试行)解读[M]．北京：北京师范大学出版社，2013．

[17]晏红．园本培训促进幼儿教师专业发展[M]．上海：中国轻工业出版社，2015．

[18]岳燕．浸润式培训及其对新教师专业成长的影响研究[D]．上海：上海师范大学，2015．

[19]夏宇虹．论幼儿教师园本培训[D]．武汉：华中师范大学，2006．

[20]张扬．对话与合作：幼儿园园本教研活动开展的个案研究[D]．西安：陕西师范大学，2018：27．

[21]万丹．江苏省幼儿园教研效益研究——基于三阶段 DEA－Tobit 模型[D]．南京：南京师范大学，2020：50-52．

[22]林举卿．生成性园本教研模式初探[J]．教育导刊，2011（8）：55-58.
[23]吴彩虹，王婷婷．幼儿园科研课题[M]．北京：中国农业出版社，2020.
[24]王艳云，张伟利．教科研并不难：园长教科研管理能力的提升[M]．北京：北京师范大学出版社，2019.
[25]张晖．幼儿园教育科研指南[M]．南京：南京师范大学出版社，2013.
[26]姚伟．幼儿园教育评价行动研究[M]．南京：南京师范大学出版社，2012.
[27]刘焱，潘月娟．幼儿园教育质量评价[M]．北京：中央广播电视大学出版社，2012.
[28]王艳云．幼儿园教师集体教学能力标准(试行)[M]．北京：北京教育出版社，2016.

后　　记

进入新时代以来，党和国家对教育的重视程度不断提高，教育事业得到空前发展。然而面对新形势和新任务，我们仍需认识到：当前我国教育发展仍不平衡不充分，还不完全适应国家经济社会发展和人民群众日益增长的新要求新期盼，教育治理能力现代化水平仍有待提高。为此，《中国教育现代化2035》指出：现代教育治理体系是教育现代化的重要保障。要转变政府职能，深化简政放权，强化监管能力，创新服务方式，坚持依法治教、依法办学、依法治校，建立多元参与的协同治理新机制，实现教育治理的法治化、制度化、规范化。

幼儿园教育是终身教育的基础，教育教学工作是幼儿园管理工作的重要组成部分。以现代治理理念为基础实施幼儿园教育教学管理将有利于现代教育治理体系的构建，进而有利于教育现代化目标的实现。为此，《幼儿园教育教学管理指南》这本书在撰写时始终坚持两点原则：一是时代性与前瞻性相结合原则。本书立足于新时代我国幼儿园教育教学管理工作中存在的主要问题，在深入剖析现在治理理念核心要点的基础上，提出破解困境的策略与方法，顺应了时代的要求以及学前教育事业发展的要求，同时还有助于破解学前教育发展水平与我国经济社会发展和人民群众日益增长的新要求新期盼不相适应的问题。此外，本书还具有一定的前瞻性，即本套丛书从幼儿园管理模式中的潜在风险着手，致力于现代教育治理体系的构建以及教育现代化目标的实现，在解决问题的同时提出优化管理模式的策略，这将为未来我国幼儿园教育教学管理工作落实与实施提供参考与借鉴。二是全面性与多元性相结合原则，即管理内容的全面性和管理对象覆盖面的全面性与角色的多元性。首先本书涉及幼儿园教育教学管理的诸多方面，包括保教制度管理、幼儿园日常教育教学管理、幼儿园家园共育管理、幼儿园园本课程管理、幼儿园园本培训管理、幼儿园教研管理以及幼儿园科研管理等内容，体现出教育教学管理内容的全面性。其次，本书所面对的对象不仅是园长、副园长等管理人员，还包括幼儿园教师、后勤人员等其他学前教育工作者，展现出管理对象覆盖面的全面性。在论述中，我们不仅强调了幼儿园内部教育教学工作管理，还强调了内部管理与外部管理相结合，即既要重视对幼儿园保教制度、日常教育教学等的管理，又要重视对外的家长工作管理以及借助家庭、社区资源构建的园本课程的管理等；在管理过程中，应坚持"协同"的原则，即家长、社区工作者等多元主体都应参与到幼儿园教育教学管理事务中，监督幼儿园工作进展与质量，以使幼儿园教育教学管理工作朝着高效性、科学性方向发展。

幼儿园教育教学管理是幼儿园工作的核心，以现代治理理念为基础的管理模式的构建将成为优化幼儿园教育教学管理工作的重要路径。希冀本书能为学前教育工作者实施幼儿园教育教学管理工作提供参考与借鉴，以此来加快我国现代化教育教学治理体系构建进程，更快实现教育现代化目标。

本书撰写分工如下：

第一章及总体策划与统稿工作：夏婧、张诗雅；

第二章：北京市第二幼儿园铁艳红；

第三章：北京市第二幼儿园李军彩、董丽媛、马焱、刘丹；

第四章：沈阳市浑南区花语幼儿园肖文、何娇娇、韩湘蕴；

第五章：沈阳市浑南区花语幼儿园肖文、王繁、胡松岩；

第六章：广东省育才幼儿院一院姚妍、周婉婷；

第七章：广东省育才幼儿院一院姚妍、王彤莉、彭女贞；

第八章：北京市朝阳区劲松第一幼儿园张伟利、北京十一晋元幼儿园张文文、辉璇；

第九章：北京市朝阳区劲松第一幼儿园张伟利、北京十一学校附设幼儿班张臣媛。